国家社会科学基金教育学一般课题
"一流学科教师学术信念形成机制研究"（BIA160115）研究成果

浙江师范大学出版基金资助成果

教学学术

高校教学与科研联结机制研究

王占军　李慧萍　林燕芳◎著

Scholarship of
Teaching and Learning

Research on the Teaching-Research
Nexus in Universities

ZHEJIANG UNIVERSITY PRESS
浙江大学出版社
·杭州·

图书在版编目(CIP)数据

教学学术:高校教学与科研联结机制研究 / 王占军,
李慧萍,林燕芳著. —杭州:浙江大学出版社,2023.9
ISBN 978-7-308-23985-1

Ⅰ.①教… Ⅱ.①王… ②李… ③林… Ⅲ.①高等学
校—学术研究 Ⅳ.①G644

中国国家版本馆 CIP 数据核字(2023)第 120127 号

教学学术:高校教学与科研联结机制研究

王占军　李慧萍　林燕芳　著

责任编辑	陈思佳(chensijia_ruc@163.com)
责任校对	徐梦恬
封面设计	雷建军
出版发行	浙江大学出版社
	(杭州市天目山路148号　邮政编码310007)
	(网址:http://www.zjupress.com)
排　　版	浙江大千时代文化传媒有限公司
印　　刷	广东虎彩云印刷有限公司绍兴分公司
开　　本	710mm×1000mm　1/16
印　　张	17.75
字　　数	280 千
版印次	2023 年 9 月第 1 版　2023 年 9 月第 1 次印刷
书　　号	ISBN 978-7-308-23985-1
定　　价	88.00 元

目　　录

绪　论

第一节　为什么研究高校教学与科研关系

教学与科研之间的紧密关系一直是现代大学文化的组成部分,大学是教学与科研相互依赖的场所。然而,人们对这种关系的性质,包括科研和教学活动的含义,以及"相互依赖"等词的含义还需要更多的探究。因此,有必要超越一般化的假设和描述修辞,更深入地理解学者如何思考和构建教学与科研之间的关系。

一、管理主义时代及其影响

（一）管理主义

管理主义(managerialism)又称作新管理主义,产生于企业科学管理,后被运用至公共管理领域。它以"理性经济人"为假设,以管理至上、科学精神、工具理性、效率中心为信念,强调定量分析、标准化,以及绩效管理的方

法。① 管理主义的基本观点可以总结为:明确绩效等级和计量标准;注重产
出管理;注重公共部门的专业管理;引入竞争机制;强化公共部门的机构分
解;重视私营部门形态的管理行为;在资源运用方面,强调更强的克制性与
节约性。② 20 世纪 80 年代,在高等教育大众化和政府改革的影响下,管理
主义被引入西方高等教育领域,对高等教育的质量与评估制度产生了影响。
大学由纯粹的学术及文化教育机构向公营服务机构转变,大学发展的重点
在于有效利用公共资源,提高服务素质,以应对公众和政府问责。③ 西方管
理主义背景下的高等教育对学术"表现"(performance)的评估增加,采用多
种评估机制,学者成为管理的"受害者",参与决策制定的机会减少,评估的
期望、激励和约束导致学者对学术工作逐渐丧失自主权。④ 而我国自改革开
放以来,高等教育经历了管理主义与市场化的变革,加之高等教育大众化的
推动,管理主义在大学产生影响。⑤ 郑利军认为,管理主义背景下的高等教
育具有"关注市场,追求效率;充分赋权,追求自主;讲求绩效,追求卓越"的
特点。⑥ 管理主义是工具理性取向,追求效率。管理主义对教师最突出的影
响是对教师的绩效管理,绩效管理是管理主义的重要工具,将教师视为"经
济人""学术工人",通过量化的评估体系与激励制度影响教师的选择和行
为。本书认为管理主义通过强调量化、客观评价的绩效管理影响教师的行
为,从而影响教师对教学与科研关系的感知和处理。

---

① 沙靖宇.管理主义反思[D].哈尔滨:黑龙江大学,2017.
② 戴晓霞,莫家豪,谢安邦.高等教育市场化[M].北京:北京大学出版社,2004:34-35.
③ 王海涛.多样化与自主建构 大众化时期高等教育质量观研究[M].青岛:中国海洋
大学出版社,2010:110.
④ 泰希勒,任增元,贾振楠.驾驭现代高等教育系统:需要更好地平衡冲突中的需求与
期望[J].北京大学教育评论,2018(2):42-62,187-188.
⑤ Huang Y, Pang S K, Yu S. Academic identities and university faculty responses to
new managerialist reforms: Experiences from China[J]. Studies in Higher Education, 2018
(1):154-172;孙贵聪.西方高等教育管理中的管理主义述评[J].比较教育研究,2003(10):
67-71.
⑥ 郑利军.管理主义背景下高校师德建设的文化反思[J].湖南科技大学学报(社会科
学版),2011(6):172-174.

（二）管理主义对高等教育的影响

管理主义起初是应用于企业组织的管理哲学与管理模式。20世纪70年代起，管理主义引导了政府部门的变革，随后渗透至高等教育领域。高等教育领域资源配置长期以来处于政府主导之下。[①] 孙贵聪认为，高等教育大众化和资源的稀缺导致政府与高校信任关系的变化，直接推动管理主义在高等教育领域的渗透，使以经济、效率、效益为目标的管理模式在高校发挥作用和影响。管理主义在高校中具体体现为通过经济刺激进行量化管理和控制，通过"数论文""计工分"进行评价和内部的资源配置。[②] 已有学者就管理主义对高等教育的影响展开了研究和论述，已有研究内容主要包括管理主义对高等教育的影响以及如何应对和处理管理主义对高等教育的消极影响。

管理主义最初渗透到高等教育是源于其确实能够为解决高等教育当时面临的困境和问题提供解决路径，在一定程度上对高等教育产生了积极影响。在较早受管理主义影响的英国高等教育领域，RAE（research assessment exercise，卓越科研评估）是体现管理主义的典型，费利（Ferlie）和安德烈萨尼（Andresani）认为RAE能够将有限的资源集中到更高质量的科研中，利于甄别科研活跃的学者，促使高等教育机构更积极地进行科研管理。[③] 褚艾晶和周满生研究了荷兰大学内部治理结构变迁，认为管理主义利于大学适应性、灵活性和创新性的提升，使其能够及时回应迅猛变化的外部环境。[④] 姜勇也肯定了管理主义在提升高校绩效、赋权增能、竞争力与办学

---

① 王占军.规则体系到法治体系：中国特色大学治理体系演化的认识论进路[J].江汉大学学报（社会科学版），2020(2)：106-114，128.

② 蔡连玉，睢依凡.大学内部资源配置及其制度选择研究[J].清华大学教育研究，2017(6)：16-22.

③ Ferlie E，Andresani G. United Kingdom from Bureau Professionalism to New Public Management？[M].Dordrecht：Springer，2009：177-195.

④ 褚艾晶，周满生.走向管理主义：荷兰大学内部治理结构变迁研究[J].比较教育研究，2011(1)：31-35.

质量提升中的积极作用。① 黄亚婷和彭新强认为虽然管理主义侵害了学术人员层面的自由,但对各大学机构层面的自由起着积极作用,即大学与政府的关系发生转变,政府对大学的过程监督减少,替代为对结果的问责,促进院级机构的管理自治。②

然而,随之而来的消极影响却令人无法忽视,正如孙贵聪所言:"管理主义的引入的确在一定程度上有利于解决高等教育发展的财政问题、效率问题以及社会适应问题,但诸多现实存在的消极影响却令人无法回避。"他认为管理主义通过科层化的组织管理架构、注重指标的评价、追求效益的人力资源管理冲击大学的学术传统,威胁学者稳定的工作环境,进而侵害大学学术自由,扭曲大学办学宗旨与方向。③ 克里考尔(Klikauer)认为管理主义重塑大学和管理学校,将管理研究置于大学的核心位置,对管理研究、遵从型学者和研究产出有益,但是对质量和职业前景无益,也导致了知识和科学上的局限。④ 姜勇认为管理主义导致高等教育过度追求市场化,适应用人单位的需求,一定程度上削弱了大学本身的传承性和经典性。此外,对绩效的追求也使得大学与其保守品行及真正的精神世界渐行渐远。⑤ 谢小燕等借助布迪厄场域理论框架,发现管理主义的评估强化了"异治"的高等教育惯习,新管理主义评估的工业理性策略诱发了场域的不端行为,"达标主义"的导向诱使高校一味向指标、数量看齐,置学校差异、特色于不顾,导致高校定位偏移,忽视个性化发展。⑥

① 姜勇. 新公共管理主义视野下高等教育改革的方向与挑战[J]. 高教探索,2011(1):40-44.

② 黄亚婷,彭新强. 新管理主义改革进程中西方学术职业的变革与坚守[J]. 比较教育研究,2015(2):45-52.

③ 孙贵聪.西方高等教育管理中的管理主义述评[J].比较教育研究,2003(10):67-71.

④ Klikauer T. What is managerialism? [J]. Critical Sociology, 2015(7-8):1103-1119.

⑤ 姜勇. 新公共管理主义视野下高等教育改革的方向与挑战[J]. 高教探索,2011(1):40-44.

⑥ 谢小燕,顾来红,徐蓓蓓. 新管理主义的评估问题剖析与第四代评估理论的借鉴:基于场域视角[J]. 南京理工大学学报(社会科学版),2014(2):84-88.

随着管理主义而来的评估给大学中的学术群体带来了巨大的变化和影响,更多的研究从教师的角度出发,认为管理主义通过"评估""指标"等对教师产生消极影响。张银霞认为管理主义为西方学术职业群体带来诸多困境,由于管理主义思想在大学内部的践行,学者的主导地位受限,学术职业群体由于资源分配的竞争性特点而加速分化,学者处于高压状态,普遍面临学术身份认同危机。[①] 黄亚婷和彭新强从学术身份、学术分层、学术权力关系、学术科研、学术劳动力市场以及传统学术理念等六个方面分析了管理主义对西方学术职业群体的冲击,他们的研究支持张银霞的观点,更从多个角度较为深入地分析管理主义影响学术群体的逻辑:首先,管理主义导致院校管理风格的变化进而引起学术人员身份特征的变化,学术人员身份特征由学术精英向知识工人转变。其次,管理主义通过内部权力分化逻辑、资源竞争逻辑和人事聘任逻辑这三方面引起学术职业的分化,与此同时,评估绩效化与科研商业化更进一步加剧了学术职业的分化,高校内部行政权力更具话语权,学术权力式微。[②] 而李志峰和龚春芬的研究也认为,行政权力干预学术权力,削弱了学术权力对高等学校的控制和管理,阻碍学术职业权威和声望。[③]

针对管理主义对高等教育的负面影响,已有研究多从文化、制度等角度探寻对策,蒂姆(Deem)认为管理主义应与相关的组织、管理和文化变革各方面紧密结合。这种制度有利于学术职业在当下形成一种新的制度。[④] 孙贵聪认为应当将管理主义理念融合进大学长期沉淀下来的文化和制度中,

---

① 张银霞. 新管理主义背景下西方学术职业群体的困境[J]. 高等教育研究,2012 (4):105-109.

② 黄亚婷,彭新强. 新管理主义改革进程中西方学术职业的变革与坚守[J]. 比较教育研究,2015(2):45-52.

③ 李志峰,龚春芬. 论学术职业的权力、权威与声望[J]. 清华大学教育研究,2008(4): 12-17.

④ Deem R. Power and resistance in the academy: The case of women academic managers[M]// Transforming Managers: Engendering Change in the Public Sector. London: Falmer Press,1999:66-83.

以获得一种平衡。① 有学者对三位大学英语教师进行了为期 4 年的跟踪调查研究,认为管理主义影响英语教师职业认同,可以通过加强教学研究联结来应对,减轻教师的科研压力。同时,研究发现职业社区能够帮助教师更好地适应竞争环境,参与职业社区,反思教学实践,形成一个支持性的专业网络,并最终提升教师的研究能力。②

二、管理主义时代的高校学术绩效管理

(一)学术工作的制度逻辑及其影响

近年多项针对学术界学术工作的研究表明,如何评估高校教师的绩效发生了重大变化。这条研究线存在于两个更广泛的学术论述的交叉点:一个涉及新公共管理和管理主义③,另一个集中在高等教育组织和学术职业的变化上④。许多研究已经确定了学术界的基本变化,这些变化通常与关于学术界的总体性质和大学组织的具体管理的基本假设有关。综合已有研究,可以区分出两个相互竞争的学术工作的制度逻辑,即商业逻辑与专业逻辑。

商业逻辑是以管理为导向的,注重制度设计的程序正义;专业逻辑则来自学术人员的内在自觉,源于学院学术文化。传统上,学术工作合法性的来源可以追溯到学者所在的科学界和专业协会。因此,传统的学术工作合法性可以被认为是内在的,因为它源自学术职业的原则,学者对他们的社群负责。然而,商业逻辑是以管理为导向的,并且认为外部资助者的政策对学术工作的合法性至关重要。因此,大学的战略和绩效指标大多是为外部问责

---

① 孙贵聪. 西方高等教育管理中的管理主义述评[J]. 比较教育研究,2003(10):67-71.

② Huang Y, Guo M. Facing disadvantages: The changing professional identities of college English teachers in a managerial context[J]. System, 2019(2):1-12.

③ Steccolini I, Saliterer, I, Guthrie J. The role(s) of accounting and performance measurement systems in contemporary public administration[J]. Public Administration, 2020 (1):3-13.

④ Kallio T J, Kallio K M, Blomberg A. From professional bureaucracy to competitive bureaucracy: Redefining universities' organizational principles, performance measurement criteria, and reason for being[J]. Qualitative Research in Accounting and Management, 2020 (1):82-108.

而设计的。① 同样,当决定大学的基本产出质量时,专业逻辑依赖于学术界,而商业逻辑则依赖于学术界以外的质量保证,包括企业和基金资助部门。此外,商业逻辑倾向于用可测量的术语来衡量质量,从而量化质量。因此,商业逻辑的评价是判断性的,主要是定量的,专注于过去的表现,与传统专业逻辑更面向未来的评价实践相反。② 在商业逻辑中,绩效评价实践还促进了研究项目化和绩效评估中的短期导向。从专业逻辑的角度来看,传统的学术身份被认为是同质的,基于大学身份。从商业逻辑的角度来看,学术身份被认为是不那么同质化的,并且基于竞争精神。③ 传统的学术观念强调学术工作的内在动因和内在使命。然而,商业逻辑将外部因素视为合理的激励来源,并将学术工作视为与其他任何工作一样的工作,虽然学者的行为与社群的关系被期望是独立的、公正的、中立的,但越来越受到以功利主义为生存基础的商业逻辑的挑战。④ 专业逻辑下的行为模式被赋予深刻的价值意义,更关注学术工作本身所能代表的价值理性。价值理性体现了一个人对价值问题的理性思考,更强调关怀人性的世界,重视个人对价值和意义的追问,从而将重心放在对最终归宿和终极关怀的考量上。⑤ 大学是复杂组织、松散耦合和异质组织的典范。大学学术工作的微观层面的活动传统上是根据专业协会确定的价值和规范来协调的,微观层面的学者长期以来一直致力于传统的专业逻辑,学术工作的评价以价值理性为尺度。但随着管理主义的兴起,大学在专业和组织层面都越来越受到商业逻辑的影响,大学

① Kallio K M, Kallio T J, Grossi G. Performance measurement in universities: Ambiguities in the use of quality versus quantity in performance indicators[J]. Public Money & Management,2017(4):29-300.

② Bogt H, Scapens R. Performance management in universities: Effects of the transition to more quantitative measurement systems[J]. European Accounting Review,2012(3):451-497.

③ Kallio K M,Kallio T J,et al. Ethos at stake: Performance management and academic work in universities[J]. Human Relations,2016(3): 685-709.

④ Martin-Sardesai A,Irvine H,Tooley S, et al. Government research evaluations and academic freedom: A UK and Australian comparison[J]. Higher Education Research and Development,2017(2):372-385.

⑤ 斯密.道德情操论[M].蒋自强,钦北愚,等译.北京:商务印书馆,1997:17.

以市场化为导向,拥抱商业逻辑,导致绩效评价成为管理时尚,学术界微观层面也发生了相应的变化。

(二)高校绩效管理计分制特征

1.教师绩效评价的工具理性与能动性

当前大学普遍采用了教师绩效评价系统衡量教师的教学、科研和管理工作量,评价采用计分制,由院系部门决定哪些活动可以获得分数,以及每项活动的分值,项目包括课题、论文、研讨会、指导研究生、担任系主任等。院系根据每项任务可能需要的估计时间来确定分值,并在年度考核时进行评价赋分,以此来对教师工作量进行监控。除了年度考核中使用计分制,有些高校在职称文件中也引入了计分制,并且经过广泛征求意见和教代会民主审议。支持计分制的教师认为计分制可以避免"小团体"和"任人唯亲",而且当个人参与了制度的建设时,就不太可能抱怨制度不公平。显然,构建这样一个方案不仅意味着教师们普遍接受工作量的平等是可取的,尽管这种制度设计是从行政部门和关于工作量的分配正义的观点出发,而不是从教师和学术工作的实际质量出发。因此,绩效评价只涉及大学组织所面临的许多规范性考虑中的一种,而且可能与其他要求和利益产生紧张关系。组织竞争环境的变化等压力可能导致对绩效评价计分制度进行修改,这反映了行动者具有一定的制度能动性,也就是制度参与者能够改变规则、关系或者资源分配。例如有些大学在近年的人事制度改革中规定新教师在入职后2—3年的时间内无须承担教学任务,专心科研。另外,有些院系为了激励教师参与不受欢迎的任务,在计算工作量时对这样的任务予以偏重。伴随着高校对创收的重视,系里可能会决定给那些能给系里带来额外收入的任务以更大的权重,比如获得横向课题和社会培训服务经费。不同的行动者在理解制度的过程中,与不断变化的环境进行持续对话的同时,做出各种选择并对这些选择进行评价,同时对自己的选择进行重构,进而采取抱怨、逃避、算计、超然等不同的行动策略。例如,学校在修订职称文件和聘期考核文件时总是收到大量对计分制度的抱怨,抱怨者认为制度不能衡量教师工作的所有方面,特别是无法衡量科研产出的质量。可以观察到,很多期待晋升职称的教师选择把活动集中在"高分"或产生经济收益的活动上,并表现出极其不愿意参与类似行政管理服务的工作。另外,已经晋升教授的人似乎置身于这些争论之外,一部分教师认为目前的绩效评价系统不能鼓励教师在学术上开展更多高质量的工作,而在学术生活中引入"慢原则",试图用"慢"来修复学术工作的生态。

2.学院绩效评价的准市场化与工具化

当前校院二级管理是高校内部体制改革的重点。一方面,学校不断将属于二级学院的权限下放;另一方面,学校层面又加大对二级学院的绩效评价力度。大学行政部门希望用绩效评价系统来衡量各个学院的绩效,指导和支持各个学院提高办学效率。经常使用的绩效标准包括:研究活动与质量、教育活动与质量,以及其他行政职责、会议组织等活动。学校与学院签署目标责任书,把学院的经费配置与绩效指标挂钩。

大学不是一个经济上的营利性组织,尽管它当然受到经济条件的制约,并日益受到市场和非市场竞争及绩效监管的制约,引入的绩效目标可能与它传统上追求的价值和内部利益相冲突。它越来越多地争取创收和降低运行成本,所以其优先转向能带来收益的活动。科研、人事等行政部门与学院形成了准市场关系,并深刻影响学院绩效管理计分系统以及学院对内部利益的追求。如果学院的绩效评价和薪酬体系与教职工的产出能力相适应,则学院传统的工作量分配制度将被准市场化取代。在这个准市场中,教师们"出售"自己的服务,以换取最大化收益。

学院要从学校各部门争取到办学资源,在学校与学院之间形成了一个竞争市场。竞争市场中的交换价值的优势在于,为交换不同的使用价值提供了一种单一的衡量标准,它可以不用考虑学科差异,使不可比较的东西进行了比较。它还自动对稀缺性、投入产出比的差异、技术和收入的差异做出事后反应,而不需要事先对这些进行衡量和审议。对不同学院的发展贡献、发展水平与学科发展的评估都简化为绩效指标数据。在准市场关系中,大学还需要根据战略目标综合衡量不同种类绩效任务的组合方式,以确保不同种类的投入和活动的正确组合,还要适当考虑投入的价格差异。一旦市场价格控制了产出和投入,二级学院在追求交换价值的过程中,对办学规范和价值的追求很可能被工具化,导致出现学院核心办学目标发生偏离的现象。

三、绩效管理时代的高校教学与科研关系问题

教学与科研关系是高等教育领域一个经久不衰的话题,伯顿·克拉克曾说道:"在现代大学教育中,最基本的问题莫过于教学与科研之间的关系问题。"①自洪堡将科研引入大学以来,社会发展与变迁不断给予这一问题新的外部环境,也使得对这一问题的探讨仍在持续。近年来,从"推动高等教育内涵发展"到"实现高等教育内涵式发展",高等教育质量、人才培养质量、本科教学质量等受到国家及社会各界关注。与此同时,大学场域内长期存在的教学与科研关系问题被推到风口浪尖,成为提高高等教育质量、重归大学人才培养使命的着力点。2018 年 10 月,教育部发布《关于加快建设高水平本科教育 全面提高人才培养能力的意见》,大力推动两院院士、国家"千人计划""万人计划"专家、"长江学者奖励计划"入选者、国家杰出青年科学基金获得者等高层次人才走上本科教学一线,提高教书育人水平。② 2019 年 9 月 23 日,时任教育部高教司司长吴岩强调:"要让那些不用心教书、只关心自己成长的教师离开教师岗位,在学校连续 3 年不给本科生上课的教授和副教授,将会被清理出教师队伍。"③2019 年 12 月 9 日,教育部发布对十三届全国人大二次会议中提出的关于改进高校重科研轻教学问题建议的答复,关注量化考核对教学与科研关系以及科研质量的消极影响,主要从改革教师评价的角度提出改善教学与科研关系的办法。④ 教学与科研关系备受

---

① Clark B R. The modern integration of research activities with teaching and learning [J]. The Journal of Higher Education,1997(3):241-255.

② 教育部.关于加快建设高水平本科教育全面提高人才培养能力的意见[EB/OL]. (2018-09-17)[2019-10-25]. http://www. moe. gov. cn/srcsite/A08/s7056/201810/t20181017_351887.html.

③ 新华网.大学教授三年不给本科生上课 将被清理出教师系列[EB/OL].(2019-09-24)[2019-10-24]. http://www. xinhuanet. com/politics/2019/09/24/c_1125031871. htm.

④ 教育部.对十三届全国人大二次会议第 3446 号建议的答复[EB/OL].(2019-12-09)[2019-12-14]. http://www. moe. gov. cn/jyb_ xxgk/xxgk _ jyta/jyta _ jiaoshisi/201912/t20191204_410825.html.

关注,成为实践中亟待解决的问题。

大学一味追求科研、忽视教学的现实受到诟病,政策引领、学者呼吁、社会舆情等一再强调教学的重要性,提倡改善教学与科研关系,主动构建教学与科研的联结以提高人才培养质量。然而,尽管学界、社会对"重科研,轻教学"批判已久,政策层面也已采取对应措施,但在实践层面收效甚微,教学与科研关系并无明显好转,已有研究揭示了大学教师重视科研而忽视教学,以及教学与科研的系统性分离。① 在实践中,自改革开放以来,我国高等教育经历了新管理主义与市场化的变革,高等教育大众化进程更推动政府将新管理主义引入高等教育。② 如今,强调绩效考核、量化评价的管理主义仍然在大学场域中产生影响,管理主义话语频繁出现在各类制度文件中,如教育部对《十三届全国人大二次会议第 3446 号建议的答复》中针对"重科研,轻教学"这一问题所提出的解决办法和措施中出现了较多"考核""评价标准""绩效分配""业绩""考评""教学激励学术机制""绩效津贴分配"等管理主义话语。③ 加之 2016 年开始的"双一流"建设突出绩效导向、动态调整④,虚掩的"双一流"大门成为大学"冲 A"的动力,以绩效评价为原则的"双一流"指标成为"双一流潜力股"高校们各项建设、改革事务的指挥棒,其试图在"绩效评价""动态调整"的"双一流"评选中弯道超车,管理主义在部分大学的影

---

① Geschwind L, Broström A. Managing the teaching-research nexus: Ideals and practice in research-oriented universities[J]. Higher Education Research & Development, 2015(1):60-73; Huang Y. Revisiting the research-teaching nexus in a managerial context: Exploring the complexity of multi-layered factors [J]. Higher Education Research & Development,2018(4):758-772.

② Huang Y, Pang S K, Yu S. Academic identities and university faculty responses to new managerialist reforms: Experiences from China[J]. Studies in Higher Education,2018(1):154-172;孙贵聪.西方高等教育管理中的管理主义述评[J].比较教育研究,2003(10):67-71.

③ 教育部.对十三届全国人大二次会议第 3446 号建议的答复[EB/OL].(2019-12-09)[2019-12-14]. http://www. moe. gov. cn/jyb _ xxgk/xxgk _ jyta/jyta _ jiaoshisi/201912/t20191204_410825.html.

④ 国务院.国务院印发《统筹推进世界一流大学和一流学科建设总体方案》[EB/OL].(2015-11-05)[2019-10-24]. http://www. gov. cn/xinwen/2015-11/05/content _ 5005001.htm.

响更有过之而无不及,教学与科研关系更具复杂性。

　　教师作为教学和科研活动的主体,显然成为探究的焦点,教学与科研关系问题一直受到国内外学者的关注,研究焦点已从探讨教学与科研的客观关系到探究教学与科研的"联结",教师处理教学与科研关系的影响因素以及教学与科研联结的方式成为当前研究的重点。国外的研究以案例研究居多,通过访谈收集资料,对教师如何处理教学与科研关系进行较为深入的资料分析和探讨。而国内已有研究仍然以定量研究为主,或是以定量研究为主、辅之以访谈的混合研究,访谈以进一步解释定量研究的结果为主,定性研究较少。国外很多研究关注到了新公共管理改革、新管理主义对教学与科研关系的影响,而国内的相关研究相对较少。因此在管理主义的情境中,这一问题仍有深入探索的空间。一方面,已有国内外研究的研究对象以研究型大学为主,忽视了教学研究型大学的教学与科研关系,但我国的教学研究型大学占有较大比重,探究教学研究型大学的教学与科研关系对全面提高本科教育与人才培养质量具有重要意义,且部分教学研究型大学对"双一流"建设中的"席位"志在必得,导致在这些学校中管理主义对教学与科研关系的影响更加突出。另一方面,多项研究表明教学与科研关系受院系文化影响。[1] 国外已有不少研究聚焦于某一学科或学院的教学与科研关系,结合院系、学科特点探讨教学与科研关系或研究某一学科教学与科研联结的方式[2],尤其关注具有实践属性的学科,如医学、法学、教育学、护理学等[3],而国内鲜有关注某一学院或学科教学与科研关系的研究。因而,有必要就某一学科深入探讨教学与科研关系。

---

　　[1]　Robertson J. Beyond the"research/teaching nexus":Exploring the complexity of academic experience[J]. Studies in Higher Education,2007(5):541-556.

　　[2]　Gilmore J, Lewis D M G, Maher M, et al. Feeding two birds with one scone? The relationship between teaching and research for graduate students across the disciplines[J]. International Journal of Teaching and Learning in Higher Education,2015(1):25-41.

　　[3]　Huang Y. Revisiting the research-teaching nexus in a managerial context:Exploring the complexity of multi-layered factors[J]. Higher Education Research & Development,2018 (4):758-772.

四、教学学术是促进教学与科研联结的重要机制

(一)激励机制设计缺陷加强教师的科研倾向

霍姆斯特姆和米尔格罗姆提出的多任务委托理论[①]强调委托人想让代理人按照前者的利益做出行为选择,但委托人不能直接观察到代理人选择了什么,只能观察到另一些变量,这些变量由代理人的行动和其他的外生变量的随机因素共同决定,因为委托人得到的是不完全信息,委托人的问题就是如何根据这些观测到的信息来奖惩代理人,以激励其选择对委托人最有利的行动。这个理论可以运用到大学中,因为大学有许多广泛甚至相互冲突的目标,大学教师要同时处理教学、科研和社会服务等多个任务。在大学中,大学及大学的管理者是委托人,大学教师是代理人。根据该理论的基本假设,大学教师的行为在管理者的眼中是隐藏的,大学管理者无法观测到教师的努力程度,也无法观测到教师的全部行为结果或者要花很长时间才能观测到真实客观的信息,只能通过对教师的监督和激励使其努力工作。相对来说科研成果更易于量化,而教学效果具有滞后性,不好测量。这就导致高校教师评价中,科研指标的量的方面比较明确,质的方面可以依据论文发表刊物的级别、课题经费的数量和经费来源单位的级别,表面上也比较明确。关于教学方面的评价就模糊了。[②]

教师在教学与科研任务上的努力水平是由任务的相对重要性和回报率决定的,科研和教学孰重孰轻以及两项任务的回报率并不完全由教师决定,还会受到外界环境的影响。在这种情况下,教师会考虑规避风险:大学的管理者和教师的外部环境若倾向于科研,那么教师在科研工作上的努力水平就会更高;若科研的回报率要大于教学,教师的行为选择就会倾向于科研。目前我国高校学术评价制度过于强调科研,导致教学日渐边缘化,形成一种

① Holmstrom B, Milgrom P. Multitask principal-agent analyses: Incentive contracts, asset ownership, and job design[J]. Journal of Law Economics and Organization,1991(7): 24-52.

② 李宝斌,许晓东.高校教师评价中教学科研失衡的实证与反思[J].高等工程教育研究,2011(2):76-81.

"学术棘轮"。所谓"学术棘轮",即对于教师而言,越来越趋向于减轻其教学和学生咨询指导的负担,而把其自主时间更多地投入研究以及专业服务。从纵向的历史角度看,它呈现出一种不可逆转的趋势。①而高校自身也受制于外部环境,科教融合缺乏顶层设计和制度保障,国家创新体系与区域创新体系只包含知识创新体系和技术创新体系,教育和人才培养创新体系缺位。②

（二）时间与精力稀缺导致教师教学与科研难两全

1961 年摩尔提出的终极稀缺模型强调,在时间和精力稀缺的状况下,现实中的个体参与多重活动将不可避免地引发内在角色冲突。③ 一流学科教师在高校和自身的学科中要同时履行教学、科研与社会服务等核心职能,他们的时间和精力使得教学与科研活动处于竞争割裂的状态,其难以同时驾驭多种活动。福克斯发现,研究和教学之间存在一种张力,即学者们在两者之间进行权衡。因此,教学和研究"并不代表单一维度的兴趣、承诺和内涵,而是相互冲突的不同维度"④。因为教学和研究工作都是劳动密集型的,因此个人几乎不可能在这两个领域都出类拔萃。阎光才通过对 56 所高校6334 名教师的调查发现,在时间配置方面,教师职称越高,研究投入越多,教学投入越少。我国高校教师的研究负担和精力投入并不逊色于美国的研究型大学。⑤ 沈红等对全国 11 个省份 68 所大学 3612 名大学教师的工作时间进行调查,发现"985"大学教师的工作时间长,科研时间多但教学时间少。⑥

---

① Zemsky R. The Latice and the Ratchet[J]. Policy Perspectives,1990(4):1-8.

② 周光礼,姜嘉乐,王孙禺,等.高校科研的教育性:科教融合困境与公共政策调整[J].高等工程教育研究,2018(1):88-94.

③ Moore W E. Man, time, and society[J]. The American Journal of Sociology, 1964(1):106.

④ Fox M F. Research, teaching, and publication productivity: Mutuality versus competition in academia[J]. Sociology of Education,1992 (65): 293-305.

⑤ 阎光才.研究型大学中本科教学与科学研究间关系失衡的迷局[J].高等教育研究,2012(7):38-45.

⑥ 沈红,谷志远,刘茜.大学教师工作时间影响因素的实证分析[J].高等教育研究,2011(9):55-63.

这种冲突、快节奏、生活与工作边界模糊的时间观导致"闲暇的好奇"只是奢侈的空谈,而教学与科研这两项任务其实都需要教师进行长时间的深度反思,知识创新的不确定性、随机性和偶然性都要求教师要有自己的闲暇时间。

解决国家和人民一流本科教育的需要与现有本科教育发展不充分不全面的矛盾需要教学学术,更需要变革教师的教学观。20 世纪 70 年代,美国高等教育也面临着和我国目前类似的问题。当时美国的高校普遍存在"不发表就出局"的现象,重研轻教的问题突出,高等教育教学质量不尽如人意。针对当时的情况,美国学者博耶(Boyer)进行了反思,认为问题出在人们狭隘的学术观上,大学教学位于学术的边缘,成了科研的附属品。要想改变这种状况,就需要建立一种更多元的学术观,在人们的观念上进行变革。因此他提出了"教学学术"这一概念。在博耶之后,越来越多的学者投入到教学学术的研究中,使得教学学术理论日趋丰富,很快这种思想就进入了大学的实践领域,有效地缓解了教学和科研的矛盾以及提高了教师参与教学的积极性,从而在一定程度上提高了教学质量。当今我国的高等教育面临着和美国当时高等教育相似的境遇,国内外众多研究表明教师的教学观会对学生的学习产生影响,以信息传递为目的、持有以教师为中心教学观的教师往往不会鼓励学生用深层学习的方法进行学习,从而阻碍学生的学习。教学观和教学学术对提高教育质量都具有重要作用,但这两者的关系如何? 教学学术是否通过改变教师的教学观促进学生的学习? 这两个问题关系到教学学术是否值得推广,是否在我国也能起到提高教育质量的作用。

哈佛校长艾略特曾言:"大学的真正进步必须依赖于教师。"[①]我国要办世界一流大学与一流学科的关键在于一流的教师队伍和优质的人才培养。一流本科教育需要教师变革教学观,我国研究型大学教师的教学学术和教学观的关系对建设一流本科教育具有至关重要的作用。2017 年教育部发布的《中国本科教育质量报告》明确指出:"师资队伍结构亟待优化,特别是教学水平亟待提高。教学是一门高深的学问,要把教学技能、教学方法当成一

---

① 郭健.哈佛大学发展史研究[M].石家庄:河北教育出版社,2000:104.

门学问来研究。"教师的教学观不适应人才培养质量提高的要求,不适应教学内容和教学技术的变革。若教学学术能够促进教学观的变革,则可说明教学学术对提高人才培养质量具有贡献度。不论从理论层面还是现实层面,研究型大学教师的教学学术都是值得深入研究的课题。国内外已有研究认为,教学学术可以分为非学术性教学、学术性教学和教学学术三种水平。

(三)教学学术是教师回归教学与科研应然状态的基本要求

吴洪富提出,理想的教师教学与科研关系模式应该是以探究性的学习文化为环境、以学科文化为氛围、以学科学术为基础的一种基于师生之间协商意义和对话的交流模式。① 在这种模式中,知识创造和知识传播被视为同一个过程,即科研和教学被作为同一个活动来看待。然而,目前教师的教学与科研关系的实然状态却离此还有差距。一方面,由于我国的经济发展转型,力求从"中国制造"走向"中国智造",在此背景下大学被期望通过科学研究为政府和社会提供实用的知识与先进的技术。2017 年国务院印发的《国家教育事业发展"十三五"规划》强调:要大力发展教育事业,深化本科教育教学改革,实行产学研用协同育人,推进世界一流大学和一流学科建设,以支撑创新驱动发展战略、服务经济社会发展为导向。在政策的引领和推动下,科学研究不断受到重视。相比之下,教学并没有得到同等程度的重视,轻教学而重科研的趋势不断强化。另一方面,科研关系着学校的社会地位和教育资源分配,因此大学为了充分调动教师的科研积极性,允许科研可以代替教学,让有能力的教师全身心投入科研工作而很少教学。再加上科研成果更易于量化,而教学效果具有滞后性,不好测量,硬科研和软教学一比,对科研的评价更加容易有效。而教师的职称、晋升薪资待遇与科研成果挂钩,这导致教师在制度的影响下做出"重科研,轻教学"的行为选择。

英国牛津大学副校长卢卡斯认为,大学从事的是人的工作,首先应该

---

① 吴洪富.大学场域变迁中的教学与科研关系:一项关于教师行动的研究[M].北京:教育科学出版社,2014:171-172.

是培养人才的场所①,教学学术作为一种新观念阐释了一种新的学术类型,打破了只有研究才是学术的局面,改变了教学的生态。教学也可以是一种学术,如果教师把自身的教学也当成研究领域,通过反思自己的教学实践,发表成果,接受同行评议,那么,在提升教学能力的同时,也有了学术成果,摆脱了把重心放在教学就无暇做科研的窘境。在鲍威和杜嬙的实证研究中,他们发现创新型教学行为与科研产出之间存在协同促进的关系。创新性教学行为指的是在教学中融入实践与互动,以及提供反馈和辅导,在教学中投入热情。这些行为或活动只是教学学术中的基础活动,还未涉及教师与学生的教学研究、反思、交流和发表。若在教与学中践行教学学术,必会进一步推动科教融合,回归教师教学与科研的应然状态。②

本书认为,教学与科研关系问题的研究需要考虑当前高等教育所处的管理主义背景,由于教师既是教学与科研活动的主体,又是管理主义的"受害者"③,以教师为主要分析对象对探究管理主义背景下的教学与科研关系最具有解释力。因此,本书选取一所教学研究型高校肩负"冲A"任务的某学科为案例,运用访谈法、档案分析法收集资料,并进行分析,探讨管理主义背景下案例学科教师和管理者如何处理教学与科研关系,然后运用问卷调查法,调查高校教师如何通过教学学术影响、联结教学与科研工作。主要研究问题包括:高校教师、管理者如何理解和处理教学与科研关系?哪些因素影响高校教师理解和处理教学与科研关系?高校是如何促进教学与科研的联结的?教学学术能够影响教师的教学观吗?

教学与科研关系问题由来已久,但这一问题常论常新,社会发展总是给予这一问题以新的情境。当前我国高等教育的治理体现了管理主义的因

---

① 别敦荣.系统科学的观点:作为社会学术系统的高等教育系统[M]//潘懋元.多学科观点的高等教育研究.上海:上海教育出版社,2001:350.

② 鲍威,杜嬙.冲突·独立·互补:研究型大学教师教学行为与科研表现间关系的实证研究[J].北京大学教育评论,2017(4):187-188.

③ 泰希勒,任增元,贾振楠.驾驭现代高等教育系统:需要更好地平衡冲突中的需求与期望[J].北京大学教育评论,2018(2):42-62,187-188.

素①，这会影响教师对教学与科研关系的感知和处理方式②。但是目前关于我国管理主义背景下的教学与科研关系的研究较少，且已有研究以研究型大学为主，因此本书以教学研究型大学为研究对象，聚焦于某一学科，结合院系、学科特点探讨教学与科研关系，研究教学与科研联结的方式，在一定程度上丰富了管理主义背景下教学与科研关系的相关理论研究。

　　教学与科研关系问题作为高等教育最根本的问题，在实践中被反复讨论。实现高等教育内涵式发展对大学人才培养提出了更高的质量上的要求。《国家中长期教育改革和发展规划纲要（2010—2020年）》也提出，"促进科研与教学互动、与创新人才培养相结合"③。现实实践对教学与科研的平衡，甚至联结以发挥协同作用的需求从未减少。管理主义背景下的教学与科研关系研究更具情境性与现实性，且定性研究能更加深入地挖掘现象背后的关系。实证研究的结果有助于相关人员了解影响教师处理教学与科研关系的关键因素，制定改善教学与科研关系以及促进教学与科研联结的政策或制度，创新人才培养方式。

第二节　核心概念

一、教学

　　教学由"教"与"学"构成，已有文献对甲骨文"教"的象形文字进行解释，认为"教"有教诲、教训、告诫、教化之意。④《说文解字》中将"教"阐释为"上

---

　　①　泰希勒，任增元，贾振楠.驾驭现代高等教育系统：需要更好地平衡冲突中的需求与期望[J].北京大学教育评论，2018(2)：42-62，187-188.

　　②　Huang Y. Revisiting the research-teaching nexus in a managerial context：Exploring the complexity of multi-layered factors[J]. Higher Education Research & Development，2018(4)：758-772.

　　③　教育部.国家中长期教育改革和发展规划纲要（2010—2020年）[EB/OL].(2010-07-29)[2019-12-15]. http://old. moe. gov. cn/publicfiles/business/htmlfiles/moe/info_list/201407/xxgk_171904. html.

　　④　褚俪华.叩启智慧之门"乐疑"课堂教学探微[M].长沙：湖南教育出版社，2016：10.

所施,下所效","施"代表操作、演示,"效"则有模仿、仿效之意。"学"解释为觉悟也。[①]"教学"作为一个词语最早出现在《尚书·说命》中:"教学半。"[②]《学记》中提到"教学相长",其含义与现代教学的含义不同,"学然后知不足,教然后知困,知不足然后能自反,知困然后能自强也",指的是同一个体的"教"和"学"。[③] 现代意义上的教学,则可追溯至宋代欧阳修所写的墓志表中——"先生之徒最盛……其教学法最备",指教师的"教"和学生的"学"。[④] 在西方,教学由两个不同的英文词表示,"教"用 teaching 或 instruction 表示,"学"用 learning,在英文教育文献中常以 teaching-learning 表示教学。[⑤] 英国教育学家史密斯曾将教学的内涵分为五类,分别是:描述性定义,即传统意义上的教学,教学是传授知识和技能;成功性定义,将教学作为成功,表示教与学之间的联系,教学应在学习者掌握所教的内容才算一个完整的教学活动,表明教与学是相互牵制、相辅相成、不可分割的;意向式定义,即教学目的是有意向地引导学生学习,教师的行为受他们的意向驱使,而他们的意向受到教师自身的信念体系和思维方式的影响;规范式定义,即教学是一种规范行为,只要符合道德规范的一系列活动都是教学;科学式定义,是关于教学的一种专门性定义,用科学公式表明了教学随多个因素的变化而变化及教学意义的动态性。[⑥]

国内对教学的定义不一,王策三将教学的含义归纳为五个层次的意义理解,从最广义的"一切学习、自学、教育、科研、劳动,以及生活本身,都是教学"到广义的"教学的内容和形式都体现出有目的、有领导、经常而全面的影响",再到狭义的"教学是教育的一部分和基本途径""为使学生学会各种方法的活动和技能的过程",最后是区别于以上四种抽象的教学的"具体的教学"。在这一归类分析的基础上,王策三提出了教学的一般定义:"所谓教

① 许慎.说文解字[M].杭州:浙江古籍出版社,2012:21.
② 黄甫全.现代课程与教学论[M].北京:人民教育出版社,2014:67.
③ 张华.课程与教学论[M].上海:上海教育出版社,2000:72.
④ 王策三.教学论稿[M].北京:人民教育出版社,2005:83.
⑤ 张华.课程与教学论[M].上海:上海教育出版社,2000:73.
⑥ 褚俪华.叩启智慧之门"乐疑"课堂教学探微[M].长沙:湖南教育出版社,2016:10.

学,乃教师教、学生学的统一活动;在这个活动中,学生掌握一定的知识和技能,同时,身心获得一定的发展,形成一定的思想品德。"①李秉德认为:"教学就是指教的人指导学的人进行学习的活动,进一步说,指的是教和学相结合或相统一的活动。"②顾明远认为:"教学是以课程内容为中介的师生双方教和学的共同体。"③以上定义的共通之处在于都强调了教学是教与学双方的统一。

大学的教学应在一般教学定义的基础之上,体现大学活动的特殊性。任宇认为,大学的教学应包含教学和科研两层意思,教中有科研,学中也有科研,科研中又有教学。教学既是一个动态过程,又是一个系统。作为系统而言,教学包含教师和学生以及语言、文字、教科书、教学手段、资料、科研设施等中间媒介,课堂、实验室、实训实习场所等教学场所。教学过程是教师和学生在教学系统中的双向活动。教师和学生在教学中具有同等地位,教学既不是以教师为中心的,也不是以学生为中心的。④ 张士昌认为,大学的教学是人类知识再积累、再创造的过程。它与中小学教育有明显的区别,表现在两个方面:其一,教师对学生的指导,不仅是对原有知识体系的重复,而且是在新的条件下,对原有认识的重新整理和加工;其二,大学教师与大学生之间的双边活动包含了许多探索的成分。⑤ 可见,大学教学的重点不仅是知识和技能的传授,还包括在这一过程中引导学生运用知识、思考探索知识。正如雅斯贝尔斯所倡导的,大学教学应当包括三个层次的学习:学习哲学知识,参加哲学思考,使哲学思考转化为日常的生活⑥。鉴于本书探讨教学与科研的关系,因此可将教学与科研两个方面分开讨论。⑦ 通过对已有关于教学和大学教学概念的回溯,本书认为大学教师的教学是教师传授已知

① 王策三.教学论稿[M].北京:人民教育出版社,2005:84-86.
② 李秉德.教学论[M].北京:人民教育出版社,1991:2.
③ 顾明远.教育大辞典[M].上海:上海教育出版社,1990:178.
④ 任宇.高等教育学选讲[M].北京:高等教育出版社,1986:118-119.
⑤ 张士昌.大学管理创新论[M].济南:齐鲁书社,2008:357.
⑥ 雅斯贝尔斯.什么是教育[M].上海:生活·读书·新知三联书店,1991:159.
⑦ 张士昌.大学管理创新论[M].济南:齐鲁书社,2008:357.

知识和技能、指导学生运用知识、引导学生思考和进行知识探索、培养学生探究精神和能力的双向互动过程,还包括教师为教学活动所做的准备和反馈活动,如备课、评阅作业、考试等。

本书中教学概念涵盖研究生教学,原因有二:其一,本书的研究对象为教师,从教师的角度出发,研究生指导与研究生教学等都属于教师的教学投入,因而没有必要刻意将其割裂,割裂亦不符合教师的认知习惯,影响访谈获取资料的信度;其二,本书关注管理主义背景下的教学与科研关系,具体表现为制度政策影响下的教师行为抉择与态度,通过查阅相关的制度文件,案例学科所在学院及学校将研究生指导归属在教学工作业绩考核的模块,研究生课时量也计算在教学工作量中,因此包含研究生教学符合案例情况及管理主义背景。

二、科研

科研指的是科学研究活动,自洪堡将科研引入大学后,正式成为大学的第二大职能,大学教师是承担这一活动的主体。科学研究的概念经历了历史演变的过程,洪堡追求的科学研究中的科学指的是纯科学,是"建立在深邃观念之上的,不追求人和自身以外目标,进行纯知识、纯学理的探求"。① 后来,社会的需要以及高等教育的发展使得科学研究的概念发生了扩展,扩展到了对实用科学的研究,更多地为社会发展服务。20 世纪后期,为消除教学与科研的冲突,博耶(Boyer)进一步扩展了研究的概念,根据研究性质和任务的不同,将教师的学术工作分为发现的学术研究、综合的学术研究、应用的学术研究、教学的学术研究,综合、应用、教学的学术研究是对"发现的研究"的扩展。② 克林格(Kerlinger)认为:"科学研究是以系统的、控制的、实验的、严谨的方法,来探讨有关现象之间关系所做的假说命题。"③ 徐辉和季诚钧以及顾建民认为,科学研究是根据已有的知识基础,探究未知的事物,

①　陈洪捷.德国古典大学观及其对中国的影响[M].修订版.北京:北京大学出版社,2006:28.

②　周川.从洪堡到博耶:高校科研观的转变[J].教育研究,2005(6):26-30,61.

③　刘顺忠.管理科学研究方法[M].武汉:武汉大学出版社,2012:3.

从而获得新的知识和理论的过程。大学教师的研究与中小学教师不同,主要目的在于开拓科学新领域,增加人类科学知识,发展学科,推动科学文化与科学技术的发展。[①] 结合本书的研究对象教育学科,本书的科研应体现一定程度的教育学科的特点,张天雪对教育科研和教学研究做了区分,他认为,教育领域的科研是教育科学研究的简称,对教育现象本着科学精神、态度,运用科学的方法去探求关于人的发展的教育之本,实现教育的社会价值,增进教育知识的反思探究和钻研的学理性与学术性活动。[②] 教学研究是针对教学实践中存在的问题进行研究和探讨,总结出能够指导实践的教学规律的研究活动,包括对教材、教法等的研究。[③] 本书认为教育学科教师的科研包含教学研究:一方面,教学实践中的问题仍然属于教育现象的范畴;另一方面,尽管教学研究大多由中小学教师开展,但由于教育学科培养面向中小学一线教师,大学教师也会进行一定的教学研究。

因此,本书中的科研是指教师根据已有知识,以科学精神、态度,运用科学的研究方法探究现象或理论,为增进人类知识或解决实践问题而进行的活动以及与之相关的工作,包括撰写论文、申报课题、参加学术交流、调研等。

三、教学与科研的联结

"联结"是由 nexus 翻译而来,其词源为拉丁语 nexus,有"绑定"的含义,有词典将其解释为 a complicated series of connections between different things,即(错综复杂的)关系、联结、联系。综合字面与词源含义的理解,联结更能代表 nexus 的含义。teaching-research nexus、research-teaching nexus、RTN 是教学与科研联结常见的英文术语表达。教学与科研的联结表明教学与科研之间存在多种联系和关系。[④] 教学与科研的联结和洪堡提

---

① 徐辉,季诚钧.大学教学概论[M].杭州:浙江大学出版社,2004:123;顾建民.高等教育学[M].修订版.杭州:浙江大学出版社,2014:201.

② 张天雪.教师身边的教育科研[M].重庆:重庆大学出版社,2013:2.

③ 张天雪.教师身边的教育科研[M].重庆:重庆大学出版社,2013:2.

④ Tight M. Examining the research/teaching nexus[J]. European Journal of Higher Education,2016(4):293-311.

出的"教学与科研相统一"不同,洪堡将教学纳入科学研究的范畴,教学成为引导学生参与研究的过程,教学的过程就是研究的过程,使大学成为研究机构。[①] 这一理念在高等教育发展与社会变迁中受到制约,在如今的制度与文化环境中难以实现。教学与科研的联结的含义与伯顿·克拉克提到的教学与科研相结合的含义相似,他引入学习解释教学与科研的结合,认为研究与教学的结合强调研究活动、教学活动和学习活动的高度融合,以至于无法区别三种活动各自的进程,教师通过引入研究活动进行教学,同时学生进行研究和学习。[②] 纽曼认为教学与科研的联结是学者在教学和研究方面所做出的贡献,通过本系的活动,两者相结合以提高学生的技能和态度。教学与科研的联结包括有形的联结(tangible nexus)、无形的联结(intangible nexus)以及总体的联结(global nexus)三种通常同时存在的联结,有形的联结与先进知识和最新事实的传播有关,无形的联结指的是优化学生对知识的态度和方法的发展,以及为学者提供刺激和更新环境,总体的联结描述了院校而非个体层面的教学和科研之间的互动。[③]埃尔顿认为以学生为中心的教学过程有利于教学与科研的联结。[④] 希利、格里菲斯将研究性教学和课程视为教学与科研的联结,学生在教学过程中学习研究成果、研究过程和方法,培养探究精神和态度,解决研究问题等,从而实现教学与科研的联结。[⑤] 斯科菲尔德基于埃尔顿和希利的研究认为,教学与科研的联结可定义为学术人员和学生单独或协作开展的任何研究或者传播活动之间的关系,以及与学生

① 王建华. 重温"教学与科研相统一"[J]. 教育学报,2015(3):77-86.

② Clark B R. The modern integration of research activities with teaching and learning [J]. The Journal of Higher Education,1997(3):241-255.

③ Neumann R. Perceptions of the teaching-research nexus: A framework for analysis [J]. Higher Education,1992(2):159-171.

④ Elton L. Research and teaching: Conditions for a positive link[J]. Teaching in Higher Education,2001(1):43-56.

⑤ Healey M. Linking research and teaching exploring disciplinary spaces and the role of inquiry-based learning[M]//Barnett R. Reshaping the University: New Relationships between Research, Scholarship and Teaching. Maidenhead: McGraw-Hill Education,2005: 67-78;Griffiths R. Knowledge production and the research-teaching nexus: The case of the built environment disciplines[J]. Studies in Higher Education,2004(6):709-726.

学习体验的联系。① 综合已有学者对教学与科研联结的理解,借鉴纽曼对教学与科研上联结的定义,本书中教学与科研的联结指的是在教学或科研过程中教师和学生个体层面体现出的各种有形、无形的联系,并对教学或科研一方或双方具有积极影响。

四、教学学术

(一)教学学术的提出

自博耶开创性地提出教学学术以来,这个概念已经在学术话语中使用了 30 多年,然而,它仍然是一个相对模糊的概念。1990 年,博耶针对当时美国高校重科研而轻教学、学术的定义被窄化为科研等现象重新思考了学术的定义。学术早期被认为是在各地进行的大量创造性工作,学术能力是由思考、交流、学习的能力来衡量的。理论可以指导实践,实践也可以产生理论,而教学可以塑造理论和实践。因此他认为,学术应包括发现的学术、综合的学术、应用的学术和教学的学术。② 教学学术被首次提出。博耶认为教师必须博学睿智,要站在各自知识领域的前沿并广泛阅读。好的教学要求教师既是学者又是知识的传播者。1992 年,尤金(Eugene)对此进行了拓展,他认为教学学术包括三个要素:句法能力、教育教学能力、学习能力。其中,句法能力是指能把领域内的知识有意义地联结起来,将知识放进特定的情境中,在学习者和知识之间建立起联系的能力;教育教学能力是指以一种超越智力实质和教学过程的分裂的方式来表现一个主题的能力,通常使用隐喻、类比和实验的方法;学习能力则是指学生对教师的言行做出学术思考的能力。③

---

① Schofield C A. Exploring the teaching-research nexus in college based and university higher education[D]. Plymouth:University of Plymouth,2018.

② Boyer E. Scholarship Reconsidered:Priorities for the Professoriate[M]. San Francisco:Jossey-Bass,1997:24.

③ Rice R E. Towards a broader conception of scholarship:The American context [M]// Research and Higher Education:The United Kingdom and the United States. Buckingham:SRHE and Open University Press,1992:117-129.

（二）教与学学术

1993年,舒尔曼将教学描述为社区财产,认为交流是第一个关键要素,提出学者是活跃社区里的成员:学者们聚集在一起对话,评价,交流成果、方法和原因。第二个关键要素是一种人工制品,一种可以共享、讨论、批评、交换、建立的产品。同行评议是第三个要素。① 这种思想也影响了其他学者对教学学术的看法。随着学者们对教学学术的不断研究,对其内涵的理解侧重点也发生了转移。1999年,舒尔曼认为教学和学习是密切联系的,教学学术应体现为教和学两种学术形式。教师不仅要对教的问题进行探究,更应该对学的问题进行系统研究。② 舒尔曼的思想直接影响了后续学者们对教学学术的理解,教学学术(scholarship of teaching)扩展为教与学学术(scholarship of teaching and learning)。赫钦斯等认为,教学学术应该越来越多地被看作是对实现学校的核心目标、学生的学习和成功至关重要的实践而不是一个独立的项目或一个特殊的倡议。③ 有研究者认为,学术性教学和教学学术是两个不同但密切相关的活动,学术性教学能影响教学活动和学习结果。教学学术是一个更广泛的概念,包括准备手稿、同行评议和传播结果以扩大知识库,换句话说,教学学术超出了高质量教学的范围,因为它是公开的,并且有成果支持。④ 也有学者认为,教学学术是一种与发现、整合和应用等传统的专业学科交叉的学术,并进一步认为教学学术应该被视为与学科专业型研究同等重要,还阐述了教学学术的定义:系统的、基于文献

① Shulman L S. Teaching as community property[J]. Change,1993(11/12):4-7.
② Shulman L S. Taking learning seriously [M]// Hutchings P. Teaching as Community Property: Essays on Higher Education. San Francisco: Jossey-Bass,2004:33-48.
③ Hutchings P, Huber M T and Ciccone A. The Scholarship of Teaching and Learning Reconsidered: Institutional Integration and Impact[M]. San Francisco: Jossey-Bass,2011.
④ Richlin L, Cox M D. Developing scholarly teaching and the scholarship of teaching and learning through faculty learning communities[J]. New Directions for Teaching and Learning,2004(97): 127-135.

的研究,涉及教学和学习的过程以及结果被同行评审出版和传播。[①] 珀特等认为教学学术是系统的教学和学习研究,使用既定的或经过验证的学术标准,以理解教学(信念、行为、态度和价值观)如何能最大限度促进学习,或发展对学习的更准确的理解,推动产品被公开分享,供适当的团体使用。[②] 有学者认为教学学术是一种能力。周萍和陈红认为这种能力主要是指大学教师以学生为中心,把大学的教学过程作为研究的对象,通过课程开发和教学设计,实现课程知识有效传播的能力。[③] 周光礼和马海泉认为教师教学学术能力由学术能力、教学能力和教学态度三个特征因子构成。[④] 宋燕认为,教学学术既是一种学术类型也是一种教学水平。作为一种学术类型,教学学术包含发现、整合、应用和教学四个环节。作为一种教学水平,教学的学术性有四个维度:知识、研究、交流和自主。[⑤] 何晓雷将教学学术界定为用一定的认识论和恰当方法对教与学问题进行研究,研究结果能够公开,易于交流与回顾,能够被他人使用、发展与完善,并对理论与实践产生一定影响。[⑥]

　　教学学术的含义会因学科、部门、机构和国家背景的不同而有所不同。此外,对教学学术的定义和理解的广泛性使得该领域研究范围可能会变得更加广泛。[⑦] 发展到今天,教学学术涵盖了对学习和教学实践的反思与探究、加强教学和学习的策略、课程开发、促进研究性教学、本科研究以及学生

---

　　① McKinney K. Attitudinal and structural factors contributing to challenges in the work of the scholarship of teaching and learning[M]//Analyzing Faculty Work and Rewards: Using Boyer's Four Domains of Scholarship: New Directions in Institutional Research. San Francisco: Jossey Bass,2006.

　　② Potter M K, et al. The relationship between scholarly teaching and SoTL: Models, distinctions, and clarifications[J]. International Journal for the Scholarship of Teaching and Learning,2011(1):23.

　　③ 周萍,陈红. 大学教师教学学术能力的建构[J]. 高校教育管理,2015(6):94-98.

　　④ 周光礼,马海泉. 教学学术能力:大学教师发展与评价的新框架[J]. 教育研究,2013(8):37-47.

　　⑤ 宋燕. 基于双重身份的"教学学术"内涵解读[J]. 江苏高教,2013(2):58-61.

　　⑥ 何晓雷. 美国大学教学学术研究[M]. 北京:中国社会科学出版社,2016:37.

　　⑦ Huber M T, Hutchings P. The Advancement of Learning: Building the Teaching Commons[M]. San Francisco: Jossey-Bass,2005.

参与学科或教学学术研究等各种概念。教学学术也与战略性专业发展、职业规划、晋升和认可有关。[①] 在这种背景下，它已经成为一种强有力的范例来推动实践，因为教学学术提倡一种实践研究方法，通常与解决"亟待解决的问题"相关，而不是被动地检查应对一般的教学和学习问题[②]，从而在理论与实践中搭建了桥梁。

本书认为，教学学术是为了促进学生的学习和教师的专业发展，教师或专家将其对于教学知识与理论的理解运用到教学实践中，同时研究教与学的问题，反思自己的教学行为并与同行交流，让同行参与评价从而完善自身的教学成果，最终公开发表教学成果的一种学术形式和学术水平。教学学术作为一种学术形式，既有其他学术形式的共性特征，如研究、反思、交流与评价等，又具有自身的独特特征：首先，教学学术不是关于某一门学科的研究，而是以教与学为主题的跨学科的混合研究，但同时又嵌入在学科中，沟通学科理论与教学实践。其次，教学学术的高深知识基础是教与学的知识，通过反思、研究、交流和评价促进学生学习。最后，教学学术具有实践的情境，其研究问题产生于实践，研究成果也应用于实践，衡量其成功的标志是研究成果对思想与实践产生了一定影响。教学学术作为一种学术水平，在教学方面是指教师对教与学知识和专业知识的掌握程度，将教学理论运用于教学实践的广泛程度；在研究方面是指教师进行教学反思、教学交流和同行评价的频繁程度；在成果方面是指指导学生成果和教师教学成果的丰富性与公开程度——这三个方面缺一不可，综合反映了教师的教学学术水平。

---

① Fanghanel J. Going public with pedagogical inquiries：SoTL as a methodology for faculty professional development[J]. Teaching and Learning Inquiry，2013(1)：59-70.

② Wright M，Finelli C，et al. Facilitating the scholarship of teaching and learning at a research university[J]. Change：The Magazine of Higher Learning，2011(2)：50-56.

第一章　教学与科研关系研究动态

第一节　教学与科研关系类型

一、教学与科研是积极的关系

教学与科研的积极关系涵盖了双向的积极关系和单向的积极关系。双向的积极关系意味着教学与科研是共生的、相辅相成的、相互促进的。持有这一观点的学者很多不是基于实证研究,他们往往以思辨的方式从应然的层面讨论教学与科研对彼此的积极影响,支持教学与科研的结合;他们是洪堡大学理念坚定的追随者,认为大学之所以为"大"、高等教育之所以为"高"的关键就是教学与科研的结合。[①] 教学与研究相辅相成、共生的关系是大学区别于其他研究和教育机构的地方。[②] 思辨研究从宏观的高等教育理念的层面论述教学与科研之间的积极关系,将教学与科研的结合视为大学的基

① 王建华.重温"教学与科研相统一"[J].教育学报,2015(3):77-86.

② Neumann R. Perceptions of the teaching-research nexus：A framework for analysis [J]. Higher Education,1992(23):159-171.

本原则。拉姆斯登和摩西认为学术界广泛支持和认可教学与科研是一种和谐共生关系,甚至将其喻为一种"宗教信仰"。[①] 福克斯认为,教学与科研相统一是一种"意识形态"。[②] 雅斯贝尔斯认为,科研和教学的结合是大学至高无上且不可替代的基本原则,最好的科研人员应该首先是大学老师。[③]

常识模型和 G 模型可作为这一观点的理论解释,这两个模型分别从教学与科研活动本身以及教师能力出发,常识模型强调科研与教学相互促进,G 模型认为优秀的教学者与研究者在能力特质上具有共通性,这些共通的特质使教学与科研得以协同、促进。[④] 他们认为教师进行科研可以突破陈旧教材的局限,为教学带来最前沿的信息与视角,是开展有效教学的基础。从事科研的教师在教学中更能以学生为中心,科研与教学结合能够提高学生的参与感,能够培养学生的批判意识与探究精神。同时,教学过程中的课堂讨论可以为进一步的研究提供思路,学生也可以为教师的科研提供资料与数据,教师可以通过教学进一步明确研究方向,教学的要求也有利于教师更加系统地掌握专业背景知识,好的教育工作者也应当是好的科研者。[⑤]

也有不少实证研究试图证明教学与科研两者之间积极的相关关系。纽曼对澳大利亚研究型大学的高级学术管理人员进行了有关教学与科研关系的半结构式访谈,结果显示两者之间有一种重要而微妙的相互联结的共生

① Ramsden P,Moses I. Associations between research and teaching in Australian[J]. Higher Education,1992(3):273-295.

② Fox M. Research, teaching, and publication productivity:Mutuality versus competition inacademia[J]. Sociology of Education,1992(10):293-305.

③ 雅斯贝尔斯.大学之理念[M].邱立波,译.上海:上海人民出版社,2007:73.

④ Hattie J, Marsh H W. The relationship between research and teaching:A meta-analysis[J]. Review of Educational Research,1996(4):507-542.

⑤ 王青.实现过程的统一:对高校教学与科研关系的认识[J].上海高教研究,1997(10):50-52;汪志勇,胡祥余,张祖德.高校教学与科研关系之讨论[J].教育与现代化,2002(2):12-14;Marsh H W, Hattie J. The relation between research productivity and teaching effectiveness:Complementary, antagonistic, or independent constructs? [J]. The Journal of Higher Education,2002(5):603-641.

关系。① 挪威学者斯梅比的一项对 1592 名教师的调查发现,超过 95% 具有博士学位的教师认为他们的科研"大量"或"某种程度上"有益于教学,教学与科研之间存在着紧密关系。② 雷斯特研究了荷兰新公共管理背景下的教学与科研对研究生产力的影响,他的发现支持哈蒂(Hattie)和马什(Marsh)的常识模型,并表明平衡的教学研究工作量可以提高性别群体的研究效率,说明教学与科研之间存在积极共生的关系。③ 德伦南调查了苏格兰 13 所大学的 TQA(教学质量评估)和 RAE(研究评估活动)的分数,用来衡量教学质量和研究质量,分析表明研究质量和教学质量之间具有正相关关系。④ 斯塔克分析了 167 个社会科学班和 65 名教师的数据,研究认识到学者的非正态分布,在控制了课程和教师的特征后,研究质量与学生评教显著正相关,这是率先证明研究质量和学生评教之间显著关系的系统调查。⑤ 哈尔斯等通过分析 2005 年澳大利亚大学教学奖获得者的研究和出版物,得出优秀的教师是积极的研究者的结论。⑥ 布伦南等对学者进行了半结构访谈,研究显示了一个出人意料的不同于以往研究的发现:在个人、机构、社会层面,人们都广泛意识到教学与科研相互的积极影响。⑦

---

① Neumann R. Perceptions of the teaching-research nexus: A framework for analysis [J]. Higher Education,1992(2):159-171.

② Smeby J C. Knowledge production and knowledge transmission: The interaction between research and teaching at universities[J]. Teaching in Higher Education,1998(1):5-20.

③ Leisyte L. New public management and research productivity:A precarious state of affairs of academic work in the Netherlands[J]. Studies in Higher Education,2016(5):828-846.

④ Drennan L T. Quality assessment and the tension between teaching and research [J]. Quality in Higher Education,2001(3):167-178.

⑤ Stack S. Research productivity and student evaluation of teaching in social science classes: A research note[J]. Research in Higher Education,2003(5):539.

⑥ Halse C, Deane E, Hobson J, et al. The research-teaching nexus: What do national teaching awards tell us? [J]. Studies in Higher Education,2007(6):727-746.

⑦ Brennan L, Cusack T, Delahunt E. Academics' conceptualisations of the research-teaching nexus in a research-intensive Irish university:A dynamic framework for growth & development[J]. Learning & Instruction, 2019(60):301-309.

　　然而,更多的实证研究并没有得到教学与科研之间相互促进、双向共生的证据,仅证明了教学与科研之间单向的积极关系,其中科研对教学的积极关系更显著。卡德斯等对马里博尔大学处于倾向科研的绩效评估下的教师的研究效率、研究质量、教学质量等进行了测量分析,采用出版计数方法评估研究生产率,以高质量期刊上发表的论文占特定研究人员发表的所有论文的比例作为研究质量的衡量标准,教学质量由马里博尔大学在 2010—2011 学年进行的学生评估来衡量。研究显示,尽管研究生产率(研究产出的数量)与教学质量无关,但是研究的质量却与教学质量正相关。该研究在绩效评估的背景下,重新审视了教学与科研关系,对绩效评价不利于教学的观点提出了质疑。① 牛端自编了高校教师工作绩效与胜任特征问卷,问卷包括工作绩效问卷、胜任特征问卷及背景资料三个部分,用于测量教学效能与科研绩效,实证数据支持了教学与科研之间的相关关系。而后,牛端采用非递归模型进行检验分析,得出科研绩效与教学效能显著正相关,但反之则不然。教学与科研之间是单向影响的关系,科研对教学的影响显著,科研与教学的关系是"源"与"流"的关系。② 魏红等以北京师范大学的《教学评价表·A1 学生用表》作为衡量教师教学的测量工具,用北师大 2 年共 4 个学期的学生评教分数代表教学效果,以教师同一时期的科研成果津贴值代表教师的科研成果,发现科研成果与教学效果之间存在显著正相关关系,有科研成果的教师的学生评教分数远高于无科研成果的教师,研究还对不同年龄、性别、教龄、职称、学历的教师的教学效果与科研成果之间的关系进行重复方差分析,得出对具有同一职称的教师而言,有科研成果的教师的教学优于无科研成果的教师的结论。有科研成果的教师中,具有不同职称的教师的教学效果相差不大,可以认为科研对教学具有促进作用。③ 顾丽娜等的研究也

　　① Cadez S, Dimovski V, Zaman Groff M. Research, teaching and performance evaluation in academia: The salience of quality[J]. Studies in Higher Education,2017(8): 1455-1473.

　　② 牛端.高校教师科研与教学关系的实证研究[J].大学教育科学,2018(4):51-57,126.

　　③ 魏红,程学竹,赵可.科研成果与大学教师教学效果的关系研究[J].心理发展与教育,2006(2):85-88.

发现,科研型教师在解决问题、促进学科知识教学、关注学生、激励学生和交互教学等方面要比知识传授型教师表现得更为卓越,说明科研的确对教师的教学有积极的影响。[①]

吉尔莫等则采取了定性研究方法,访谈研究生对教学与科研联结的看法。鉴于研究生是下一代大学教师,了解他们对教学与科研关系的看法至关重要,这不仅有助于理解他们当前的观点,也有助于为任何旨在促进科研与教学之间更紧密联结和互利关系的研究提供信息。研究发现,大部分研究生已将教学与科研有联结的观念内化,但许多研究生认为联结是单向的,科研对教学有积极的影响,很少有受访者注意到教学对科研的影响。但在教育学领域,教学对科研的影响显著,因为教师提出的关于教学和学习的新问题与见解,可以作为研究的一部分。[②]

综上所述,教学与科研间的共生关系在大学理念层面是毋庸置疑的,并且深植于大学教师、管理人员认知中。实证研究试图为这一观点提供证据支持,建构教师科研生产力与教学效果间的积极关系,但是实际测量到两者间显著相关关系的研究较少,且测量指标能否准确代表科研生产力、科研效率、教学效果等仍然遭到质疑。实证研究中能够证明教学与科研存在双向的积极关系的较少,这一观点下的大部分实证数据表明科研与教学的积极关系并不是双向的,科研对教学的促进作用要大于教学对科研的促进作用,这也暗含了提倡教学与科研结合的大部分缘由是出于提升教学质量的考量。

二、教学与科研是对立的关系

尽管教学与科研的结合一直以来都是高等教育的基本理念和基本原则,但仍有不少学者质疑这一理念的合理性以及在实践中的可行性。学者

---

① 顾丽娜,陆根书,施伯琰.高校教学与科研关系的实证分析[J].辽宁教育研究,2007(3):25-27.

② Gilmore J, Lewis G, Maher M, et al. Feeding two birds with one scone? The relationship between teaching and research for graduate students across the disciplines[J]. International Journal of Teaching and Learning in Higher Education,2015(1):25-41.

们从不同角度证明了两者间的对立关系,主要有资源分配的角度与人格差异的角度。

就资源分配角度而言,资源可以分为教师已有的可分配的资源和教师试图获取、争夺的资源两个方面。

首先,在教师可分配的资源方面,教师的时间、精力、注意力等是教师已有的可分配的资源。学者们认为一个人的时间与精力有限,教学与科研如同天平的两端,对一端的过分投入必然会造成对另一端的忽视,两者之间存在着时间、注意力、精力等资源分配的冲突。就如纽曼所说:"整天忙于传授知识给学生的人也不可能有时间和精力去探索、获取新的知识,探索真理需要心无二用,此为常识。"①终极稀缺模式被用来解释两者的对立关系,该模式认为时间和精力在稀缺的情况下,现实中个体由于参加多重活动不可避免存在内在角色的冲突。② 李俊义也认为由于时间具有一维性,教师在教学与科研上的时间投入必定此消彼长,就这一层面而言,教学与科研是相互矛盾的。③ 大多数用于证明这一观点的实证研究都是从这一角度出发,它们将教师用于教学或科研的时间作为测量对象,作为研究的自变量,分析投入的时间与教师的科研成果、科研水平以及教学效果或水平的相关关系,以此为教学与科研之间的对立关系提供证据。如较早在这一命题下进行实证探索的约奇对教师用于教学与科研的时间进行分析,发现教学与科研的时间投入间的相关系数为−0.427,表明对科研的时间投入的增多必然会减少在教学上的时间投入④,这一研究也以实证数据证明了终极稀缺模式。有学者试图找寻教师的教学投入与科研产出之间、科研时间与教学效果之间的相关关系。顾丽娜等于 2007 年在西安交通大学对教师进行问卷调查,分析了教学工作量不同的教师在科研情况上的差异,研究表明教师的教学工作量与

---

① 纽曼.大学的理想(节本)[M].徐辉,等译.杭州:浙江教育出版社,2001:2.

② Hattie J,Marsh H W. The relationship between research and teaching:A meta-analysis[J]. Review of Educational Research,1996(4):507-542.

③ 李俊义.高校教师职责中教学与科研关系摭论[J].高教探索,2018(7):30-35.

④ Jauch L R. Relationships of research and teaching:Implications for faculty evaluation[J].Research in Higher Education,1976(1):1-13.

所获得的科研经费、科研产出之间呈负相关关系,也就是说,教学投入少的教师,其科研产出相对较多。[①]

其次,在教师试图获取的资源方面,教师的职称、待遇、学术声誉等是教师试图获取的资源,而这些资源的分配被置于学校组织的激励机制与绩效奖励制度之下,制度导向给予教师的组织环境将教学与科研自然而然地推向对立面,在实然的层面加剧了两者的对立。有学者用外部分歧奖励模型解释这一观点,认为教学与科研是互为冲突的两种角色,其冲突是由教学与科研不同的奖励机制驱动的。[②] 一些研究者对教师的访谈也体现了教师在组织激励制度下对待教学与科研的矛盾和冲突,如黄亚婷对一所研究型大学的 14 位教师进行了访谈研究,该大学的绩效主要涉及官僚监管、货币激励和学术资本主义的吸引力等,在访谈中大多数受访者认为,研究导向的激励措施鼓励着他们更加重视科研工作,但这很有可能降低教学质量,从他们的角度来看,为了在绩效考核的标准之下争取到更多的资源,大多数受访者选择优先进行科研活动,不可避免地造成忽略教学职责的结果。[③]

此外,有学者从教学与科研的人格差异角度论述两者之间的对立和矛盾何以存在。差异人格模型认为研究人员和教师没有什么共性特征,他们的人格差异较大,研究人员往往具有进取心,独立,追求确定性,野心勃勃,而教师是外向的、社交的、非专制的。[④] 刘振天从教学与科研的内在属性差异切入,分析了教学与科研在实践中产生对立的原因,认为恰是未知和已知、好奇和责任、精确和模糊这些教学与科研的内在属性差异造成了两者关系的失衡,科研天然地处于一种优势地位,教学处于劣势地位,使得教学与

① 顾丽娜,陆根书,施伯琰.高校教学与科研关系的实证分析[J].辽宁教育研究,2007(3):25-27.

② Hattie J, Marsh H W. The relationship between research and teaching: A meta-analysis[J]. Review of Educational Research,1996(4):507-542.

③ Huang Y. Revisiting the research-teaching nexus in a managerial context: Exploring the complexity of multi-layered factors[J]. Higher Education Research & Development,2018(4):758-772.

④ Hattie J, Marsh H W. The relationship between research and teaching: A meta-analysis[J]. Review of Educational Research,1996(4):507-542.

科研实然地存在地位的对立。① 巴内尔将教学与科研描述为一种竞争对立的关系,科研在大学成为占主导地位的意识形态,教学成为试图与科研相斗争的意识形态。②

综上所述,关于教学与科研对立关系的研究主要仍然是从资源分配的角度进行论证的,在外部制度的"催化"下,教师为能在资源分配中获得更大的优势,获取更多物质、声誉、学术等,会过于重视科研产出与投入,而时间、注意力、精力等资源具有一维性,教学的地位必然式微,教学与科研的关系如同天平的两端,呈现此消彼长的消极关系。

三、教学与科研是相互独立的关系

这一观点认为教学与科研之间零相关,不存在联结。支持这一观点的研究认为教学与科研是两种不同性质的活动,有学者从教学与科研的工作特点和两者所需的迥异的人格特征、能力要求等方面论证了教学与科研之间独立的关系。正如琴特拉所说,科研和教学是两种不同的职能,需要具备迥异的能力,并且同时兼具这两种才能的情况并不多见。③ 李俊义也认为大学教师具有双重角色,分别是教育者与研究者,且这两个身份所要求的能力本身及其形成过程具有差异,两种能力内在的关联性不强,所以同时具备这两种能力的难度较大,两种能力兼备的教师占比很小,因此教学与科研的关系难以自然地建构。④ 哈蒂和马什认为,不同事业模型、不相关人格模型以及官僚资助模型可用来解释这一观点,其中官僚资助模型体现在资助政策将教学与科研分离。⑤

---

① 刘振天.教学与科研内在属性差异及高校回归教学本位之可能[J].中国高教研究,2017(6):18-25.

② Barnell R. Beyond All Reason: Living with Ideology in the University [M]. Buckingham: Burkingham Society for Research into Higher Education and Open University Press,2003:147.

③ Centra J A. Research productivity and teaching effectiveness[J]. Research in Higher Education,1983(4): 379-389.

④ 李俊义.高校教师职责中教学与科研关系摭论[J].高教探索,2018(7):30-35.

⑤ Hattie J, Marsh H W. The relationship between research and teaching: A meta-analysis[J]. Review of Educational Research,1996(4):507-542.

实证研究也为此类观点提供了支撑。较早发现这一结论的是 1983 年琴特拉的研究,他的研究涵盖了两个样本,分别包括 2937 名和 1623 名教师,两个样本的教师所在的学校对科研的重视程度不同。研究把教师分为社会科学、自然科学、人文科学三组,以样本内的教师所教的同一门课程的学生教学报告衡量教师的教学绩效,以教师 5 年的出版物数量衡量教师的研究生产力,并对教学与科研之间的关系进行了假设,发现研究与教学之间存在溢出效应,但是研究数据并没有支持森特拉最初的假设,研究结论表明仅社会科学组的教师发表文章的数量与学生的教学评价具有一致的关系,该研究得出结论,学生对教学的评分与教师的研究效率无关,并对教师是否真的必须进行研究提出了质疑。[1] 布拉克斯顿回顾了 30 项支持不同关系模型(互补、无效或冲突)的研究,发现只有 1 项支持冲突模型的研究显示出负相关性,其余 29 项研究通过在某些情况下显示出轻微的正相关性来支持无效模型或补充模型,从而认为教学与研究之间没有冲突,但是也没有证据表明两者之间存在系统的正相关性。[2] 支持这一观点的最经典的研究是费尔德曼以及哈蒂和马什的元分析研究。费尔德曼在 1987 年对已有的 29 项研究结果进行了元分析,发现研究效率实质影响教学效益的可能性很小,或就其实际目的而言,这两者本质上是不相干的。[3] 最值得一提的是,哈蒂和马什于 1996 年根据 58 篇文献的 498 个相关分析发现,教学质量与科研质量之间的总体相关系数仅为 0.06,两者是松散耦合的,他们认为教学与科研的统一是一个经久不衰的神话。[4]

2002 年,马什和哈蒂进一步研究了教学与科研关系,考虑了教学与科研

① Centra J A. Research productivity and teaching effectiveness[J]. Research in Higher Education,1983(4): 379-389.

② Braxton J M. Contrasting perspectives on the relationship between teaching and research[J]. New Directions for Institutional Research,1996(90):5-14.

③ Feldman K A. Research productivity and scholarly accomplishment of college teachers as related to their instructional effectiveness: A review and exploration[J]. Research in Higher Education,1987(3):227-298.

④ Hattie J, Marsh H W. The relationship between research and teaching: A meta-analysis[J]. Review of Educational Research,1996(4):507-542.

关系的院系差异，且增加了对学者们作为教师与研究者的自我评价考量，然而研究结论再次表明教学效率与研究结果几乎不相关，支持了教学与科研相互独立的关系。① 但他们也指出，以往研究中以教师出版科研成果的数量衡量研究生产力，没有纳入反映研究质量的变量，基于学生评教的教学效果指标也仍存在争议。因此，近年的研究越来越注重对研究质量的考察，蒋光旭研究了英国和法国博士层次的教学与科研关系，分别采用了英国的 RAE 科研评估数据和法国国家科学研究中心(CNRS)的院校研究绩效数据，并设计问卷调查了博士的培养质量和研究环境，研究发现即使在博士层次，研究与教学也并无显著的积极关系。② 澳大利亚格拉顿研究所使用从澳大利亚学生参与调查(AUSSE)收集的数据，比较大学院系的 AUSSE 结果，将这些院系分为"高研究"和"低研究"环境，以确定研究成果是否对学生的体验有影响。研究表明，总体而言，研究水平并没有系统地影响到教学质量。不论是"高研究"的大学还是"低研究"的大学，教学实践都是差不多的，因此，消除研究或是加强教学与研究的联结都不能提高教学质量，这一结论支持教学与科研不相关的观点。③ 菲戈里奥等比较了美国西北大学终身制教师和非终身制教师对学生学习的影响，通过评估 2001—2008 年该大学所有一年级本科生的数据，用教师对学生的激励程度和促成学生深度学习衡量教师的教学质量，用教师的研究在校内的认可度与科研发表的频率及影响衡量教师的研究水平，研究表明非终身制教师相较于终身制教师更能鼓励学生参加更多的课程，更能引导学生在后续的学习中表现得更好。非终身制教师更能促进学生较低水平的学习。他们认为高产的研究人员和高效的教师既不能相互替代，也不能相互补充，事实上，他们没有任何关系，会存在教学

① Marsh H W, Hattie J. The relation between research productivity and teaching effectiveness: Complementary, antagonistic, or independent constructs? [J]. The Journal of Higher Education,2002(5):603-641.

② Chiang K-H. Research and teaching revisited: A pre-humboldtian or post-humboldtian phenomenon? The cases of France and the UK [J]. European Journal of Education,2012(1):139-152.

③ ACER. Doing More for Learning: Enhancing Engagement and Outcomes[M]. Melbonrne and Sydney: Australian Council for Education Regearch, 2010.

和科研表现都好的教师,也会有科研和教学质量都不佳的教师。[①]

四、教学与科研是非线性的关系

这一观点是对前三种观点的发展,认为教学与科研之间的关系并不是固定的,单纯地讨论教学与科研之间的正相关、负相关、零相关等是具有局限性的。越来越多的学者支持这一观点,认为教学与科研之间的关系并非一成不变的,教学与科研关系应该具有多元性、非直线性、不确定性和因果关系的复杂性。[②]

较早发现与提出这一观点的是米切尔和瑞伯。1995 年,他们通过对5604 名美国教师的数据进行连续分段线性回归模型拟合得出,轻到中度的教学职责以及准备工作所花费的时间有助于提高研究效率,互补作用和时间变量的经济性的结合可以在教学与科研之间产生一种曲线关系,其研究结果表明每周最多 8 小时的教学有助于提升研究效率,超过 8 小时将对科研生产率有不利的影响。[③] 还有学者认为教学与科研的关系类似右倾的抛物线,在较低科研水平上,科研时间的增加会带来教学质量的上升,但达到一定极限点后,由于过多的科研花费过多的时间和资源,反而导致教学质量的下降。[④] 韩淑伟等于 2007 年对某所财经类大学近 3 年的教师教学评估与科研成果数据进行了分析,发现大学教师科研水平与本科教学水平之间并不存在显著的线性关系,但他们认为这并不代表两者之间不具备相关性,可能存在着其他非线性相关,但对存在怎样的非线性相关并没有做进一步的研究与论证。[⑤] 鲍威和杜嫱利用分位数回归方法验证了教学与科研之间的

---

① Figlio D N, Schapiro M O, et al. Are tenure track professors better teachers? [J]. Review of Economics & Statistics,2015(4):715-724.

② 吴洪富. 大学场域变迁中的教学与科研关系:一项关于教师行动的研究[M]. 北京:教育科学出版社,2014:11.

③ Mitchell J E,Rebne D S. Nonlinear effects of teaching and consulting on academic research productivity[J]. Socio-Economic Planning Sciences,1995(1):47-57.

④ Prosser M, Trigwell K. Relations between perceptions of the teaching environment and approaches to teaching[J]. British Journal of Educational Psychology,1997(1):25-35.

⑤ 韩淑伟,仇鸿伟,陆德国. 教师科研水平与本科教学效果关系的实证分析:关于某校本科教学效果与科研水平相关性案例研究[J]. 高教探索,2007(S1):188-190.

非线性关系,同时发现教师科研产出与本科教学行为之间存在顶端互促效应,即在科研产出的中低端群体中,教师的教学行为与科研产出之间不存在关联,两者相互独立,当科研产出继续递增,教师的教学行为模式对科研产出的边际效应不仅逐渐增强,且具有显著影响。[1]

综上所述,已有研究就教学与科研的关系存在分歧,已有的关于教学与科研关系的实证研究以定量研究为主,这类研究试图通过科学研究方法、科学的测量与统计工具,运用一些指标来替代或代表科研产出与教学效果和能力,以佐证教学与科研之间存在的客观的、确定的关系。定量研究的调查与测量对象往往是教师的科研生产力、教学效果、投入在教学与科研中的时间。测量指标方面,以教师在一定时间段内发表的论文数量、发表成果被引用的数量、发表刊物的等级、所获的科研奖励等衡量教师的科研生产力;以教师的教学工作量投入、学生评教、同行教师评价、所获得教学奖等衡量教师的教学效果。定量研究大多难以得出教学与科研具有积极关系的结论。已有研究还通过对学生、教师、管理人员的访谈,采用定性的方法探究教学与科研的关系,以这种方法进行的研究大多能得出两者之间存在积极关系的结论,反映的是人们对教学与科研结合这一理念的内化。

第二节　教学与科研关系的影响因素

已有研究就教学与科研关系受何影响的问题进行了实证研究,以定性研究为主,以动态的视角揭露了教学与科研关系在诸多因素影响下的变化。通过对探讨教学与科研关系影响因素的文献梳理,本书发现教学与科研关系的影响因素可以归类为政策背景因素、组织因素、学科因素以及个体因素四个方面。

---

① 鲍威,杜嬿. 冲突·独立·互补:研究型大学教师教学行为与科研表现间关系的实证研究[J]. 北京大学教育评论,2017(4):107-125,187-188.

一、政策背景因素

有学者发现大学所处的国家政策背景对教学与科研之间的关系有重要影响，其中大部分学者通过比较不同国家、地区政策背景下的教学与科研进行分析，如蒂姆（Deem）和卢卡斯（Lucas）、泰勒（Taylor）、雷斯特（Leisyte）等。梅森（Mayson）和沙佩尔（Schapper）等研究指出，管理主义、新公共管理影响下的高等教育政策造成了教学与科研失衡，导致学术分工、角色分离。

蒂姆和鲁卡斯对处于不同政策背景之下的 2 所英格兰和 3 所苏格兰大学教育系的教师进行了访谈，英格兰和苏格兰在教学与科研资助政策、教师专业发展等政策上存在差异，研究分析表明苏格兰的政策背景，特别是为学校教师制定的更详细的专业发展计划，更加重视向学生传播研究文化和发展合作的部门研究文化。他们分析了 5 所大学教师的学术生活，得出教学与研究的联结受院系文化的影响，而文化受到更广泛的政策背景的影响的结论。[①] 泰勒对英国和瑞典 4 所大学的教学与科研关系进行了比较研究，共进行了 16 次个体和 4 次焦点小组访谈，涉及 35 名来自不同学科背景的教师，研究发现两种不同的国家环境所提供的不同的结构和政策背景在塑造机构活动方面发挥着关键作用。瑞典的高等教育有着深厚的洪堡传统，以教学和科研的互动为基础，教学和科研都是学术人员的责任，不受政府或机构的干涉，科研与教学的共生关系得到教师的一致认可，教师认为自己有义务加强两者间的联结。而英国的资助政策和评估通常将研究与教学视为独立的活动，因此没有明显的外部机制激励教师整合教学与科研，多数教师也认为教学与科研之间存在对立冲突，且"大学"的头衔只授予具有研究生学位的机构，要求机构展示其研究实力，研究在英国的政策背景下格外受重视，这反映了不同的国家政策背景和高等教育体系下教学与科研关系的差

---

① Deem R, Lucas L. Learning about research: Exploring the learning and teaching/research relationship among educational practitioners studying in higher education[J]. Teaching in Higher Education, 2006(1): 1-18.

异。① 雷斯特等收集了英国和荷兰的生物技术、中世纪历史的 8 个研究单位的 48 名学者的文献证据与访谈数据,研究发现由于不断变化的国家研究政策和现代治理安排,效率、效力和以产出为导向的文化变得越来越重要,由此构成的政策环境对教学与研究的期望和要求也在发生变化,荷兰和英国的教学与科研关系都受到了重视研究的国家政策、资助政策的影响。在荷兰,大学的资助经费部分是由学生的人数决定的,加之学士—硕士结构的引入,使得学生人数增多,教学压力增大,同时研究的重要性日益增强也导致教学与科研的对立更加激烈;在英国,大学的经费资助政策将教学和科研分离,RAE 也强调了研究的重要性。② 蒋光旭考察了英国和法国博士层次的教学与研究关系,采用 RAE 和 CNRS 的相关数据,并结合博士生调查问卷,发现尽管两个国家的教学与科研都不存在显著关系,但在博士生教育层面的教学与科研关系上,法国的教学与科研更加相关,追溯其原因是两个国家有不同的高等教育体系:法国的高等教育具有前洪堡模式的特点,研究和教学职能相对分离;英国的高等教育体系更具后洪堡模式的特点,在机构上研究和教学职能统一,但研究和教学经费分离。在英国和法国不同的高等教育体系下,教学与科研关系不同。③

除了对不同政策背景的比较研究,梅森和沙佩尔通过分析高级管理人员的政策话语发现政策话语对高等教育实践有影响,关于资助和绩效的强有力的政策话语将研究、研究成果作为资助的关键绩效指标与大学声誉的

---

① Taylor J. The teaching-research nexus and the importance of context:A comparative study of England and Sweden[J]. Compare,2008(1):53-69.

② Leisyte L,Enders J,De Boer H. The balance between teaching and research in Dutch and English universities in the context of university governance reforms[J]. Higher Education,2009(5):619-635.

③ Chiang K H. Research and teaching revisited:A pre-Humboldtian or post-Humboldtian phenomenon? The cases of France and the UK[J]. European Journal of Education,2012(1):139-152.

标志,并使其具有优先地位。① 布鲁尔呈现了悉尼大学的实践案例的研究,认为澳大利亚的国家拨款模式是研究与教学分离的,且研究资助机构也并不鼓励教学与科研的结合。② 洛克认为,科研和教学这些学术活动的"错位"是政策区分教学与科研资金、管理、评估和奖励的结果,政策通过各种方式影响教学与科研的关系,造成角色分离。③

而高等教育政策的变化是由于新自由主义、管理主义的影响,导致现代大学的治理结构、组织文化等发生了重大变化,为获取资助经费的问责制、绩效激励制度相应产生,教学与科研关系也在这样的背景下发生了变化。④ 莫拉鲁(Moraru)通过访谈大学教师研究质量管理体系对教学与科研关系的影响,他认为全球化竞争迫使政府引入了与研究绩效相关的质量评级机制,质量管理体系以定量的方式衡量研究活动和研究成果,而研究成果出版的数量和高排名期刊发表的数量是衡量学术声望的标准,他的研究揭示了在这样的体系之下许多受访者的身份与角色之间存在巨大差异,受访者们声称他们既是教师又是研究人员,但事实上他们的学术角色已经转向了一个更基于研究的角色。⑤ 雷斯特通过问卷调查研究荷兰高等教育领域新公共管理改革对大学教学与科研关系以及教师研究生产力的影响,发现管理主

① Mayson S, Schapper J. Constructing teaching and research relations from the top: An analysis of senior manager discourses on research-led teaching[J]. Higher Education,2012 (4):473-487.

② Brew A. Imperatives and challenges in integrating teaching and research[J]. Higher Education Research & Development,2010(2):139-150.

③ Locke W. The dislocation of teaching and research and the reconfiguring of academic work[J]. London Review of Education,2012(3):261-274.

④ McKenzie A, Griggs L, Snell R. The myth of the teaching-research nexus[J]. Legal Education,Review, 2018(28):1;Geschwind L, Broström A. Managing the teaching-research nexus: Ideals and practice in research-oriented universities[J]. Higher Education Research & Development, 2015 (1): 60-73; Huang Y. Revisiting the research-teaching nexus in a managerial context: Exploring the complexity of multi-layered factors[J]. Higher Education Research & Development,2018(4):758-772.

⑤ Moraru L. Scientific Reputation and "The Golden Standards": Quality Management System Impact and the Teaching-Research Nexus [EB/OL] (2012-05-06) [2021-04-12]. https://firles. eric. ed. gov/fulltext/ED567057. pdf.

义促使大学把重点放在绩效和竞争上,导致教师的工作压力尤其是研究的压力增大,进而破坏了教学与科研的平衡,且为了应对管理主义政策,大学内以教学或研究为重点的新的职业道路已经纳入正式的职务分类条例,出现了教学和研究的学术分工。[①] 格斯温德和布鲁斯特姆在一项关于 3 所瑞典大学如何管理研究型教学关系的调查中发现,新公共管理影响下的瑞典高等教育系统对机构的领导和管理要求增加,在这一压力下的大学管理人员被迫为教师部署务实的战略任务,包括允许研究优先于教学需要,积极主动地将大部分教学活动委托给不太活跃的研究人员,组织对教师的制度激励与教学需要之间的"错位"加强了学术分工,导致教学与科研的分离。[②] 在管理主义和新自由主义的影响下,大学按照现代私营公司的方式运作,教育部门提供的量化的绩效衡量办法导致了教学与科研的分离。[③]

综上所述,政策背景因素影响着教学与科研的关系,部分研究从横向视角出发分析不同国家、地区政策下教学与科研关系的不同,部分研究以纵向视角分析管理主义影响的高等教育政策导致的教学与科研关系的变化。政策往往通过资助、拨款、问责评估的方式产生影响。此外,也有学者认为国家的高等教育政策通过社会观念影响教学与科研关系,如杨燕英等发现由国家的高等教育政策、制度等引导的社会观念认为科研突出的大学才是好大学,科研优秀的教师才是好教师,社会上的大学排名指标、大学的社会声誉导向也受其影响,侧重对科研成果的考量,造成教学的式微,教学与科研

① Leisyte L. New public management and research productivity: A precarious state of affairs of academic work in the Netherlands[J]. Studies in Higher Education, 2016(5):828-846; Leisyte L, Hosch-Dayican B. Changing academic roles and shifting gender inequalities: A case analysis of the influence of the teaching-research nexus on the academic career prospects of female academics in the Netherlands[J]. Journal of Workplace Rights, 2013(3/4):467-490.

② Geschwind L, Broström A. Managing the teaching-research nexus: Ideals and practice in research-oriented universities[J]. Higher Education Research & Development, 2015(1):60-73.

③ McKenzie A, Griggs L, Snell R. The myth of the teaching-research nexus[J]. Legal Education Review, 2018(28):1.

在实践中难以建立联结。①

二、组织因素

不少研究发现了组织对教学与科研关系的影响,组织主要通过制度和文化影响教学与科研的关系。

(一)组织制度

组织制度指的是大学、院系组织的内部制度,主要是对教师的评价制度,包括教师的人事聘任制度、职称晋升制度、薪酬制度、绩效考核等激励制度。② 布鲁尔的研究通过呈现悉尼大学推动教学与科研联结的实践案例,探讨促进和阻碍教学与科研一体化的因素,研究表明组织的制度,比如委员会结构、绩效管理制度、晋升程序等将教学与科研分开考量,造成了教学与科研相分离。③ 有学者以一所韩国大学为个案,研究了该校激励教师发表的制度如何影响学生对教学质量的评价,试图通过观察激励制度、科研效率和教学效率之间的复杂相互作用,来检验大学日益重视的科研绩效与教学质量之间的关系。研究借助多任务理论分析数据,认为对科研的经济激励可能会将一些教授的注意力从教学转移到科研上,从而降低教学质量,制度对研究的强调导致了科研与教学之间的负相关关系。④ 雷斯特和霍斯-德堪认为,欧洲高等教育系统的新公共管理对教学与科研之间的联结提出了挑战,

① 杨燕英,刘燕,周湘林. 高校教学与科研互动:问题、归因及对策[J]. 教育研究,2011(8):55-58.

② Leisyte L, Enders J, De Boer H. The balance between teaching and research in Dutch and English universities in the context of university governance reforms[J]. Higher education,2009(5):619-635;Coate K, Barnett R, Williams G. Relationships between teaching and research in higher education in England[J]. Higher Education Quarterly,2001(2):158-174;Geschwind L, Broström A. Managing the teaching-research nexus:Ideals and practice in research-oriented universities[J]. Higher Education Research & Development,2015(1):60-73.

③ Brew A. Imperatives and challenges in integrating teaching and research[J]. Higher Education Research & Development,2010(2):139-150.

④ Bak H J. Too much emphasis on research? An empirical examination of the relationship between research and teaching in multitasking environments[J]. Research in Higher Education,2015(8):843-860.

大学教师从公务人员变为大学的雇员。通过对 1 所研究型大学的案例研究,他们发现教学与科研的联结正在被制度环境的变化所重塑,包括学生人数、财政压力、教师评价和激励标准的变化以及对外部资助的期望。其中学生人数、财政压力以及外部资助属于政策因素,教师评价和激励标准属于大学组织制度因素。①

刘献君等对 5 所大学教师的问卷调查和访谈发现,尽管教师普遍认为教学与科研是正相关的,但是在实际中学校与院系的组织制度、对"一流"目标的盲目追求、教师评价考核机制等,迫使教师不得不改变自身的信念,重视科研,挤占教学资源与时间。② 张桂平和廖建桥进一步发展了刘献君等的研究,以问卷调查的方式对武汉、广州、北京、上海等地的 50 多所高校的教师进行了调研,发现学校绩效考核制度发挥着"指挥棒"的作用,考核压力通过科研压力、科研注意力、焦虑情绪等中介,增加教师的教学非伦理行为,造成对教学的忽视,在这一制度下,科研与教学在焦虑情绪、压力之下呈现对立状态。③ 庞岚和沈红的研究则发现了组织制度中的非正式制度对教师行为的影响,她们应用新制度主义经济学的理论分析框架,考察作为知识传授者和创造者的大学教师的行为选择,挖掘影响教学与科研失衡的制度因素,发现大学教师的行为选择与制度相互作用,大学制度对教师行为有激励和限制作用,学术声誉等非正式制度与大学内部管理制度加强了大学教师的科研行为偏好,影响了教学与科研的关系。④ 黄亚婷的研究也发现,管理主

---

① Leisyte L, Hosch-Dayican B. Changing academic roles and shifting gender inequalities: A case analysis of the influence of the teaching-research nexus on the academic career prospects of female academics in the Netherlands[J]. Journal of Workplace Rights, 2013(3/4):467-490.

② 刘献君,张俊超,吴洪富. 变革大学组织制度,改善教学与科研关系[J]. 中国地质大学学报(社会科学版),2009(5):119-124.

③ 张桂平,廖建桥. 科研考核压力对高校教师非伦理行为的影响研究[J]. 管理学报,2014(3):360-366;张桂平. 科研考核压力对高校教师非伦理行为的影响机制研究[D]. 武汉:华中科技大学,2012.

④ 庞岚,沈红. 基于教师行为选择的大学教学与科研关系研究[J]. 高等教育研究,2011(3):75.

义制度鼓励教师更倾向于从事科研工作。[①]

(二)组织文化

已有研究表明学校、院系的文化也影响着教学与科研的关系。杜宁和詹金斯的研究发现，支持教学与科研相分离的院系结构和组织文化已经导致教师不再努力去探讨两者如何实现可能的共生关系。[②] 布鲁尔认为由于学校的研究文化将研究视为一种荣誉，作为少部分学生的努力学习的一种奖赏，因此本科生与研究还是有一定的距离。[③]

曲霞和宋小舟调查了"211"与"985"学校教师对待教学与科研的差异，"985"学校的教师更频繁地进行专题研讨室教学，更会鼓励本科生参与课题研究，更加赞同自己所处的是"重科研，轻教学"的环境。他们认为"985"高校是我国典型的研究型大学，其学校文化具有更明显的科研导向，而"211"大学的学校文化体现出对教学与科研的双重关注。[④] 这一结论得到了黄亚婷的研究的支持，其通过对研究型大学教师的访谈，得出影响教学与科研关系的因素之一是研究文化。在一所研究型大学中，教师与学生一起探讨研究问题是自然而积极的，但学校中流行的研究文化更多地受到经济需求、问责制要求和绩效激励的影响，研究成果在激励制度下成为"可交易"的，本应是追求真理的内在研究活动沦为寻求资金的方式，研究成果可以转化为资本，可以用于交换物质、声誉、学术地位等。在学术资本主义的影响下，教学与科研孰轻孰重已在教师的行动中得到了解答，注意力、精力、时间投入的

---

① Huang Y. Revisiting the research-teaching nexus in a managerial context: Exploring the complexity of multi-layered factors[J]. Higher Education Research & Development,2018 (4):758-772.

② Durning B, Jenkins A. Teaching/research relations in departments: The perspectives of built environment academics[J]. Studies in Higher Education,2005(4):407-426.

③ Brew A. Imperatives and challenges in integrating teaching and research[J]. Higher Education Research & Development,2010(2):139-150.

④ 曲霞,宋小舟.高校教学名师的科教融合理念与实践:基于教学名师与普通教师调查问卷的对比分析[J].中国高教研究,2016(6):97-104.

倾斜也使得教学与科研的联结被削弱。①

　　综上所述，管理主义与国家高等教育政策构成了组织发展的外部环境，组织谋求生存与发展，制定适应政策的制度。组织文化包括大学、院系的文化，受学术资本主义、知识经济等影响的"可交易"的研究文化使科研地位突出，另外，不同学校层次的研究文化导致教学与科研的关系在研究型和非研究型大学之间存在差异。

三、学科因素

　　已有研究发现不同学科的教学与科研关系存在差异。比格兰根据学科的知识和研究是否具有高度统一性（软/硬）、学科是创造知识还是应用知识（纯/应用），以及学科是与生命系统还是与非生命的实物打交道（生命/非生命），将学术领域分为 8 个学科群落。② 施因的研究借鉴了比格兰与以往研究的学科分类，将学科分为硬纯（主要是自然科学）、硬应用（主要是工程和药物）、软纯（大部分是人文科学）、软应用（大部分是社会学科）四类，以国际期刊、国内期刊、图书出版衡量科研生产力，并与教学质量进行相关分析，发现当研究生产力以国内期刊发表衡量时，硬纯学科教学与科研的联结更强。③ 吉尔莫等则通过调查研究生对教学与科研的感知研究教学与科研的学科差异，研究以研讨会和问卷调查的方式进行，先通过研讨会让参与者描述教学与科研的关系，确定问卷调查的几个主题，再开始问卷数据的收集。研究结果表明，硬学科的研究生在整合教学与科研方面有困难，研究生不怎么认同教学与科研的关系，更加认同两者之间没有关系或是存在对立的关系，而软学科则认同两者之间存在关系。该研究还针对这一结果的原因提

　　①　Huang Y. Revisiting the research-teaching nexus in a managerial context: Exploring the complexity of multi-layered factors[J]. Higher Education Research & Development, 2018 (4):758-772.

　　②　Biglan A. The characteristics of discipline matter in different academic areas[J]. Journal of Applied Psychology, 1973(3):195-203.

　　③　Shin J C. Teaching and research nexuses across faculty career stage, ability and affiliated discipline in a South Korean research university[J]. Studies in Higher Education, 2011(4):485-503.

出了三个假设,包括:第一,由于教学和研究经验有限,研究生可能还没有机会探索教学和研究之间的联结;第二,硬学科的研究生修改课程设置以实现教学研究一体化的机会可能更少;第三,硬学科的性质鼓励学者更专注地工作。[①]

更多研究没有按照这一分类,而是将学科分为自然学科、社会学科和人文学科并进行研究,如森特拉将教师分为社会科学、自然科学、人文科学三组,研究教师教学评分与科研生产力之间的关系,研究分析发现仅社会科学教师发表文章的数量与学生对教师的课程评价分数之间具有显著一致性,人文科学在这方面的相关关系不显著,而对自然科学组的教师来说,这种相关性不显著或为负相关,因此可得出教学与科研的关系因学科不同而有差异。[②] 罗伯逊访谈了新西兰几所大学的教师,了解他们个人的学习、教学、研究的经历,采用现象图示法将个人学术经验作为一个连贯的整体来处理,并考虑到整个群体中经验的变化。研究分析发现,教学与科研存在五种关系,分别为微弱联结、传递关系、混合关系、共生关系、一体关系,并且这些关系与一定的学科相关,自然学科的教学与科研关系是微弱的联结,在人文学科中两者是共生关系或一体关系,而自然与人文科学交界处,则是一种传递关系或混合关系,如图1.1所示。类别A和B的学者们认为,研究要在学生掌握了足够的学科基础知识的基础之上才能进行,因此本科生的教学与科研没有什么联结,类别C首次明确本科生可以参加研究或调查。类别D代表教学与科研存在一种共生关系,而类别E表示教学与科研是不可分割的,研究的过程就是教学的过程。[③]

还有学者则聚焦于某几个学科或专业领域进行比较,研究不同学科或

---

① Gilmore J, Lewis D M G, Maher M. Feeding two birds with one scone? The relationship between teaching and research for graduate students across the disciplines[J]. International Journal of Teaching and Learning in Higher Education, 2015(1):25-41.

② Centra J A. Research productivity and teaching effectiveness[J]. Research in Higher Education,1983(4):379-389.

③ Robertson J. Beyond the "research/teaching nexus": Exploring the complexity of academic experience[J]. Studies in higher education,2007(5):541-556.

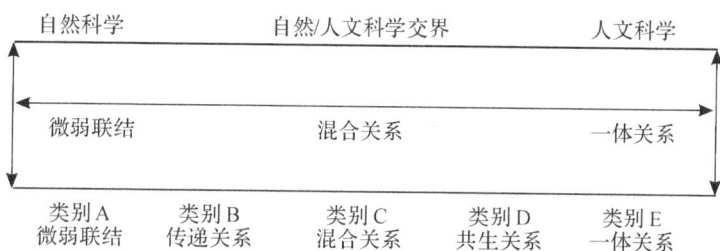

图 1.1 学科视角下的本科生层面的教学与科研关系

专业领域的教学与科研关系的差异,如科尔贝克分析了物理和英语 2 个不同院系、学科的工作经验,并且得出学系组织和文化影响教学与科研的关系,在教学与科研结合方面,英语作为软学科比硬学科物理更加容易。[①] 泰勒在对英国和瑞典的大学的访谈调查中发现,学科差异在大学中都很明显。在科学和技术领域,教学与科研的联结最为紧密,在卫生专业和医学中,教学与科研的联结是最薄弱的,因为卫生专业和医学致力于传授规定的核心知识以满足外部的专业、职业要求。[②] 有研究者采访了智利 1 所研究型大学的 34 名生物学和医学本科生。生物科学是一门硬纯的学科,而医学是一门硬应用的学科,研究表明两个学科之间存在差异。首先是对教学与科研的感知方面。与生物学专业的学生不同,医学专业的学生不会将教学和研究视为不相关的活动,对他们而言,学者作为研究者和教师的角色似乎是一体的。因此,他们将教学视为与研究相关的事情。相反,生物学专业的学生认为学者过于专注于研究会降低他们对教学的兴趣。研究者认为,这与智利学术界,特别是纯学科领域的学者负担巨大的研究成果的压力有关。其次,生物学和医学的学生都认同教学与科研的联结可以发展思维技能,但在技能类型方面存在明显差异,生物学是发展分析和解决问题的能力,而医学则

---

① Colbeck C L. Merging in a seamless blend: How faculty integrate teaching and research[J]. The Journal of Higher Education,1998(6):647-671.

② Taylor J. The teaching-research nexus and the importance of context: a comparative study of England and Sweden[J]. Compare,2008(1):53-69.

是明智决定和提出科学问题的能力。①

综上所述,教学与科研的关系在不同学科存在差异,包括两者的联结程度以及联结的影响方面。大多数研究支持硬学科的教学与科研的联结更为困难,而个别研究得到的硬纯学科教学与科研联结更强这一结果,可能是由于其测量指标并不能完全代表教学和科研。

四、个体因素

个体因素涉及教学与科研活动的两个主体,即学生和教师。学生的因素主要是因学生的学历层次而有差异;教师方面的影响因素主要包括教师的职业阶段、教学信念、兴趣、教学风格、性别等。

布鲁贝克在《高等教育哲学》一书中强调,高等教育研究高深学问。② 克拉克认为,高等教育是控制高深知识和方法的机构,但高等教育已由精英教育变为大众教育,因此教学与科研的关系受学生层次的影响,学历层次不同,教学与科研的关系也不同:研究生阶段,教学与科研联结紧密;而本、专科阶段,科研与教学大多是分离的。③ 罗伯逊和邦德在新西兰进行的一项小规模定性研究证实了这一观点。由于本科生缺乏学科知识框架,本科生层次的科研和教学之间几乎没有或根本没有联结,这种联结只存在于研究生层次的具有知识结构的学科中。④

更多的研究探讨了教师个体因素对教学与科研关系的影响,如教师职业阶段对教学与科研的影响。施因的研究为分析教学与科研之间的关系,分别以图书出版、国内期刊发表、国际期刊发表为科研生产力的测量指标与教学质量进行相关分析和协方差分析,研究发现当以国际期刊发表衡量科

---

① Olivares-Donoso R, Gonzalez C. Biology and medicine students' experiences of the relationship between teaching and research[J]. Higher Education,2018(5):849-864.

② 布鲁贝克.高等教育哲学[M].郑继伟,译.杭州:浙江教育出版社,1987:13-14.

③ Clark B R. The modern integration of research activities with teaching and learning [J]. The Journal of Higher Education,1997(3):241-255.

④ Robertson J, Bond C H. Experiences of the relation between teaching and research: What do academics value? [J]. Higher Education Research & Development,2001(1):5-19.

研生产力时,教学与科研负相关,且教师职业阶段早期比中后期更加显著。①
国内学者刘献君等也研究了职业阶段对教学与科研的关系的影响,发现刚
参加工作的教师在教学上投入的时间较多;31—40 岁的教师则处于发展期,
可能偏重科研;41—50 岁的老师能较好地处理教学与科研的关系,两者是平
衡的;50 岁以上的教师,更容易倾向于教学。随着职称的升高,教师逐步呈
现科研化的倾向。② 而张鲜华对 1 所教学型大学的定量研究表明,教学与科
研的关系不会因为教师所处的职业阶段不同而有所不同,但是会因教师的
个人能力不同而不同。③

　　还有学者研究了性别对教学与科研关系的影响。雷斯特将教师感知到
的绩效评价的压力作为性别影响教学与科研的中介因素,发现在面对强调
科研的管理主义政策时,女教师感知的压力比男教师更大,而压力越大,教
师越偏向于科研,因此女教师在同样的情况下,教学与科研的联结更加微
弱,甚至分离。④

　　部分学者的研究显示教师的教学风格会对教学与科研关系产生影响,
他们认为以学生为中心的教学和学习过程对教学与研究之间的积极联结最
为有利。⑤ 张丽芳和施因的研究关注了不同类型的教学风格与不同类型的
出版物之间的关系,他们将斯滕伯格(Sternberg)提出的 13 种思维方式概念
化为 3 种类型,教学中不同的思维方式形成了不同的教学风格。第一种类

---

① Shin J C. Teaching and research nexuses across faculty career stage, ability and
affiliated discipline in a South Korean research university[J]. Studies in Higher Education,
2011(4):485-503.

② 刘献君,张俊超,吴洪富. 大学教师对于教学与科研关系的认识和处理调查研究[J].
高等工程教育研究,2010(2):35-42.

③ 张鲜华. 教与研的关联:基于一所普通高校的实证分析[J]. 高教探索,2017(10):5-
11.

④ Leisyte L. New public management and research productivity: A precarious state of
affairs of academic work in the Netherlands[J]. Studies in Higher Education,2016(5):828-
846.

⑤ Elton L. Research and teaching: Conditions for a positive link[J]. Teaching in
Higher Education,2001(1):43-56; Healey M. Linking research and teaching to benefit
student learning[J]. Journal of Geography in Higher Education,2005(2):183-201.

型包括立法、司法、等级、总体,这一类型的风格更加具有创造性,代表更高水平的认知、更强的适应价值,与更高的认知发展水平和良好的人格特征密切相关。第二种类型包括执行型、君主型、局部型和保守型,暗示了一种规范的倾向,代表较低水平的认知。第三种类型包括内部、外部、寡头政治和无政府主义的风格,可以表现出第一种或第二种类型的特征,这取决于特定任务的风格需求。他们主要研究前两种类型在教学中与科研的关系,采用混合研究的方法,控制了学科和背景因素,得出第一种类型的教学风格中立法和司法教学风格都有助于研究的发表,但是前者更利于国内期刊的发表,后者则更利于国际期刊的发表。第二种类型中,局部型教学风格对国内学术期刊的发表有负面影响,而执行型教学风格对出版外文图书有积极影响。①

　　教师个体的信念、信仰、认知因素等影响着教学与科研的关系。部分学者发现管理主义政策、激励制度等并没有完全决定教师的行为,教师不是一个完全的经济人。泰勒对英国和瑞典的大学的研究发现,大学的管理者和学术人员都表达了教学与科研存在互利关系的信念,这一信念作为意识形态因素和环境因素共同影响教学与科研关系。② 庞岚和沈红的研究发现除了制度因素对教师的行为选择有激励与限制的作用,教师的个人因素包括教师作为"学术经济人"的认知因素、兴趣偏好,制约着教师的行为。③ 黄亚婷对某所研究型大学的 14 位应用学科教师进行了访谈,辅之以课堂观察的方法,研究发现中国有关教学的传统文化信念,例如最高的教学荣誉和对教学与学习的信念,可能在促进大学教师共同努力维护教学价值方面发挥了重要作用。因此,教学与科研的互动关系已被内化为受访者的基本态度、价

---

① Zhang L, Shin J C. The research-teaching nexus among academics from 15 institutions in Beijing, Mainland China[J]. Higher Education,2015(3):375-394.

② Taylor J. The teaching research nexus:A model for institutional management[J]. Higher Education,2007(6):867-884.

③ 庞岚,沈红.基于教师行为选择的大学教学与科研关系研究[J].高等教育研究,2011(3):75.

值观和行为。[①]

综上所述,已有关注个体因素影响的研究已经从客观转向了主观,从性别、年龄、职业阶段等人口学特征转向了更为复杂的主观认知的研究。从现有研究中发现,相比于学生,教师仍然是目前研究关注的重点。教师个体在政策、制度等制约下如何看待、处理教学与科研的关系,个体因素与其他因素如何互动是进一步深入研究的方向。

第三节 教学与科研的联结机制

已有文献及实践表明,在管理主义、市场主义、学术资本主义等影响下,教学与科研活动越来越分散,两者之间的关系呈现松散耦合的趋势。[②] 吴洪富认为当前大学正处于抉择的十字路口,面临着至少三种不同的选择:第一,任凭两者在环境压力下继续分离;第二,平衡两者的地位;第三,主动建构两者积极的互动关系。[③] 随着教学与科研关系研究的深入推进,20 世纪90 年代起,多数学者认为应消除两者的矛盾对立,促进两者的融合,与其争论教学与科研的关系,不如探究教学与科研的联结。[④]

已有关于教学与科研联结的研究可以分为教学与科研联结的影响研究、促进教学与科研联结的研究、某一学科的教学与科研联结的研究。

一、教学与科研联结的影响

已有研究通过案例、指标分析等方式对教学与科研联结的影响提供了

① Huang Y. Revisiting the research-teaching nexus in a managerial context: Exploring the complexity of multi-layered factors[J]. Higher Education Research & Development,2018(4):758-772.

② Locke W. The dislocation of teaching and research and the reconfiguring of academic work[J]. London Review of Education,2012(3):261-274.

③ 吴洪富.大学教学与科研关系的历史演化[J].高教探索,2012(5):98-103.

④ 郝永林.中国研究型大学教师教学胜任特征研究[M].徐州:中国矿业大学出版社,2015:20.

实证,梳理已有文献发现,关于教学与科研联结影响的研究主要涉及这一活动中的两个主体——教师和学生,且研究结果存在差异。奥尔塔等研究发现教学与科研具有协同作用,且可以促进教师的研究产出,如果将本科生和研究生纳入教学与研究相结合的研究活动中,他们可以为教师的生产力做出有价值的贡献。①

　　大部分研究关注教学与科研联结对学生的影响。纽曼通过对高级学术管理人员的访谈,认为教学与科研的联结对学生有可见的、不可见的以及总体的三个层面的有利影响。② 许多研究也都表明教学与科研的联结对学生有很多积极的影响,包括提高应用知识和解决问题的能力、发展批判思维、提升对科学与研究价值的认识,甚至明确职业目标等。③ 而 2013年,斯塔贝特通过调查学生的观点,得出了与纽曼不一致的结论。他认为教学与科研的联结在促进学生学习方面是有限的,教学与科研的联结并没有如期望般对学生学习有显著的影响,因此院系层面的研究和教学联结仍然是有必要的,但是个体层面的联结并没有带来明显的积极影响。④也有学者的研究发现教学与科研的联结对教师和学生双方都有益处。博伊德等通过对一个案例的讨论和反思,认为教学与科研的联结对学生和教师

---

① Horta H, Dautel V, Veloso M. An output perspective on the teaching-research nexus: an analysis focusing on the United States higher education system[J]. Studies in Higher Education,2012(2):171-187.

② Neumann R. Perceptions of the teaching-research nexus: A framework for analysis [J]. Higher Education,1992(2):159-171.

③ Brew A. Teaching and research new relationships and their implications for inquiry-based teaching and learning in higher education [J]. Higher Education Research and Development, 2012 (1): 101-114; Burke L A, Rau B. The research-teaching gap in management[J]. Academy of Management Learning & Education,2010(1):132-143; Healey M, Jordan F, Pell B, et al. The research-teaching nexus: A case study of students' awareness, experiences and perceptions of research [J]. Innovations in Education and Teaching International,2010(2):235-246; Seymour E, Hunter A B, Laursen S L, et al. Establishing the benefits of research experiences for undergraduates in the sciences: First findings from a three-year study[J]. Science Education,2004(4):493-534.

④ Stappenbelt B. The effectiveness of the teaching-research nexus in facilitating student learning[J]. Engineering Education,2013(1):111-121.

都有明显益处,让课程更加具有真实性。在教学方面,科研成为课程的核心学习工具和基础。教学与科研的联结成为教师和学习者、讲师和研究人员之间融合的催化剂,教学与科研成为一种真正的双向关系。① 雷斯特从整体角度研究了教学与科研联结的影响,研究结果表明,教学与科研的平衡对研究生产力有积极的贡献。新公共管理改革导致的教师教学岗位和科研岗位的分离趋势可能会对荷兰高等教育系统的整体研究生产力产生负面影响。因此,政策制定者、大学管理人员和研究资助机构应该意识到这种关系,并遏制各个学科中教学与科研的分离,为学者提供更平衡的教学研究组合建设的可能性。②

综上所述,已有实证研究均支持教学与科研联结具有积极影响,但在影响所产生的层次上存在差异,大部分研究仍支持教学与科研联结对个体有积极的影响,鲜少的研究仅认同对组织层次或高等教育系统的积极影响。

二、促进教学与科研联结的研究

已有研究就如何促进教学与科研联结这一问题,从课程和教学、管理制度、教学与科研的联结模式等方面进行了探究。这些研究以案例研究和行动研究为主,研究对象主要为研究型大学。

(一)课程和教学

已有研究认为在课程中采用研究性教学、研究性学习等基于研究的方

---

① Boyd W E, O'Reilly M, Bucher D, et al. Activating the teaching-research nexus in smaller universities: Case studies highlighting diversity of practice[J]. Journal of Teaching & Learning Practice,2010(2):9.

② Leisyte L. New public management and research productivity:A precarious state of affairs of academic work in the Netherlands[J]. Studies in Higher Education,2016(5):828-846.

法是教学与科研联结的有效方式。① 根据希利等的研究,有四种课程设计模式可以让本科生参与到研究中以加强教学与科研的联结,分别是:研究导向型(research-led),即学生学习科研成果,课程内容以教师科研兴趣为主,以信息传播为主要教学模式;以研究为导向(research-oriented),即学生学习研究过程,课程强调知识产生的过程与获取已有知识同样重要,教师们则努力通过教学使学生形成一种探究精神;以研究为基础(reaearch-based),即学生作为研究者,课程设计主要围绕以探究为基础的活动,并且教师与学生的角色区分最小化;研究指导(research-tutored),即学生通过小组讨论的方式与老师讨论研究结果。② 希利认为可以从三个维度来设计课程以加强教学与科研的联结,分别是:重视研究内容还是研究过程,以教师为中心还是学生为中心,学生被视为参与者还是受众。③ 希利根据学生被视为受众或参与者的程度,以及其是否强调研究内容或研究过程,将四种模式置于坐标轴中,如图1.2所示。布鲁尔以悉尼大学的实践案例为例,强调所有系都需要丰

---

① Healey M. Linking research and teaching exploring disciplinary spaces and the role of inquiry-based learning[M]//Barnett R. Reshaping the University: New Relationships between Research, Scholarship and Teaching. London: McGraw-Hill Education, 2005: 67-78; Healey M, Jordan F, Pell B, et al. The research-teaching nexus: A case study of students' awareness, experiences and perceptions of research[J]. Innovations in Education and Teaching International, 2010(2): 235-246; Griffiths R. Knowledge production and the research-teaching nexus: The case of the built environment disciplines[J]. Studies in Higher Education,2004(6):709-726;Brew A. Imperatives and challenges in integrating teaching and research[J]. Higher Education Research & Development,2010(2):139-150;Spronken-Smith R, Walker R. Can inquiry-based learning strengthen the links between teaching and disciplinary research? [J]. Studies in Higher Education,2010(6):723-740;施林森,刘贵松. 我国研究型大学教学科研融合的方式、问题及对策:以清华大学等6所高校发布的本科教学质量报告为例[J]. 中国高教研究,2015(3):31-35.

② Healey M, Jordan F, Pell B, et al. The research-teaching nexus: A case study of students' awareness, experiences and perceptions of research[J]. Innovations in Education and Teaching International,2010(2): 235-246.

③ Healey M. Linking research and teaching exploring disciplinary spaces and the role of inquiry-based learning[M]//Barnett R. Reshaping the University: New Relationships between Research, Scholarship and Teaching. London: McGraw-Hill Education, 2005: 67-78.

富将研究和教学纳入课程的方式,并让学生有机会从事以研究为基础的活动。[①] 有学者借鉴希利提出的四种课程设计模式,考虑课程目标、教师角色、学生学习活动和课程结果四个参数,提出了工程本科基于研究的课程设计的广泛框架,将工程本科课程分为基础科学和核心课程、工程科学核心课程、人文社会科学核心课程、专业核心课程、专业选修课程、开放选修课程与重大项目工作几类,针对不同类型的课程采取不同的课程设计模式,不同的模式也可以根据学科目标在同一类型的课程中进行混合。[②]

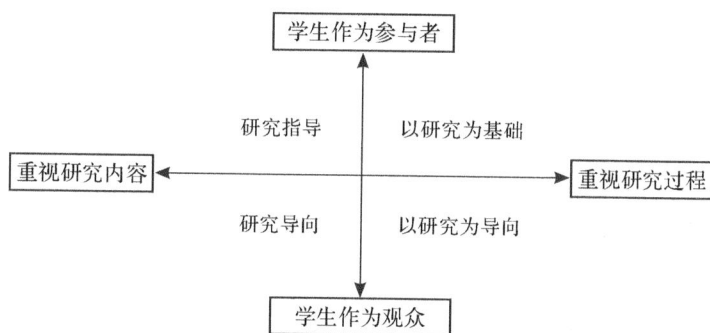

图 1.2 希利的四种课程设计模式

威尔科克森等认为教学和科研之间的联结几乎总是朝着将研究转化为教学的方向发展,课程设计中研究是以促进教学的目的存在的,而不是相反,因此他们进行了一项行动研究,展现了教学与科研联结的另一种实现方式。他们提供的教学案例研究以研究为基础,他们利用基于问题的学习(PBL)让一年级和最后一年级的本科生都参与研究。学生在学习过程中进行的一部分研究为政府资助的大型研究项目的发展提供了信息,从而完成了一种不同寻常的双向关系。研究支持教学活动,教学活动支持研究,教学

---

① Brew A. Imperatives and challenges in integrating teaching and research[J]. Higher Education Research & Development,2010(2):139-150.

② Pai P S, Chiplunkar N N. Research-based curriculum to improve the teaching-learning experience of undergraduate students[J]. Nitte Management Review,2017(2):73-78.

与研究完成了双向互动的联结。① 卡萨诺瓦斯等的研究也关注已有研究对教学与科研积极作用的忽视,他们通过建筑专业的一项学生实地考察建设项目的案例研究,证明了原本作为一种教学工具设计的项目,也可被用来进行环境研究,强调了建构主义教学工具和野外教学的研究潜力,进一步发展了科研和教学之间的双向联结。②

(二)管理制度

现有研究已经认识到管理制度对教学与科研联结的重要性,并对大学管理层与制度安排提出建议,包括激励制度、评价模式、经费制度等。如伯克等人建议在人事决策、薪酬和奖励政策、培训和发展等方面,突出教学与科研的结合,重视考察教师在多大程度上实现了教学和研究的整合。③ 巴克通过对韩国1所大学的教师的数据分析,结合多任务理论进行分析,认为激励制度会传递一种象征性信息而影响教师对每个任务的态度,因此当多个任务对组织有价值时,激励制度必须确保每个任务或活动为教师提供相同的收益回报他们的努力。④ 布鲁尔通过展现悉尼大学的6年实践案例,探讨了加强教学与科研联结的一般方法,方法涉及多个方面。在制度管理方面,他提出:应对教学、教学学术进行绩效指标的考量和奖励,建立以绩效为基础的教学经费制度;应对有良好教学学术实践和研究性教学案例的学院进行奖励,并建立案例数据作为示范。⑤ 另外,教师应为学生的科研活动提供

① Willcoxson L, Manning M L, Johnston N, et al. Enhancing the research-teaching nexus: Building teaching-based research from research-based teaching[J]. International Journal of Teaching and Learning in Higher Education,2011(1):1-10.

② Casanovas-Rubio M, Ahearn A, Ramos G, et al. The research-teaching nexus: Using a construction teaching event as a research tool[J]. Innovations in Education and Teaching International,2016(1):104-118.

③ Burke L A, Rau B. The research-teaching gap in management[J]. Academy of Management Learning & Education,2010(1):132-143.

④ Bak H J. Too much emphasis on research? An empirical examination of the relationship between research and teaching in multitasking environments[J]. Research in Higher Education,2015(8):843-860.

⑤ Brew A. Imperatives and challenges in integrating teaching and research[J]. Higher Education Research & Development,2010(2):139-150.

资助和支持。① 洛克针对教学与科研逐渐分离的情况提出:应让学术团体和其他团体适当参与管理决策;管理应具有多样性,管理人员需要了解不同学术团体、同一机构甚至同一部门的不同工作条件、作用和经验,为每个人提供适当的职业和个人发展、进步和晋升机会,以公平的方式支持教学、外联、学术、各种研究与各种形式的知识交流等;利用奖励资助鼓励学术角色转移;重新配置学术工作,更明确地区分学术工作角色以促进和支持角色专业化,并且为从事教学的学术人员提供学术科研交流的机会。②

　　泰勒介绍了一项英国和瑞典的比较研究项目,通过该项目收集的意见发现教学与科研的联结受到意识形态因素和环境因素的影响。她提出了一种新的教学与研究联结的制度管理模式以及截然不同的制度管理办法——积极和消极,如图 1.3 所示。制度管理的不同风格是不同意识形态和环境因素之间平衡差异的结果。环境因素的优势往往带来更积极的管理,意味着需要更积极主动、更具干预性的方法,积极管理主要在战略和运营规划、资源分配、员工发展三个重要活动领域展开。意识形态因素占优势时往往

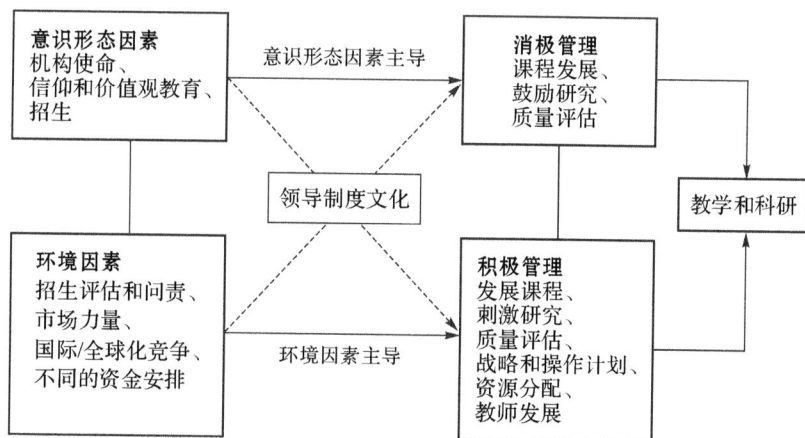

图 1.3　教学与科研联结的制度管理模式

---

　　① Pai P S, Chiplunkar N N. Research based curriculum to improve the teaching-learning experience of undergraduate students[J]. Nitte Management Review,2019(2):71-76.

　　② Locke W. The dislocation of teaching and research and the reconfiguring of academic work[J]. London Review of Education,2012(3):261-274.

导致消极管理,消极管理会创造一个支持性但非侵入性的工作环境,依靠教师的信念来塑造教学与科研的联结。[①] 黄亚婷的研究得出了与泰勒相似的结论,不同之处在于挖掘了基于传统文化的教学信念,她通过对 1 所研究型大学应用科学领域的 14 位学者的深入访谈和课堂观察,发现制度重点、绩效激励以及研究文化构成了教学与科研的管理环境,同时根植于中国传统文化的教学信念成为加强教学与科研联结的重要因素,因此,可以创建一种基于教学文化信念的更具支持性的环境,以缓解科研与教学之间日益紧张的关系。[②]

秦春雷等认为已有的教师评价模型缺乏对教学与科研互动的综合考虑,无法更好地反映教学与科研的互补关系,也难以为教师发展政策和制度的制定提供支持。因此,他们基于某高校教学、科研的实际数据,采用数据包络分析法建立了联合评估模型,利用该模型分析了近 5 年来不同职称和教学年限对教学、科研贡献率变化的影响,计算了教学、科研的共同效益,并对教师晋升职称后的教学懈怠和科研懈怠进行了调查。实证结果表明:第一,有 3 年和 10 年教学经验的副教授、教师群体的教学和科研的贡献率最高。第二,由于教学工作量直接关系到教师的收入,科研工作量的完成是教师职称晋升的基本条件。因此,职称的提升对教学工作没有影响,但容易引起研究的懈怠。第三,与讲师、教授、新教师和老教师相比,副教授和青年教师群体的教学和科研共同效益更高。基于以上结论,该研究提出了一个多层次、人性化的教师发展体系:对于教学经验 10 年及以下的副教授和教师,实行弹性教学和科学研究奖励以激励他们以更好的方式完成教学与研究活动;对于具有 10 年以上教学经验和较高教学效益的教师,可以适当减少科研工作量,通过组建新的教师教学团队,更好地发挥教学优势,提高学校教学质量;对于那些科研效益相对较高的新教师来说,学校可以适当减少教学

---

① Taylor J. The teaching-research nexus: a model for institutional management[J]. Higher Education,2007(6):867-884.

② Huang Y. Revisiting the research-teaching nexus in a managerial context: Exploring the complexity of multi-layered factors[J]. Higher Education Research & Development,2018 (4):758-772.

任务,使他们能够充分发挥自己的科研优势。[1]

（三）教学与科研的联结模式

有研究就如何联结教学与科研构建了模型,展现了教学与科研联结的机制,学习社区、学术共同体等在模型中占据重要地位。[2] 琼斯针对基于学科的研究与基于教学的研究的争论,提出了一个概念"学术—教学—行动—研究"框架(STAR),以替代目前将研究和教学视为高等教育中不整合、相互竞争的组成部分的分裂方法。该框架基于行动的中心地位,确定了教学与研究、学术与教学、学术与研究之间三个可能的多方向互动循环,以及这些循环之间的交叉互动。该框架以行动为基础,以反思实践为支撑,并受到实践社区(community of practice)知识共享传统的鼓励。[3]

布伦南等对研究型大学教师们进行了半结构式访谈,了解教师如何概念化教学与科研的联结,并根据资料构建了一个教学与科研联结的动态框架,描绘了一个积极参与多项活动的学者社区(community of scholars),在这些活动中教学与科研有明显的联结。强烈的学术认同感,也就是对教学与科研联结的强烈的信念,是框架的核心。学者社区是教学与科研发生联结的外部环境,包括学生和教师在内,支持研究与教学的联结并从中受益。教学与科研相互作用的概念在框架的外圈,中心部分由以研促教(teaching is enhanced by research)、学习研究技能(learning research skills)、参与研究(engagement in research)三个相互配合的主题共同运作,以实现教学与科研的联结。这一框架的独特之处在于模型的动态性质,中心部分与外圈的

① Qin C, Zhang W, Zhu Y. Study on the contribution rate variation of teaching and research of university teachers based on the joint benefit assessment method[J]. Educational Sciences：Theory & Practice,2018(5):1887-1906.

② Slapcoff M. The inquiry network：A model for promoting the teaching-research nexus in higher education[J]. Canadian Journal of Higher Education,2014(2):68-84.

③ Jones S. Beyond the teaching-research nexus：The scholarship-teaching-action-research (STAR) conceptual framework[J]. Higher Education Research & Development,2013(3):381-391.

学者社区相互作用。①

布鲁尔认为研究教学与科研的联结,首先应该明确学者是如何概念化教学和研究的。学者对教学与研究概念的理解不同,则教学与科研的关系也不同,他根据学者概念化研究、学术、知识、教学的方式来讨论教学和研究之间的关系,提出了两种教学与科研关系的模式。一种模式将知识视为客观的概念,与知者分开,研究是在由其他学者和研究人员组成的研究文化中建立知识体系。在这种模式下,教学和研究总是相互对立,相互争夺资源和学术时间。另一种模式注重以学生为中心的教学观念以及在社会政治背景下构建的知识观念,是基于学术实践社区概念的模式。他提出如果要加强教学与科研的联结,就必须转向基于学术实践社区概念的模式,同时还需要改变师生关系,打破教学和学习的界限,改变对教师的奖励制度。②

综上所述,已有关于教学与科研联结模式的研究都强调学者社区、学术实践社区、实践社区等概念,包含了教师与教师、教师与学生的共同体,体现了协作的重要性。围绕研究性学习、研究性教学的课程是教学与科研发生联结的渠道和主要场所,制度管理为教学与科研联结提供环境支持。

三、某一学科教学与科研联结的研究

已有研究关注到了某些专业领域、学科的教学与科研关系,并探讨了在某一学科领域内教学与科研联结的特殊性,具体涉及地理③、护理④、社会

---

① Brennan L, Cusack T, Delahunt E, et al. Academics' conceptualisations of the research-teaching nexus in a research-intensive Irish university: A dynamic framework for growth & development[J]. Learning & Instruction,2019(60):301-309.

② Brew A. Teaching and research new relationships and their implications for inquiry-based teaching and learning in higher education [J]. Higher Education Research and Development,2012(1):101-114.

③ Jenkins A. The relationship between teaching and research: Where does geography stand and deliver? [J]. Journal of Geography in Higher Education,2000(3):325-351;Jenkins A. The impact of the research assessment exercises on teaching in selected geography departments in England and Wales[J]. Geography,1995(4):367-374.

④ Lopes A, Boyd P, Andrew N, et al. The research-teaching nexus in nurse and teacher education: Contributions of an ecological approach to academic identities in professional fields[J]. Higher Education,2014(2):167-183.

学①、物理②、法律、教育③、建筑④、英语⑤、医学⑥等学科或专业。2010 年,瓜特尔等在伍伦贡大学物理系进行了一项新的辐射物理教学方法运用的行动研究,发现将学者、研究生和本科生聚集在一个新的学习社区中能够有效促进教学与科研的联结。⑦ 艾伍德等呈现了 1 所大学法学院的研究性教学的实践案例,展示了这所学校在实践中实施研究性教学(research-led education,RLE)的过程,涉及教学研究、评估教学实践、学生通过研究学习、基于研究的评估、学生和学者之间的合作等多个方面,研究证明采取一种全局性的方法是实施 RLE 所必需的,这使得工作人员和学生研究之间复杂的重叠能够得到容纳和鼓励,并为工作人员和学生在创建实践社区中的融合提供了最佳策略,同时,研究也指出发展 RLE 仍然需要制度与学科文化的

① Douglas A S. Advice from the professors in a university social sciences department on the teaching-research nexus[J]. Teaching in Higher Education,2013(4):377-388.

② Guatelli S, Layton C, Cutajar D, et al. The teaching/research nexus and internationalisation: An action research project in radiation physics[J]. Journal of University Teaching and Learning Practice,2010(2):5.

③ Lopes A, Boyd P, Andrew N, et al. The research-teaching nexus in nurse and teacher education: Contributions of an ecological approach to academic identities in professional fields[J]. Higher Education, 2014(2):167-183; Deem R, Lucas L. Learning about research: Exploring the learning and teaching/research relationship amongst educational practitioners studying in higher education[J]. Teaching in Higher Education,2006(1):1-18.

④ Casanovas-Rubio M M, Ahearn A, Ramos G, et al. The research-teaching nexus: Using a construction teaching event as a research tool[J]. Innovations in Education and Teaching International,2016(1):104-118.

⑤ Mckinley J. Evolving the TESOL teaching-research nexus[J]. TESOL Quarterly,2019(3):875-884.

⑥ Eley D S, Wilkinson D. Building a teaching-research nexus in a research intensive university: Rejuvenating the recruitment and training of the clinician scientist[J]. Medical Teacher,2015(2):174-180.

⑦ Guatelli S, Layton C, Cutajar D, et al. The teaching/research nexus and internationalisation: An action research project in radiation physics[J]. Journal of University Teaching and Learning Practice,2010(2):5.

支持。①

　　罗佩等通过对葡萄牙教师教育和护士教育专业讲师的学术身份认同的比较分析，探讨了专业领域内教学与科研关系的可能性和特殊性。研究发现，这些专业的教师仍然遵守知识生产和发表研究的学术要求，但是他们正生活在一个双重的束缚中——"作为专业人士的教育者"和"作为学术研究者"。研究还发现了护士教育与教师教育的差异，认为教师教育的讲师的双重身份并没有护士教育那么明确，这也与葡萄牙的教师教育者大部分不是从专业领域内招聘的有关。因此，研究认为专业领域的教学与科研的联结会因各自教育和专业体系背景的不同而有差异。②

　　蒂姆和卢卡斯比较了英格兰、苏格兰5所大学教育学教师的教学与科研，分析了他们的学术生涯，运用布迪厄的理论作为分析框架，研究分析了两个地区不同的政策背景、教师不同的职业生涯背景、学校不同的教学文化和研究文化下教师对待教学与科研的不同，发现教学与科研的联结在英格兰仅限于研究型大学，而在苏格兰则存在于更普遍的机构中。与非职业领域的学者相比，大多数教育学者有不同的职业生涯和惯习，导致教育系的教师在学术资本和科学学术资本方面各有侧重，因而教师对教学与科研的理解和选择存在差异，具有不同的惯习，教育学教师职业生涯轨迹不同是教育学区别于其他学科的显著特点之一。③

---

　　① Ailwood S，Easteal P，Sainsbury M，et al. Connecting research and teaching：A case study from the School of Law，University of Canberra[J]. Legal Education Review，2012(22)：317.

　　② Lopes A，Boyd P，Andrew N，et al. The research-teaching nexus in nurse and teacher education：Contributions of an ecological approach to academic identities in professional fields[J]. Higher Education，2014(2)：167-183.

　　③ Deem R，Lucas L. Research and teaching cultures in two contrasting UK policy contexts：Academic life in education departments in five English and Scottish universities[J]. Higher Education，2007(1)：115-133.

第三节　本章小结

教学与科研关系作为高等教育的基本问题,总是随着社会变迁而面临新的挑战与要求,使得对这一问题的探讨历久弥新。

首先,已有关于教学与科研关系的研究呈现出逐渐由表及里的深入趋势。最初对这一问题的研究仅围绕教学与科研之间客观相关关系,不考虑其所处的情境因素。后来,学者们关注到了情境性和条件性,开始探索教学与科研关系呈现不同相关性的原因,研究影响教学与科研关系的因素,并在教学与科研关系的现实情况下,探索主动构建教学与科研联结的方式和机制。

其次,在研究对象方面,研究焦点从客观指标逐渐转变为教师、学生、管理人员的感知与看法,研究开始探讨复杂的多因素的影响以及感知与行为的冲突,并且有逐渐聚焦于某一院系、学科领域的趋势。就学校方面而言,无论国外还是国内的研究都以研究型大学为主,关于非研究型大学的研究较少;院系方面,国外的研究探索了部分学科、院系教学与科研联结的特殊性,如地理、护理、教育等,而国内鲜少就某一学科或学院的教学与科研关系进行探索;在学生层次上,国内外研究都以研究本科生为主,鲜有研究生层次。

最后,在研究方法方面,国外的实证研究较多,且目前以定性、混合研究居多,注重从研究对象的经历、感知等挖掘影响教学与科研关系的因素,已有研究经常通过案例研究和行动研究探索教学与科研联结的方式。而国内的实证研究较少,以定量研究为主,主要仍是通过一些指标代表教师的教学和科研,通过数据分析得出教学与科研的关系。少部分研究采用混合研究的方法,运用访谈进一步解释定量研究的结果。可见,国内目前仍然缺乏着眼于微观、探究影响教学与科研关系深层因素的深入细致的研究。

基于上述,国内关于教学与科研关系的研究仍有可进一步之处。本书认为本科生层次的教学与科研仍大有探索的空间,鉴于教学研究型大学对

"一流"的追求使得教学与科研关系更加紧张,本书拟以 1 所教学研究型大学的某一学院为个案研究对象,通过档案分析、访谈的方式,探究教师如何理解和处理教学与科研关系以及影响教学与科研关系的因素,并试图发现教学与科研联结的方式。

第二章 理论框架与研究设计

第一节 理论基础与概念分析框架

一、"制度—行动"框架及其变体

管理主义背景下教师如何理解和处理教学与科研关系本质上是教师在制度环境影响下的工作场域中的行动选择问题。对于大学教师的行动选择,已有研究多从激励理论、动机理论的角度分析教师面对制度的理性选择和利益趋向,如顾剑秀等在整合理性选择制度主义和计划行动理论的基础之上,构建了"制度—动机—行动"的分析框架:制度影响教师的动机,进而影响其实际行动。该框架仍然将教师作为有目的的理性人,其行动选择以实现利益最大化为目的,如图2.1所示。[①] 制度激励理论一定程度上能解释教师在制度下的选择和行为,但本书认为不能简单地将教师作为"理性经济人"分析。有学者认识到"制度—行动"框架的局限性,即忽视了教师的主体

① 顾剑秀,裴蓓,罗英姿.研究型大学职称晋升评价制度对教师行为选择的影响:兼论大学教师发展模型的构建[J].中国高教研究,2020(7):66-72.

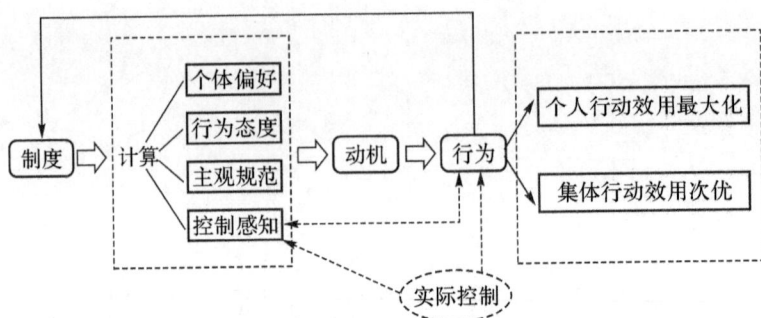

图 2.1 "制度—动机—行为"框架

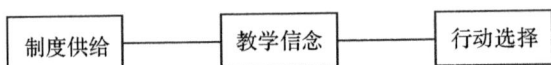

图 2.2 以教学信念为关键链接的理论框架

性与教师角色特点,并进行完善,如陈晨引入"教学信念"概念,构建以教学信念为关键链接的理论框架,如图 2.2 所示。[①] 卢晓中和陈先哲提出"制度—认同—行为"框架,认为组织层面的制度供给,经由教师的规则认知、利益认同和信念认同,最终形成行动选择。[②]

基于以上理论框架,本书将呈现案例学科如何处理教学与科研关系,教学学术作为联结教学与科研的重要机制,与教师的教学信念之间存在怎样的关系,教学信念如何决定和影响教师的行动选择。

二、社会实践理论

布迪厄的社会实践理论使用场域、惯习、资本等概念及其之间的关系构建出用以分析群体和个人实践的机制,该理论中个体的实践可用一个简要的公式显示:

$$[(惯习)(资本)]+场域=实践行动。[③]$$

---

① 陈晨. 大学教师"教学与科研"活动的行动逻辑:差异化的选择策略[J]. 现代大学教育,2020(1):26-34.

② 卢晓中,陈先哲. 学术锦标赛制下的制度认同与行动逻辑:基于 G 省大学青年教师的考察[J]. 高等教育研究,2014(7):15-20.

③ 布迪厄. 区分[M]. 刘晖,译. 北京:商务印书馆,2015:101.

场域是社会实践的空间,布迪厄认为:"从分析的角度来看,一个场域可以被定义为在各种位置之间存在的客观关系的一个网络(network),或一个构型(configuration)。"①在本书中,教师可视为大学特定的场域中的行动者。惯习是外在社会结构的长期影响和内在化的结果,指导个体的生活和行动过程,是一种主观性的性情系统和心智结构。② 惯习与场域是分不开的,它是在场域中建构的,是社会化了的主体性,影响着一个人的思维方式、价值观念和行为模式。布迪厄认为场域是一种在实践中的生成或建构的关系。③惯习是在场域中历史地建构的,具有历史性,能够体现人的社会化,因此,教师在进入大学工作之前的场域以及经历对教师的惯习仍然存在稳定持久的影响。这就解释了为何处于同一大学、学科场域的教师,他们的行动、思维、倾向等,即惯习,是不一样的。

资本是社会实践的工具。不同教师的受教育经历、社会经历等不同,积累的资本不同。资本的价值取决于所处的场域,场域的存在依赖于资本。④一方面,行动者要转化或增加资本以实现场域中地位的上升;另一方面,资本又是行动者争夺的对象。教师拥有的资本决定了其在场域中占据的地位,同时教师会增加或转化已有资本以提高在场域中的地位。

布迪厄将场域比作一场游戏,将惯习和资本比作游戏中的王牌,惯习和资本决定了游戏的形式和结果。⑤ 布迪厄的社会实践理论对解释个体的实践行动具有适用性,在高等教育领域应用广泛,涉及大学生学习⑥、大学治

　　① 布迪厄,华康德.实践与反思:反思社会学导引[M].李猛,李康,译.北京:中央编译出版社,1998:133-134.

　　② 布迪厄,华康德.实践与反思:反思社会学导引[M].李猛,李康,译.北京:中央编译出版社,1998:178.

　　③ 布尔迪厄.文化资本与社会炼金术:布尔迪厄访谈录[M].包亚明,译.上海:上海人民出版社,1997:151-152.

　　④ 宫留记.布迪厄的社会实践理论[M].开封:河南大学出版社,2009:106.

　　⑤ 全生.布迪厄场域理论简析[J].烟台大学学报(哲学社会科学版),2002(2):146-150.

　　⑥ 曾东霞.惯习与场域:大学生自主学习能力的影响因素:以中南大学为例的实证研究[J].中南大学学报(社会科学版),2011(3):128-137.

理①、弱势群体②、教师发展③等多个方面。吴洪富曾应用该理论解释了大学场域变迁中的教学与科研关系,从历史发展的角度分析大学场域的变化,以及场域变化之下教师惯习的变化。④ 蒂姆和卢卡斯运用资本与惯习概念分析了教育学系不同职业轨迹的教师的资本差异,以及他们惯习的差异,资本和惯习差异影响了他们对教学与科研的处理方式。⑤

　　本书在管理主义背景下探讨教学与科研关系,尽管制度是管理主义背景最直接的体现,但本书认为不能将管理主义背景等同于制度,教师的行动绝不仅在与制度的互动中生成,大学教师是从属于组织与学科的个体,诸多因素都会影响教师的行动与实践。且案例学科教师的职业生涯轨迹具有多样性,这使得教师所具备的资本和惯习具有较大差异。场域决定资本的价值,管理主义影响场域对资本的倾向,进而影响教师的惯习,影响教师教学与科研的实践行为,然而布迪厄认为惯习不仅与教师现处场域相互影响,还是个体在过去所处的场域中培养起来的性情倾向,既持久存在,又能在现处场域中的相互影响中变更。这一理论为管理主义与教师个体行为搭建了"桥梁"。为避免研究陷入将教师视同"理性经济人"分析的窠臼,本书试图借助布迪厄社会实践理论的"场域""惯习""资本"概念及关系,结合"制度—动机—行动"理论框架构建初步的概念分析框架,如图 2.3 所示。

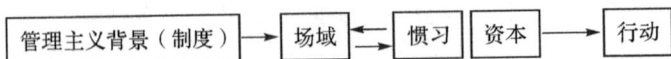

管理主义背景(制度)　→　场域　⇄　惯习　资本　→　行动

图 2.3　本节的初步概念分析框架

---

　　① 何晓芳.大学治理场域中的资本、惯习与关系[J].大连理工大学学报(社会科学版),2012(3):112-116.

　　② 胡纵宇.大学场域中的生存异化:贫困大学生成长境遇的社会学分析[J].湖南师范大学教育科学学报,2013(5):90-95.

　　③ 张俊超.大学场域的游离部落[D].武汉:华中科技大学,2008.

　　④ 吴洪富.大学场域变迁中的教学与科研关系　一项关于教师行动的研究[M].北京:教育科学出版社,2014.

　　⑤ Deem R, Lucas L. Research and teaching cultures in two contrasting UK policy contexts:Academic life in education departments in five English and Scottish universities[J]. Higher Education,2007(1):115-133.

第二节 研 究 方 法

一、定性研究

本书的定性研究部分主要采用案例研究法。案例研究有助于帮助人们全面了解复杂的研究现象,回答的是"怎么样""为什么"的问题[①],可用于描述、解释现实中各种因素之间假定存在的复杂联系,对复杂的因果联系进行探索等[②]。本书的研究主题是当前管理主义背景下的教学与科研关系,主要回答以下问题:教师教学与科研关系是怎么样的? 教师是如何处理教学与科研关系的,为什么? 教学与科研是如何联结的? 本书探究的是"怎么样""为什么"的问题。教师的教学与科研关系是涉及多方面的复杂现象,适合采用案例研究方法对研究现象进行描述与解释,以深入分析研究问题。

本书选取某所教学研究型高校的某"冲 A"学科(A 学科)作为案例学科,该学科主体所在学院以"冲 A"、建设一流学科为目标,案例学科教师的工作明显受到管理主义的影响,因此以 A 学科所在的学院为案例对回答研究问题而言具有典型性和代表性。

(一)资料收集与分析

相比于其他研究方法,案例研究更需要通过多种方式采集资料。[③] 笔者通过多种方法搜集关于组织与个人的资料,包括档案分析、观察、访谈法。档案分析法主要用于收集关于组织的资料,观察和访谈法主要用于收集与教师相关的资料。尽管资料收集的对象不同,但都服务于研究的分析单位——教师。多种证据来源构成证据三角形[④],使证据之间相互印证,实现

---

① 殷.案例研究设计与方法[M].周海涛,译.重庆:重庆大学出版社,2004:3.
② 殷.案例研究设计与方法[M].周海涛,译.重庆:重庆大学出版社,2004:18-19.
③ 殷.案例研究设计与方法[M].周海涛,译.重庆:重庆大学出版社,2004:106.
④ 殷.案例研究设计与方法[M].周海涛,译.重庆:重庆大学出版社,2004:107.

"三角互证",提高了研究的解释性效度①。需要明晰的一点是,本书以 A 学科为案例,但主要分析单位仍然是教师,即 A 学科主体所在学院的教师(A 学科教师)。档案资料仅用于分析 A 学科教师所处的管理制度背景。笔者通过查询 A 学科所在学院、学校以及人事处、教务处、科技处等职能部门官网,询问相关职能部门工作人员,搜集 A 学科所在学院部分会议纪要、科研数据等,获取 A 学科及 A 学科教师所处制度与组织环境的相关资料。

　　访谈法是本书最重要的资料收集方法,通过与研究对象一对一接触,获得关于 A 学科教师所思所想、所作所为的一手资料。笔者于 2020 年 6—11 月通过目的抽样与便利抽样相结合的方式,对 A 学科的 28 位教师进行半结构式访谈,其中管理者 6 人,涉及不同职称、性别、入职年限、教育经历的教师,获得了较为丰富与差异化的资料。访谈形式以面对面访谈与线上视频语音访谈为主,征得受访者同意后对访谈过程进行录音(另有 2 位教师的访谈采取的是文本访谈的形式)。访谈后对录音进行转录,并撰写接触摘要单,共获得访谈转录文本约 48 万字。访谈对象信息如表 2.1 所示。此外,笔者在平时上课以及与教师的接触中对教师的教学及日常工作进行观察,以补充、验证访谈所获得的资料。

表 2.1　访谈对象信息

受访者	性别	职称	职称系列	教育经历	所授课程类型
A20200605	女	副教授	研究为主型	连续完成本硕博学业,后进入高校任教	原理理论类
A20200608	男	副教授	研究为主型	连续完成本硕博学业,后进入高校任教	原理理论类
A20200609	男	副教授	研究为主型	连续完成本硕博学业,后进入高校任教	原理理论类

---

　　① 　约翰逊,克里斯滕森.教育研究定量、定性和混合方法[M].4 版.马健生,译.重庆:重庆大学出版社,2014:250.

续表

受访者	性别	职称	职称系列	教育经历	所授课程类型
A20200628	女	讲师	研究为主型	读硕士之前做过中小学老师	研究方法类（本科）、专业课（研究生）
A20200611	男	教授	研究为主型	连续完成本硕博学业，后进入高校任教	原理理论类、研究方法类
A20200811	男	副教授	研究为主型	连续完成本硕博学业，后进入高校任教	研究方法类
A20200609	女	副研究员	研究为主型	连续完成本硕博学业，后进入高校任教	原理理论类、研究方法类
A20200621	男	讲师	教学科研并重型	连续完成本硕博学业，后进入高校任教	研究方法类
A20200730	女	副教授	教学科研并重型	本科毕业后在大专任教，后读硕读博	原理理论类、留学生课程
A20200630	女	讲师	教学科研并重型	毕业后在大专任教3年，后读硕读博	原理理论类、研究方法类
A20200719	男	副教授	教学科研并重型	任教5年，后读硕读博	原理理论类、研究方法类
A20200618	男	讲师	教学科研并重型	连续完成本硕博学业，后进入高校任教	研究方法类、专业课（研究生）
A20200705	女	讲师	教学科研并重型	硕士毕业后做辅导员，后读博	公共课和专业课（本科）、专业课（研究生）
A20200706	女	副教授	教学科研并重型	连续完成本硕博学业，后进入高校任教	专业课（本科）
A20200629	男	讲师	教学科研并重型	以前是中学语文老师	专业课（本科）
A20200719	男	副教授	教学科研并重型	本科毕业后当了3年高中英语老师，后读硕读博	专业课（本科）
A20200726	男	副教授	教学科研并重型	连续完成本硕博学业，后进入高校任教	公共课（教育研究方法）、课程教学论（研究生）

续表

受访者	性别	职称	职称系列	教育经历	所授课程类型
A20200730	男	副教授	教学科研并重型	本校本科毕业后任教,然后读硕读博	专业课(本科)
A20200813	女	副教授	教学为主型	本校本科毕业后任教,然后读硕读博	专业课(本科)
A20200901	女	副教授	教学科研并重型	本科毕业后在中学工作过 6 年,然后过来读硕读博	专业课(本科、研究生)
A20200819	男	教授	教学科研并重型	设计室工作后在大学教学,本科学历	专业课(本科)
A20200817	男	副教授	教学科研并重型	本校本科毕业后任教,然后读硕读博	专业课(本科)
A20200707	男	副教授	教学科研并重型/管理者	本科毕业后任教,然后读硕读博	专业课(本科)
A20200826	男	副教授	教学科研并重型/管理者	硕士毕业后任教,然后读博士	专业课(研究生)
A20200821	女	教授	教学科研并重型/管理者	连续完成本硕博学业后任教	专业课(研究生)
A20200816	女	教授	教学科研并重型/管理者	连续完成本硕博学业后任教	专业课(研究生)
A20200928	男	教授	管理者	连续完成本硕博学业后任教	专业课(本科)
A20201111	男	教授	管理者	本科毕业后任教,然后读硕读博	专业课(本科)

（二）案例概况

A 类学科是教育部学位与研究生教育发展中心开展的学科评估的结果,是学科评估等级中最高的一类等级,具体包括 A⁺、A、A⁻ 三档。学科评估是教育部学位与研究生教育发展中心按照《学位授予与人才培养学科目录》对全国具有博士或硕士学位授予权的一级学科开展的整体水平评估,是第三方开展的非行政性、服务性评估项目。我国的学科评估从 2002 年开始,每 4 年进行一轮。从第四轮学科评估开始,学科评估结果的呈现形式由分数变为了等级,评估结果分为 A、B、C 三类共九档,按学科整体水平得分的位次百分位,将前 70% 的学科分 9 档公布:前 2%(或前 2 名)为 A$^+$,2%—5% 为 A(不含 2%,下同),5%—10% 为 A$^-$,10%—20% 为 B$^+$,20%—30% 为 B,30%—40% 为 B$^-$,40%—50% 为 C$^+$,50%—60% 为 C,60%—70% 为 C$^-$。[①] 目前已完成四轮学科评估。高校的 A 类学科数量及其在全国高校中的名次是高校学科发展水平的表征,对某一学科来说,是否属于 A 类代表该学科的竞争实力。[②] 2016 年开始的"双一流"建设提出要遴选"具备一定实力的高水平大学和高水平学科",学科评估结果在"一流学科"遴选上具有重要的参考作用,使得高校对学科评估结果更加重视,将"冲 A"、增加 A 类学科作为组织目标。本书中的 A 类学科就是指教育部学位与研究生教育发展中心开展的学科评估中获得 A 类等级的学科。"冲 A"指的是以建设一流学科为目标,通过各项制度与措施,试图在新一轮学科评估中进入 A 类学科行列。

A 学科所在学校是省属重点建设高校,属于教学研究型大学,该校共有 8 个一级学科博士点、1 个专业博士学位授权点、28 个一级学科硕士点、13 个专业硕士学位类别、7 个博士后流动站、20 个省一流学科。该校获批国家科技进步二等奖 1 项,教育部高校优秀科研成果奖(人文社科)28 项,全国教科规划优秀成果奖 5 项,国家社会科学基金重大招标项目 15 项,国家社会科学基金重点项目 30 项;拥有国家级一流本科专业建设点 13 个,国家级课程 21 门,国家级实验教学示范中心 4 个。该校于 2016 年参与教育部学位与研究生教育发展中心开展的第四轮学科评估,包括 A 学科在内的 3 个学科在此轮评估中获得 B$^+$ 等级,尚没有学科被评为 A 等级。在学科评估、"双一流"建设的浪潮之下,该校将推动部分学科"冲 A",并将建设一流学科作为学校的发展目标。

---

① 中国学位与研究生教育信息网.全国第四轮学科评估结果公布[EB/OL].[2019-12-17].http://www.cdgdc.edu.cn/xwyyjsjyxx/xkpgjg/283498.shtml.

② 张应强."双一流"建设需要什么样的学科评估——基于学科评估元评估的思考[J].清华大学教育研究,2019(5):11-18.

A学科是该校的特色强势学科,也是该校在第四轮学科评估中表现优异的学科之一,是最有希望达成"冲A"目标的"种子选手"。A学科所在学院以建设成为国内一流的研究型学院作为发展目标,学院共有教师155人,其中教授43人,副教授48人,博士98人。该学院除负责本院学生培养之外,还承担全校师范类课程的教学任务,教学任务较为艰巨,同时学院还肩负该校"冲A"、建设一流学科的主要任务。教师是教学和科研任务的承担者,是组织目标实现的主要依靠力量,因此,本书将研究对象聚焦于A学科教师。通过收集A学科所在学院及学校的制度文件、网站公告、会议纪要等档案资料,综合有关访谈资料,本书发现A学科及A学科教师所处制度环境具有以下特点。

1. 制度设计具有明显的管理主义特征

根据该校近年来关于教师招聘、考核、晋升、薪酬等相关制度文件,"计量""业绩""分"等频繁出现在制度文件中,体现出明显的新管理主义倾向,且这一特征逐年加强。

首先,在教师招聘制度方面,笔者通过Nvivo 11对该校近3年教师招聘制度进行词频分析,得到图2.4。可以看到,项目、基金、论文、成果等是"硬通货",教师在3年首聘期内刊发的论文数量和级别以及获得的国家级、省级科研项目与教师的房产、安家费、科研启动费直接挂钩,科研成果和项目对应经济利益。该校3年首聘期的产出是青年教师不得不越过的一座"大山",是关乎"饭碗"的与时间抢跑的3年。教师若不能完成首聘期的科研要求,则无法转为长聘制。最新的2020年招聘制度将论文、课题转化为分值计量,规定了要求达到的分值,不同分值对应不同的人才引进待遇。

其次,在教师考核和薪酬制度方面,有年度考核和3年一轮的岗位聘任考核制度,教师的教学业绩和科研业绩按照制度规定换算为分值,比如发表1篇二级期刊论文计科研业绩50分、一级期刊论文计100分等,教师的考核等级和所获得的"工分"是教师薪酬的依据。在绩效工资分配时,将全院的绩效工资总额除以全院教师总分,得到每分对应的金额,按照"工分"分配教师的绩效工资。在此制度设计之下,"蛋糕"是恒定的,教师在薪酬分配中也会存在一定的竞争,必定会存在"你多我少"的局面,更进一步刺激教师的科

图 2.4　A 学科所在学校 2017—2020 年教师招聘制度的词频分析

研产出。此外,教师的教学投入用课时量衡量,转化为课时费,教师指导研
究生转化为相应课时量等,制度将教师的绝大部分工作"计量化",背后勾连
经济报酬,有学者将这种倾向概括为绩效管理中的"计件工资化"。[①]

　　在教师职称晋升方面,纵观历年职称评审文件,管理主义在其中体现得
淋漓尽致,且日益加强。职称文件明确规定了职称申报所要达到的科研论
文发表数量与级别、课题级别的硬性指标,以及所需完成的教学基本课时
量,硬性要求教师具有一定时长的海外研修与工作经历等。顾剑秀等对比
了管理主义与发展主义下的制度特征,如表 2.2 所示。[②] A 学科所在学校的
职称晋升制度更偏向管理主义,采用总结性评价,重视当前绩效,以结果为
导向,尤其在科研要求方面。尽管职称晋升制度中有教师发展培训学时、教

---

　　① 蔡连玉,鲁虹.高校教师绩效管理计件工资化及其治理路径研究[J].高校教育管理,
2020(2):97-104.
　　② 顾剑秀,裴蓓,罗英姿.研究型大学职称晋升评价制度对教师行为选择的影响:兼论
大学教师发展模型的构建[J].中国高教研究,2020(7):66-72.

师海外研修等意在促进教师发展的要求,但结合访谈,笔者发现在从制度到个体的过程中,发展性的目的和作用部分"蒸发"了,从教师个体感受而言,达到职称晋升的硬性指标是当务之急。

表 2.2　管理主义与发展主义下的教师职称晋升评价制度特征

项目	管理主义	发展主义
大学组织特征	专业官僚组织	学术共同体
评价制度角色	管理工具	发展工具
评价目的	组织管理目标	个人发展目标
评价方法	总结性评价	形成性评价
评价指标	硬性指标	软性指标
评价内容	当前绩效表现	未来发展前景

管理主义在高等教育"大行其道"早已非"一日之寒",各高校教师都会不同程度受管理主义的影响,但 A 学科及 A 学科所处院校组织正处于转型发展阶段,院校组织对学科评估、排行的"进取"之心,需要通过推动教师的"生产力"得以实现,在这一过程中追求效率和结果的管理主义及其制度成为管理者的"诱饵"和"皮鞭",管理主义倾向在 A 学科及 A 学科所在院校更加突出。

2.制度重点促使科研要求"水涨船高"

笔者查阅该校及 A 学科所在学院官网发现,该校定位已由教学研究型大学转向综合研究型大学,A 学科所在学院也将建设研究型学院作为目标,在社会各类评估、排行大行其道的时代,这所以师范教育为主的学院亦不能免俗。院校制度的重点倾向科研体现在方方面面:首先,在关乎新教师生存的 3 年首聘期的要求中仅明确提出科研发表与项目的要求,对教学没有具体的硬性要求,如 2019 年招聘制度中要求新进青年博士至少完成省部级项目 1 项,公开发表二级与一级期刊论文等,文章发表、课题立项越多则获得的安家费、科研启动资金等就越多。其次,在职称评审方面,笔者对搜集到的该校历年职称评审文件用 Nvivo 11 进行简单的编码分析,对文件中重视科研的表述与重视教学的表述分别进行编码分类,得到表 2.3。如表 2.3 所示,重视科研的参考点数量明显占据上风。自 2017 年开始,重视教学的话语表述明显多于重视科研的话语表述,是由于 2017 年开始有教学为主型系列的职称,其中大部分参考点为申报教学为主型系列的要求。

表 2.3 职称评审制度中重视科研与重视教学的话语表述

年份	重视教学的表述的参考点数量	重视科研的表述的参考点数量
2004	3	14
2005	2	6
2006	2	9
2007	5	5
2008	7	6
2009	5	6
2010	7	4
2011	1	18
2012	4	17
2017	30(21 项参考点为教学为主型系列)	20
2019	30(21 项参考点为教学为主型系列)	24
2020	34(26 项参考点为教学为主型系列)	21

近几年,该校对申报高级专业技术职称所要求的论文与课题项目等级越来越高,如 2004—2012 年申报副高要求 3 篇二级及以上论文或 1 篇一级论文即可,而到 2017 年同一职称则要求 2 篇一级论文和 2 篇二级论文。除了显性制度方面的指标要求在提高,职称评审中的隐性竞争也在加大职称晋升的难度。近些年,各类大学排名、评估、制度对科研的重视和引导促使学术界与高校对论文发表趋之若鹜,"不发表就出局"俨然成为推动教师不断产出的"紧箍咒",导致论文"通货膨胀",职称评审中的"剧场效应"意味着仅达到职称申报制度中规定的门槛已远远不够,教师唯有获得更多的科研产出才能在职称评审中领先于其他竞争者,得到晋升。

此外,相比于教学,制度对科研的激励更明显,因而引导性更强。笔者通过查阅分析该校和学院官网资料发现,教师的科研成果不仅可以转化为对应分值，计入科研业绩，参与年度考核和绩效工资分配，还能直接获得相应经济奖励。教学业绩对应的考核等级成为年度考核、聘期考核、职称评审的依据，若等级为 A 则会在考核和评审中具有明显优势，但制度限制教学业绩考核为 A 的比例不超过 15％，因而教学业绩对绝大部分教师的激励不强，不具有可显性，后续访谈也证实了这一点。笔者阅读 A 学科所在学院的会议纪要也发现了管理者对科研的倾向与重视。综上，从前期制度文本搜集和分析来看，制度对科研的"偏爱"是显而易见的。

3. 教学得到越来越多实质性重视

尽管 A 学科教师所处的制度环境明显倾向于科研，但笔者在最新的制度文件中发现，对教学的重视在逐年加强。通过对比该校职称评审制度对教学和科研的要求，可以看到制度对教学的要求越来越细化，从口号"教学中心地位"逐步落实到职称评审中教学课时量、青年教师助讲时长以及教学业绩考核等级的规定。如 2007 年开始规定教学业绩考核过低则不得申报高一级专业技术资格，5 年内累计 3 年教学业绩考核为 A 等级则享有优先晋升的资格，即使对于科研成果、社会贡献特别突出者，教学工作业绩考核也须连续为 B 以上，破格晋升也对教学业绩等级提出了较高的要求。2015年起对教师教学课时量的要求进一步提高，且 2017 年开始职称申报中新增了教学为主型系列，为擅长教学、在教学中投入多的教师提供了职称晋升的通道。2020 年的教学为主型教授、副教授职称申报要求进一步体现了对教学的重视，如学术论文发表中提高了对教学研究论文的数量要求，申报教授职称对教坛新秀奖的级别要求从校级提高到省级，新增更多教学为主型职称的可选条件等。无独有偶，该校招聘及人才引进制度也对教学给予更多关注和激励，对新进教学科研并重型青年教师 4 年首聘期的要求一改往年仅计科研成果的规定，教学成果、教学项目也可有 1 项计入总分值。此外，该校近几年鼓励教师申报教学改革、精品课程建设项目，教学得到制度及管理者更多重视。访谈中，教师也表示制度对教学的激励有所增强，对教学的支持力度比前些年大，但是与科研相比仍有较大差距。重视教学从口号逐步落地，得到越来越多实质性的重视，这也许与近些年来国家政策层面越来越关注教学有关。新一轮学科评估指标体系尚未正式出台，但学界与高校管理者敏锐地发现了学科评估愈发重视人才培养和教学的导向,教育部发布的《关于政协十三届全国委员会第三次会议第 2776 号(教育类 246 号)提案答复的函》中赞同将学生满意度作为学科评估中人才培养质量评价的重要指标,高校应通过学生问卷调查,了解学生的满意度和自身成长度。①

综上,教师是实现高校组织目标的主体,A 学科所在学院、学校"冲 A"的组织目标实现有赖于教师个体的能力和努力。② 因此,高校通过目标设定、绩效管理、产出审计等新管理主义实践方式对教师的工作进行控制、引导和规范。实际上,高校和教师皆处于新管理主义的"枷锁"之中,高校为争取政府更多资源配置与社会声誉,为在各类排行、评估中取得较好成绩,不得不对标研究型大学、综合大学的发展道路,在制度设计中以各类排行和评估的指标为导向,通过管理制度引导教师为组织目标服务,"枷锁"层层传递,导致现实中的诸多问题凸显,处于管理主义背景下的教学与科研关系也正遭遇更为复杂的情境。

(三)资料分析

笔者通过分析案例有关的档案文本、制度文本资料,获得了对 A 学科教师所处的制度与组织环境的整体把握,主要通过使用 Nvivo 11 软件进行自动编码和手动编码,显现 A 学科所在学院及学校的制度重点及其表现形式,明晰 A 学科教师在管理主义背景下所受到的制度压力与激励。

笔者通过深度访谈以获取教师和管理者如何处理教学与科研关系、如何增强教学与科研联结的资料。第一步,在访谈每一位受访者后使用转录软件将录音转化为文本资料,而后从头开始听录音,对软件转录的错漏之处进行修改,在这一过程中结合录音回忆当时受访者的表情、语气并将其批注在旁。转录结束后,尽快撰写接触摘要单,记录访谈最直接的感受和印象深刻的信息,共获得近 48 万字的访谈文本材料。第二步,面对庞大杂乱的文

———————

①　教育部.关于政协十三届全国委员会第三次会议第 2776 号(教育类 246 号)提案答复的函[EB/OL].(2020-08-17)[2021-04-15]. http://www. moe. gov. cn/jyb_xxgk/xxgk_jyta/jyta_jybxwzx/202008/t20200817_478448. html.

②　张欣.高校教师分类激励机制研究[M].北京:经济管理出版社,2010:154.

本,笔者借助 Nvivo 11 软件辅助分析文本资料,同时根据研究问题先将文本资料按照三个子问题大致分类,使资料呈现更加有序。第三步,在初步分类的资料中着眼于微观,反复阅读原始资料,对资料进行编码,同时注重发掘本土概念,进一步寻找类属及类属间的关系。笔者采用的编码方式并不是完全扎根理论取向的,而是介于预定式与归纳式之间的。[①] 这种方式虽然有预先设定的分析架构,但不是在分析中将资料硬塞进预先的框架中,笔者仍然对资料持开放态度,随着资料分析的深化和编码不断修改,动态调整分析框架,以期能全面真实地呈现研究发现。

二、定量研究

基于已有研究和案例研究,教学学术是高校教学与科研联结的核心机制。那么,A 类学科集中的高校教学学术水平如何? 教学学术与教师教学观存在怎样的关系?

(一)研究假设

本书主要探讨的是高校教师的教学学术与教学观的关系,根据已有的文献,本书提出以下基本假设:

假设1:研究型大学教师的教学学术及教学观在个体特征上具有差异性。

假设2:研究型大学教师的教学学术与其教学观存在相关关系。

假设2.1:在以学生为中心的教学观的量表中得分更高的教师在教学学术的量表中也得分更高。

假设2.2:在以教师为中心的教学观的量表中得分更低的教师在教学学术的量表中也得分更低。

---

① Miles M B,Huberman A M.质性资料的分析方法与实践[M].张芬芬,译.重庆:重庆大学出版社,2008:86-87.

（二）概念操作化及问卷题目

本书结合文献综述，将教学学术的评价分为教学探究、教学反思与实践、教学同行评议、学生成果和教师成果五个维度。教学探究指的是教师学习教育理论知识，对学生的学习感到好奇并对教和学的过程与结果进行记录。教学反思与实践维度结合了克莱伯非常重视的教学反思，包括对教学内容、过程和前提的反思，并且其反思的最终目的是回归实践，更好地促进学生的学习。因此，教学反思与实践指的是教师对课堂教学内容、方法、效果做出反思和自我评价，并在教学过程中有意识地运用反思结果和教学理论。对教学学术的概念具有深刻影响的舒尔曼强调，学术活动应具有公开、能被交流、能被评价的特征。教学学术作为一种学术活动也应具备这些特征。因此教学学术的第三个维度是教学同行评议，即教师之间互相听课，参加教学研讨会，与同行分享教学经验。曾任卡内基教学促进基金会主席的格拉塞克提出，高水平的教学学术可以从有意义的结果、有效的呈现和批判性反思等方面进行衡量。克莱伯和卡顿也认为：高水平的教学学术的知识可以被复制或详细阐述；教学学术工作可以被记录下来并且要具有意义和影响。因此，教育成果是教学作为学术活动必不可少的环节，分为学生成果和教师成果。学生成果指教师指导的学生论文或项目成果；教师成果指教师在教学研究和教学实验中发表的成果、参与的项目等。

本书借鉴特里格维尔和基姆博的分类，把教学观分为以教师为中心和以学生为中心的教学观。以教师为中心的教学观是指教师控制所教授的内容、所教授的时间、所教授的条件，而教学主要是向学生传递知识、技能和价值观。重点在于教师组织和呈现课程内容，使学生更容易理解。以学生为中心的教师往往认为学生不仅仅是被动的接受者，会认识到学生生理、心理、情感和智力需求。以学生为中心的教师注重培养学生的观念，鼓励他们构建自己的知识，并在他们的理解中发展知识。具体如表 2.4 所示。

表 2.4　变量界定及概念操作化

变量	指标	维度	变量界定
自变量	教学学术	教学探究	教师对教师的教与学生的学感到好奇,并学习教育教学知识理论
		教学反思与实践	教师对课堂教学内容、方法、效果做出反思和自我评价,并将其运用到教学中,在教学过程中有意识地运用反思结果和教学理论
		教学同行评议	教师之间互相听课,参加教学研讨会,与同行分享教学经验
		学生成果	教师指导的学生论文或项目成果
		教师成果	教师在教学研究和教学实验中发表的成果、参与的项目
因变量	教学观	以教师为中心	教师控制所教授的内容、所教授的时间、所教授的条件,而教学主要是向学生传递知识、技能和价值观。重点在于教师组织和呈现课程内容,使学生更容易理解
		以学生为中心	把学生的学习作为教学的主要目标,注重培养学生的观念,鼓励他们构建自己的知识,并在他们的理解中发展知识

本书的问卷分为四部分:第一部分是调查对象个人基本信息,主要包括性别、年龄、职称、教龄、所属学科和最后获得的学位类别。该部分涵盖的个人信息较为全面,且基本来自大学教师研究文献的个人基本信息。

第二部分为研究型大学教师的教学学术。问卷大部分题项选自克莱伯的教学学术问卷,由于该问卷采用了德尔菲法对专家的教学学术概念进行调查,因此笔者进行了适当的改编。后 6 题参考了胡文龙"三要素"式教学学术的操作化评价指标体系里的学生成果和教师成果两个维度自编而成(见表 2.5)。

第三部分为研究型大学教师的教学观。该问卷参考了特里格维尔和普罗瑟的教学方式问卷,问卷包含 22 个题项(见表 2.6)。有 11 个题项构成了教学的概念改变/以学生为中心的方法,另外 11 个题项构成了教学的信息传递/以教师为中心的方法,重点关注老师的所作所为。问卷采用的是里克特五点计分自陈式回答,选项设置有:5(完全符合)、4(比较符合)、3(一般)、2(不符合)、1(完全不符合)。

　　第四部分为研究型大学教师教学学术与教学观的影响因素研究。此部分总共有 12 个题项,前 4 个题项是单选题,参照了吴薇研究型大学教师信念研究调查问卷的个人基本情况部分,对工作环境和教学的看法采用的是里克特五点量表,从"非常不符合"到"非常符合",对工作环境的看法参照了吴薇研究型大学教师信念研究调查问卷中对工作环境看法的题项,对教学的看法则是参照研究教学学术文献自编而成。

表 2.5　问卷(第二部分)题项及其来源

维度	指标	题项	来源
教学探究	教与学知识	1. 阅读教学文献	Kreber,2005①
		2. 对于学生的学习方式以及某些实践对学习的影响感到好奇	Kreber,2001②
		3. 参加大学教学课程	Kreber,2005
	教与学理论运用	4. 记录教学过程与学生的进步	Kreber,2001
		5. 我无法解释是什么概念或理论支撑着我的教学	Trigewell,2013③
		6. 根据学生的听课状态和意见及时调整授课内容或方法	宋鑫等,2014
	学科知识	7. 有一套适合学科特点的教学方法	宋鑫等,2014④
		8. 具备扎实的学科相关专业知识	Kreber,2001
		9. 熟悉所属专业的前沿成果	Kreber,2005

---

① Kreber C. Reflection on teaching and the scholarship of teaching: Focus on science instructors[J]. Higher Education,2005(2), 323-359.

② Kreber C. Conceptualizing the scholarship of teaching and identifying unresolved issues: The framework for this volume[J]. New Directions for Teaching and Learning,2001(86):1-18.

③ Trigwell K. Evidence of the impact of scholarship of teaching and learning purposes[J]. Teaching & Learning Inquiry: The ISSOTL Journal,2013(1): 95-105.

④ 宋鑫,魏戈,游蠡,等.国内一流大学教师教学现状探究:基于北京大学的实证调查[J].高等理科教育,2014(6):9-19.

续表

维度	指标	题项	来源
教学反思与实践	反思	10.我会对教学内容在课堂中的适用程度做出反思	Kreber,2005
		11.我会对课堂中运用的教学方法是否得当做出反思	
		12.我会对课堂教学的效果做出自我评估	
		13.我会对教学中的经验教训进行总结	
教学同行评议	交流/分享教学	14.我会主动旁听同事的课堂	宋鑫等,2014
		15.我所在的单位会组织教师互相听课评课	宋鑫等,2014
		16.刻意与他人分享教学经验	Kreber,2001
		17.参加教学研讨会、讲习班	Kreber,2005
	同行评价	18.如果我的同事们对我的教学进行点评的话,我的教学效果会更好	Trigewell,2013
		19.有文档、记录和文献的综合	Kreber,2001
		20.我会与同事研究或讨论教学、互相点评课堂教学	Kreber,2005
学生成果	教师指导学生成果	21.我指导的学生论文在核心期刊发表过	宋燕,2011
		22.我会带领学生进行科研训练,有意培养他们的问题意识和研究意识	
		23.我指导的学生项目获过奖	
教师成果	教师教学研究成果	24.我公开展示过个人教学总结报告	
		25.我在教学反思、交流和评价的基础上主动撰写过教学论文	
		26.我经常在期刊上发表教学研究类论文	

表 2.6　问卷(第三部分)题项及其来源

维度	题项	来源
以教师为中心	1. 在这门课上,学生应该把学习重点放在我提供给他们的材料上,而不是其他	Trigewell et al., 2005①
	2. 这门课应完全按照与正式考试有关的目标进行讲授	
	4. 向学生介绍很多事实很重要,这样他们才知道这门课要学什么	
	6. 在我教授的科目中,我专注于涵盖可能从关键文本和阅读资料中获得的信息	
	9. 我会整理本课程的教学结构,以帮助学生通过考试	
	10. 我认为这门课程教学中的重要环节是给学生提供质量高的笔记	
	11. 在课程教学中我会提供考试重点和范围	
	12. 我应该知道学生们在这门课上可能对我提出的所有问题的答案	
	16. 在这门课中,我的教学重点是充分向学生呈现信息	
	19. 我在这门课上的教学重点是向学生传授我所知道的知识	
	22. 我提供的材料能使学生建立这门科目的知识基础	
以学生为中心	3. 在与学生的交流中,我会试图与他们就我们正在学习的话题展开对话	Trigewell et al., 2005
	5. 在课堂上我会留出一些时间,让学生们互相讨论这门课的关键概念和一些想法	
	7. 我鼓励学生用正在学习的这门科目的新思维方式重新建构他们现有的知识	
	8. 在这门课的教学中,我会故意引起学生的争论和讨论	
	13. 我会给学生机会让他们讨论对这门课的理解有何变化	
	14. 这门课的学生最好自己做笔记,不要抄我的笔记	
	15. 这门课应该利用很多教学时间来激发学生思考	
	17. 我认为教学可以帮助学生发展这门科目的新思维方式	

---

① Trigwell K, Prosser M, Ginns P. Phenomenographic pedagogy and a revised "Approaches to teaching inventory"[J]. Higher Education Research & Development, 2005 (4):349-360.

续表

维度	题项	来源
以学生为中心	18.在这门课的教学中,监控学生对课程内容的理解变化是很重要的	
	20.这门课的教学应该帮助学生对这门科目进行批判性思考	
	21.这门课的教学应包括帮助学生找到自己的学习资源	

第三章　教学与科研关系的理念和行动

访谈资料呈现了场域内教师看待和处理教学与科研关系的"百态",尽管处于同一场域,教师对待教学与科研关系的方式也存在显而易见的差异,尤其在处理教学与科研关系的行动方面。笔者在访谈中强烈感受到部分教师表现出的理念与行动的矛盾和冲突,同时也有部分教师向我们呈现了其理念与行动的同一。

第一节　教师视野中的教学与科研关系

一、教学与科研相互促进

正如已有研究认为教学与科研的和谐共生关系是一种意识形态[①]一样,笔者发现"教学与科研相互促进"如同一条"金科玉律"般存在于包括管理者在内的几乎所有教师的理念之中。不论教师在实际工作中如何处理两者及两者之间的关系,也不论教师所处的职称系列、教育背景等个体差异,其主

①　Fox M. Research, teaching, and publication productivity: Mutuality versus competition inacademia[J]. Sociology of Education,1992(10):293-305.

观上都毫不犹豫地肯定教学与科研的共生关系。尽管在教师的日常工作中教学与科研并不总一定存在实质的相互促进作用，但于教师的理念层面而言，教学与科研可以相互促进是毋庸置疑的。

> 长期来看，教学与科研肯定是相互促进的……（A20200705，讲师，教学科研并重型）

> 从结果上来说的话，它们（教学与科研）两个是会相互补充……比如与学生互动会带来科研上探索的一些领域和问题，科研成果在上课的时候肯定也会不经意提到或分享，结果肯定是会有好的。（A20200605，副教授，研究为主型）

> 其实正常的话，教学和科研不应该是分开的，不应该是分家的。我认为两者之间有一定的联系。（A20200719，副教授，教学科研并重型）

通过访谈分析，笔者发现在应然的理念层面上，教学与科研相互促进、和谐共生的关系得到教师们的一致认同。他们默契地持有这一共识，但在叙述各自的实际行动时却并非如此，呈现了不同的境遇与选择。

没有一位教师会否认教学的重要性。教师们都一致表达了"教学重要"的理念，并将其与教书育人、人才培养的职责和使命联系起来，这一理念也支撑部分教师在繁重科研压力之下恪守教学职责。此外，A学科教师"作为一个老师"的职业认知也使得其将教学放在优先的位置，强调大学的教育机构特性。教师在主观理念上都强调了教学之于大学以及大学教师的重要性。

> 教学对大学是很重要的，教书育人是教师最基本的职责，是作为一个老师的责任。（A20200609，副教授，研究为主型）

> 教师是不可能离开学生的，学生也是老师存在的意义，如果没有学生，老师们也只能写写文章，又能影响几个人？我觉得对老师来讲，真正的收获还是培养学生。（A20200609，副研究员，研究为主型）

教学当然还是很有价值和意义的！这毕竟是一个培养人的工作……对老师来说，本职工作就是教书育人。（A20200706，副教授，教学科研并重型）

二、理念与行动的矛盾和同一

然而，笔者发现案例学科教师的"教学与科研相互促进""教学是很重要的"两种理念共识却并不一定落实于实际行动之中，甚至部分访谈者也直言"理论上是"，这暗含了教师在处理教学与科研关系时理念与实际行动不一致的现实情况。同时，资料较为明显地呈现了处于同一场域内的教师在看待和处理教学与科研关系上的差异化选择，即处于同一管理制度环境制约下的不同教师对待教学与科研关系的行动也不同。通过对访谈资料的编码分析，笔者认为 A 学科教师面对教学与科研关系的差异化行动体现了理念与行动的矛盾和同一。在以下四种关于教师和教学与科研关系的描述中，前两种主要体现出教师理念与行动的矛盾，后两种则主要彰显了理念与行动的同一。

（一）窘迫的"青椒"：生存压力下冲突明显

A 学科所在学院教师体量大，老教师仍然占有较大比例，不足以支撑学科、学院在评估、排行中取得优势地位，难以助力组织在"赶超"思维横行的政策背景下获得有利于自身发展的资源。因此，A 学科所在学院为完成包括"冲 A"目标在内的一系列发展目标，大力引进科研水平较高的年轻博士。通过查阅网站公告并结合访谈，笔者发现近几年 A 学科所在学院新招聘教师人数明显上升。

在我之前学院已经很多年都没有进过新老师了，但我之后就跟大水决堤一样……近几年我们自己系的人见面都认不清。（A20200630，讲师，教学科研并重型）

A 学科所在高校近几年设置了首聘期的青年教师人才引进制度，对青年教师设置了较高的科研要求，青年教师的待遇分为 A、B、C 三档，每一档对应教师必须达到的科研成果要求，包括期刊论文的级别与数量以及课题立项的级别,享受的待遇越高则在首聘期内所需要达到的科研要求就越高。只有达到最低要求,才能转为长聘制。因而,对于"青椒"们而言,首聘期3年是事关生存的3年,时不我待的紧迫性使得"青椒"变"青椒",而这种焦虑更多体现在高科研要求带来的生存与时间压力上。

> 学校的考核要求应该说是非常高的,完不成的话,按我们之前签的协议是要走人的,连工作都要丢,而且之前拿的引进费都要还回去,所以压力很大。现在很多老师评上副教授、教授都不做科研了,那学校的科研成果从哪里来呢?那肯定是要压榨青年教师,而且我们学院的好几个青年教师身体都出状况了,因为压力太大……像周末和暑假,我从来都不休息的,去年暑假连学院里组织安排的旅游我也没参加,因为花三四天太浪费时间了。除了家庭生活之外,我所有的时间差不多都在科研上。(A20200705,讲师,教学科研并重型)

科研于他们而言,是必须完成的论文发表和课题立项任务。为了完成较高的科研目标,他们不得不将尽可能多的时间投入科研。首聘期对新进青年博士的教学没有要求,教学更被认为是一种分散时间精力的负担,并且由于新授课,之前没有积累,教学的负担于"青椒"们而言并不小。当教学挤占科研时间时,"青椒"们往往选择牺牲教学的"弹性时间",因为教学往往被认为"很简单","不出教学事故就行",教学质量并不威胁"青椒"的生存。

> 教学就是一个良心活了,因为科研真的是要人命啊!教学的投入肯定会受科研压力的影响,那是肯定的。因为教学其实很简单,你只要达到标准,也没有淘汰制,只要差不多不出教学事故就行了,但是科研关系到生存和发展……比如我这段时间一直在写课题,备课肯定会有受影响。(A20200705,讲师,教学科研并重型)

> 我还是比较重视科研的,教学可能相对不是特别重视,因为毕竟我们科研任务重,教学也没有花特别多时间。教学可能会占自己30%的时间,而科研可能会占70%左右……特别是刚开始工作那会儿,因为对我们考核的要求只有科研,心里就想着不要让我上这么多课,我要申课

题写论文发论文呢,上课的事情就不要来找我了,我好好地做科研就可以了。(A20200618,讲师,教学科研并重型)

值得一提的是,片面指摘教师追逐科研而忽视教学是偏颇的。资料显示,"青椒"中也有热爱教学、希望在教学方面获得发展的教师,但也因短暂的首聘期内不得不完成的科研指标而作罢。

> 学校工作的重点肯定是科研,绝不是教学,不然用教学来考核我们好了呀,我其实是一个教学很有天赋的人……我是希望能够发展我的教学的。但是因为有首聘期考核在,学校就是"一刀切"地用科研来考核。所以我就放弃了去外面参加教学比赛或者教学方面的培训,这些机会我都放弃了,因为没办法,得首先完成3年考核。(A20200705,讲师,教学科研并重型)

在时间已然紧迫的境况之下,部分"青椒"还需要承担一些杂务。A学科所在学院为带动科研及学科发展,采用团队发展的模式。该学院共有13个学科团队,"青椒"的职称往往为讲师,是一个科研团队、一个学科中话语权最小的一群人,因而,往往容易被场域内具有话语权的教师委派一些杂务,杂务工作对本已存在冲突的教学与科研关系而言无疑是"雪上加霜"。

> 除了这两块(教学、科研)工作,还有一块大的工作就是杂事,就是领导叫你做的杂事,这个其实挺多的,这些跟科研相关性很小很小,但非常占用时间,可能杂事比教学占的比重都多。(A20200705,讲师,教学科研并重型)

"青椒"们的生存境遇与工作压力还从第三方的访谈资料中得到了验证。一位教师作为入职多年的旁观者,谈到对"青椒"境遇的同情,虽然"青椒"们"沉迷"于自己的科研,对教学及教学培训重视不够,但她对"青椒"们的选择显露出真切的理解和同情。

> 像新进来的博士必须经过岗前教学培训,是硬性要求,但我的感受是他们也去,因为必须去,他们也去做,也有一些兴趣,但是永远兴趣不大。这也不能去指责他们,因为他们确实有很大的科研压力,他们连

"饭碗"都保不住,确实是很累很辛苦,而且很不稳定,可以看出他们非常忙,非常焦虑,尤其是头一个聘期……这就带来副作用,只要跟科研有关的他们都干,有科研利益的他们就干。他们眼睛只盯着科研,只要分数达到了什么事情都好说。(A20200630,讲师,教学科研并重型)

可见,科研与教学孰轻孰重这一问题的答案是显而易见的。较大的科研压力导致"青椒"们主观上更加重视科研,教学投入有限。时不我待的紧迫性使得他们无暇思考、尝试在自己的教学与科研之间建立联系,教学是"疲于奔命"道路上的一种阻碍和消耗,教学与科研之间冲突明显。

资料分析显示,除巨大生存压力导致"青椒"教学与科研冲突凸显外,"青椒"们有限的教学经历及经验也使得教学与科研之间的联结缺失基础和条件。如一位入职 3 年的"青椒"感到上某一门课"非常难受""没劲",以下是他关于某门课教学的感受与转变(因遵循研究伦理,在此隐去教师所教授课程及专业的名称)。

> B 课我上得自己都觉得没劲,也非常难受,学生也不喜欢听,就这么讲了一学期。后来,有个老教师跟我传授经验我才知道设计这门课不是要从头上到尾的意思,而是分不同模块跟教育结合,教育经济学、教育社会学、教育人类学、教育伦理学等,组织几个小组,最后搞清楚一个话题当中的一些具体问题就可以了……比如说最近非常火的关于科学素养的一些问题,因为疫情暴发公众对于这一问题的认识等,我准备下学期这门课就这么上,我以前就傻乎乎地认为有教材的课就得从头上到尾(笑)。(A20200618,讲师,教学科研并重型)

基于描述,青年教师的"窘迫"已跃然纸上,在巨大的生存压力之下,"青椒"变"青焦",一边是威胁生存的科研压力,科研时间与投入必须保障,一边又是不得不需要一定时间的教学,部分"青椒"还有杂务牵绊,教学与科研之间的冲突在他们身上最明显,即使有的"青椒"表示喜欢教学,对教学质量比较重视,但也在重压之下,暂时"难以成行",实际行动上仍然会因科研而暂时牺牲教学,同时,有限的教学经验也在削弱"青椒"的教学热情和教学与科研的联结。

（二）进取的"顺从者"：冲突与联结共存

场域内有一类教师或许是较早入职，不受首聘期制度的约束，或是已逐渐摆脱首聘期的"达摩克利斯剑"，逐步在场域内取得了稳定的工作和地位，加之对所教授课程已积累了一定的经验，教学与科研之间的冲突关系于他们而言不再那么明显。他们因更进一步的事业追求而顺从制度的导向，职称晋升的需求使得他们仍然给予科研更多时间与关注，但因没有首聘期过大的科研压力，他们的教学也得到了更多重视。教学经验随着教学年限增多，加上硕士生导师资格的获得，处于这种状态下的教师，其教学与科研产生联结的可能性增大。

1. 晋升需求下的冲突

进取的"顺从者"们没有首聘期考核的压力，完成岗位聘任的考核指标于他们而言也并不难，但是仍有职称的"大山"等待翻越。因此，他们在实际行动中顺应制度重点的要求，对科研投入更多的精力，以获得更多的职称晋升机会，同时他们中也有教师对自己的教学表现出较大的重视和自信。但时间的一维性仍不可忽视，一方面是晋升需求带来的对科研的重视与投入，另一方面是岗位及教师职责要求的教学，理论上似乎必然存在过程性的冲突。笔者通过访谈资料发现，冲突的确存在，但因时间紧迫性不似"青椒"那么强烈。随着课程教学经验的积累，这种冲突是有限的或能够调节的。

> 因为我教的全都是老课，一般提前一天把上课内容看一看。所以说，我觉得也不存在什么影响。（A20200726，副教授，教学科研并重型）

> 大学上课和中小学不一样，不用批改太多作业，每年都是上自己的那几门课程，所以教案应该是很熟悉，不用花太多的时间，其实没有什么影响的。但是对于新老师来说教学肯定也是很花时间的。（A20200730，副教授，教学科研并重型）

这一类教师实际上内心仍然会更加重视科研，一方面是出于个人发展需要，另一方面因为他们学术追求较强，他们自称对教学"还可以""负责"。他们内心仍然希望在科研方面投入更多时间和精力，教学"要做""会做"，但是不能太多。

　　因为我们的课都很简单,按照标准来,有教材有教纲,你直接把上面的讲好就行了。如果按这个要求我们都是合格的,没有连课都不上的老师,我们都会备课,教材我们都看,然后适当地再加上个人的理解体会……我个人来说,我就是把教材弄好,然后主要引导学生讨论。备课的话,因为这东西都很浅显的,不需要怎么备课。(A20200609,副教授,研究为主型)

　　我个人希望把重点放在科研上,但是实际的感受是教学占的时间比较多……说难听点,如果重心想放在科研上的话,本科生的教学有时候会感觉有点浪费时间,当然我这样想可能也不是一个大学老师应该有的一个想法,但是这是真实的想法。(A20200730,副教授,教学科研并重型)

当教学与科研难以平衡时,他们通过付出一定的代价达到自己内心对两者的要求,或是增加工作时间以尽可能地达到自己对两者的要求,或是以减少课时量的方式保证自己的教学质量和科研投入,或是仍然不可避免地选择牺牲教学的弹性时间,他们中大多仅满足于"对得起自己的良心"的课堂教学,对于课堂教学以外的其他教学相关的工作兴趣不高,投入有限。如忽视学生学习过程的即时反馈、教改项目、精品课程建设等。

　　没什么好的办法,只能自己辛苦点,累一点,去花更多的时间。(A20200805,副教授,研究为主型)

　　无论在其他方面有什么压力,都不会影响到我对教学的这种态度和坚持。如果我觉得会有影响,我就把课减少一点,但还得花这么多时间,我宁愿不教或者少教,但不会牺牲教学质量。(A20200621,讲师,教学科研并重型)

　　其实教学包括很多,比如学校的教改项目、课程的申报、精品课程等,这些东西我都没有去做。为什么没有去做呢？因为做一个精品课程、线上课程、课程改革是很浪费时间和精力的,而且做了以后的产出、实际的效益怎么样,我们是不清楚的。(A20200726,副教授,教学科研并重型)

2."顺其自然"的联结

笔者访谈时发现,部分教师对"科研促进教学"这一命题持一致的肯定态度,对这一问题的回答快速而坚决。但在询问有关的具体行动时,教师却表现出难以言状的神情或表现出思索与犹豫,但仍然坚定地肯定科研对教学的积极作用,或者并不叙述自己的具体行动,反讲起与此有关的看法和见闻,笔者认为这种"顾左右而言他"并不是教师主观有意逃避,而是思维上没有主动重视或者没有较为深刻的印象与体验。

笔者在资料分析中进一步细究教师的具体行动以探寻规律和原因,发现进取的"顺从者"们的教学与科研的联结大多是"顺其自然"的。"顺其自然"是对教师处理教学与科研关系体现出的较为被动的态度的描述,即教学与科研的联结并不是教师预先设计的,而是教学的某个环节或内容涉及教师科研相关的内容和经历,教师"顺其自然"地与学生分享相关观点和经历,在这一过程中教学的深度得到了一定程度的提升,学生的视野也得到扩展。

我在课堂上总是会给他们拓展一些新知识以及怎么去认识一些事,比如讲政策文件,我可能会从一个批驳的方向去讲政策的缺陷在哪里、败笔在哪里。这个是看课本看不出来的,来自我专业领域的认知、学术敏感性、问题意识、方法意识……一个老师思维的敏锐性、连贯性、条理性,甚至包括组织调动能力一系列可能就来源于学术训练。(A20200608,副教授,研究为主型)

可以看出,"顺其自然"的联结还包含更多纽曼提到的"无形的联结"①,即教师通过自身科研训练获得的思维品质会在教学过程中潜移默化地影响

①　Neumann R. Perceptions of the teaching-research nexus: A framework for analysis [J]. Higher Education,1992(2):159-171.

学生,也会影响教师的教学理念,最终助益于学生形成对知识的态度和学习方法,如批判思维、问题意识、理性意识、创新意识等往往是这类教师注重的,并通过自己的教学向学生传递。

> 我上课有自己的风格,我讨厌死记硬背,教材不需要讲的,学生自己都能看得懂。我是强调创新的,看问题的方法、思维、习惯,长期做研究需要的品质,才是我要去传授给学生的东西。而这些都来自我本身的研究,我把我的研究思路带到教学中去……教材我讲得很少,我引导学生去发现更多的东西,去质疑教材里面的观点。(A20200609,副教授,研究为主型)

基于上述,"顺其自然"的联结大多是"单向"的,即教师通过科研拓展的知识、技能与方法有助于提升教师教学的内涵与深度。而教学对科研的促进并不明显,这类教师大多认为尽管教学过程会引发教师对一些问题的关注与思考,但实际上教学对自己科研的促进是极有限的。

> 应该说科研是可以促进教学的,但是你说教学能促进科研,因为教学的东西毕竟是比较浅的,还是有限的,主要是科研来促进教学。(A20200605,副教授,研究为主型)

"顺其自然"的联结中,教师并没有主动在教学与科研之间创建联结的意识,并且由于部分教师所授课程与研究领域无关,这类教师的联结以"无形的联结"为主。然而,进取的"顺从者"中却有一个个例,A20200811教师主动在教学中创建教学与科研的联结,在教学过程中挖掘可以进一步研究的方向,最终产出科研成果——教学对科研有明显的促进作用。

> 其实我觉得对我来说教学与科研没有太多冲突的,因为很多时候我把我的教学跟我的研究尽可能结合在一起。我给你举个例子:之前我给他们上了一次课,是讲非洲的高等教育中的性别平等问题,我在备课时看材料,发现有一个大学的项目做得很好,挺有意思的,最开始我与学生分享,后来我觉得这个领域值得去好好挖掘一下,最后就把我备课时发现的材料好好挖掘写成了文章,就发表了。这是其中一个例子,

事实上我的不少研究都源于教学中的一些材料准备,所以我觉得其实教学与研究不应该是冲突的。(A20200811,副教授,研究为主型)

除了在教学中获取科研选题与材料来源,这位教师还主动实现教学和科研的双向促进,从教学设计开始到最终的课程成果都体现了教学与科研的联结,引导学生进行研究、掌握研究方法,以课程为依托与学生一起展开调查,并将教学获取的资料作为科研数据。

我尝试着把我的师范生课程跟我的研究结合在一起,我给你举个例子:我给师范生上研究方法的课,我上课的原则是方法课必须有实践作为支撑,尽管他们是本科生,但是我觉得他们有必要去了解一下怎么去做一个教育研究。课程有两讲专门讲怎么去做问卷调查,怎么去分析问卷,所以我在课程设计时,为了帮助他们更好地理解这些知识点,我设计了一个问卷调查,题目是关于"师范生×××"的一个调查,顺便把调研任务给他们做。然后,第二讲就是教他们怎么去使用 SPSS,让他们自己围绕着"师范生×××"调查问卷进行数据分析并进行小组汇报……结果真的让我对他们刮目相看的,他们做得都是非常不错的。(A20200811,副教授,研究为主型)

教师在教学中获得学生积极的反馈,这更使教师进一步加强了其教学与科研的联结。同时,笔者发现该教师将教学与科研进一步联结起来的教学设计灵感也是源于其在科研领域的积累,教学与科研密不可分。

学生表现很好就让我更加坚定,接下去我要慢慢把样本规模扩大……首先是××省的一个大规模的,然后我可能会选择中国不同地域……其实我为什么这样做,还有另外一个原因是受清华大学的大学生学习投入调研的启发,他们最开始做研究型大学,后来有七八十所大学,最近很多高职高专也加入了。但是据我了解,他们对师范生的关注不是那么多,但我觉得其实非常有必要去关注的……我讲每个知识点会结合自己的研究过程,比如我做一个研究,我的选题如何从一个非常庞大宏观的慢慢聚焦到一个非常小的可控的范围,包括我自己写博士

论文是怎么做文献综述的,都可以作为案例结合到知识点的讲述当中去。(A20200811,副教授,研究为主型)

与同一类型的教师不同,尽管这位教师在科研中投入更多时间,但是他的教学与科研联结非常紧密,教学效果显著,他将教学与科研和谐共生的理念落实于行动中。笔者认为,场域中处于相似地位与处境的教师群体中存在鲜明的特例,恰恰表明教师看待和处理教学与科研关系涉及多层次、多方面的复杂因素,留待进一步探究。

(三)"佛系"与"挣扎":教学第一,教学与科研联结紧密

场域内有些教师尽管感知到制度对科研的"偏爱",但是仍然将教学放在第一的位置,在教学中投入较多时间和热情。相比进取的"顺从者",他们对于职称晋升不那么迫切与热衷,采取"佛系"的态度应对职称晋升要求带来的科研压力,或是不得不"挣扎"于制度重点与个人工作重点之间,努力谋求职称晋升。一方面,他们对教学的重视和热情使得他们更擅长、偏好研究教学中的问题;另一方面,客观存在的科研压力也使得他们在教学和科研之间尽可能建立联结,他们的教学和科研联结紧密。

1. 教学第一

这类教师往往对教学有着极大的热情,还需要负责师范生实习。相比于科研,他们在教学上付出的时间精力更多,甚至付出很多不为评价所"认可"的时间。他们投入较多教学"弹性时间",分配给科研的时间精力自然变少,即便在计量化的考核制度下,他们仍然选择坚守教学第一的原则,仍在一些没有"产出"的教学工作中耗费很多自己的时间与智识。当教学与科研发生冲突时,他们选择优先处理教学事务,科研可以"放一放"。他们认为教学是自己最重要的工作,是"本分"。

平时上课期间教学多一点,(时间)几乎都花在教学上,科研就是周末会去做一点,假期,暑假,对科研是比较重要的。但比如说如果有两个事情同时来,一个是教学的,一个是科研的,我首先要把教学弄好,教学是优先的,教学是老师的本分,应该是重心,科研可能是其次。(A20200719,副教授,教学科研并重型)

（毫不犹豫地说）教学放在第一位，先把科研放一放，科研我可以放一个学期再处理，但是教学（问题）肯定是必须马上要去解决的，不能说我随便对付就行了。最后的结果一定是科研受影响的，这是没办法的。比如最典型的就是去年暑假，当时我们写好的一个论文初稿，整个花了1年时间，到今年才觉得差不多可以投出去。为什么耗这么长时间？就是一到开学之后，就没有时间去好好改，往往这个学期结束了，有空了才能去修改，所以很多高校老师的寒暑假就是他们写论文、申报课题的一个好时机。（A20200707，副教授，教学科研并重型）

然而，如前文所述，不论是对制度文本的分析，抑或是受访者的表述，我们都可以明显感受到案例学科的制度环境对教师科研的重视。在这一制度之下，仍有教师对教学持有极大的热情，在教学中投入了大量时间，这恰恰证明了教师并不是完全的"理性经济人"，并不完全对制度重点趋之若鹜。这一类教师科研成果往往并不会特别突出，在职称评审、考核、薪酬等方面暂时缺乏优势，他们对制度的导向持批判的态度，为教学重要性在制度层面遭到忽视扼腕叹息。

如果要问我教学、科研哪个更重要，从学校的层面来说两个都重要，但是我们学校近些年的发展可以这么说，科研为主，我们学校以前大学分类的时候，是教学研究型，但是我们学校其实一直想变成一个研究教学型，就意味着研究为主、教学为辅的。所以这些年一方面加大科研在职称评定中的比重，说白了，一种情况是你教学干得好，但是没有达到学校里边或学院数一数二的程度。另外一种情况是另外一个人可能上课没你好，但他科研做得比较好，这个时候两个人放在一起评职称，那就是后面这个人更有优势。所以现在的导向是我们系主任很不愿意看到的，因为我们平时工作主要就是负责本科教学，这就导致我们一些工作不好动员开展。（A20200707，副教授，教学科研并重型）

然而，教师的行动与制度重点不一致导致的在资源分配中的劣势地位仍然是不可回避的客观现实。面对这一现实，他们选择放缓晋升节奏，一部分教师仍然在为职称晋升做"缓慢"的努力，在制度框架下"挣扎"。而另一部分教师甚至完全放弃职称晋升，选择"佛系"的态度进行调适，"佛系"的态度往往历经一个过程才最终形成，从开始的"挣扎"，到难以达到职称晋升要求、晋升无望后自我安慰的"被动佛系"，最后调适为从教学中汲取认同的"主动佛系"。

> 我后来评了副教授之后，看到孩子也需要自己比较大的帮助和关爱，所以就给自己定了一个很长远的目标：退休前评个教授算了。反正我的心态就是这样，但是不意味着我要放弃科研，科研慢一点，不要给自己压力，课题那只能看运气了，现在心态就放平和了，另外我对教学还是比较感兴趣的，也就无所谓了。最后绩效不是最好的，但是也不会是最差的，感觉也是可以的。（A20200719，副教授，教学科研并重型）

教师以"佛系三连"调侃与自身处于同一状态下的教师们，他们往往经历了"挣扎"，经受较大的科研焦虑和压力后，宣称"不在乎"，以"佛系"态度化解内心的焦虑，但一开始的"佛系"仍然带有在激烈竞争中无奈退场的不甘，是一种"被动佛系"。

> 我们学院很多老师最后就"佛系三连"，就放弃了……现在我就不在乎了！（A20200630，讲师，教学科研并重型）

> 曾经每天患得患失，跟别人比起来，人家动不动就发 SCI，每年好几篇，我每年搞一篇都已经感觉很费劲了，这个时候会受不了，会觉得很失败，很焦虑，但是后来看开了，算了，我也不去争了。（A20200707，副教授，教学科研并重型）

> 前 2 年的状态，我和大部分老师状态是一模一样的，整天光想着看书写论文、课题，觉得压力很大，想到制度设计、绩效觉得不平衡。但是我现在基本上完全转变了，我不在乎了，我也不想评职称，我也不想搞什么课题……我都不在乎了。（A20200628，讲师，教学科研并重型）

尽管"被动佛系"的退却策略最初是对"挣扎"状态的自我安慰，但教师会转而在教学中寻求自我价值和认同,逐渐转变为"主动佛系"。

> 我把我的教学搞好,做一些我自己爱做的事情也挺好的,无非就是可能收入低一点,或者说我的职称低一点而已……慢慢找到心理平衡,以更平和的心态去面对。(A20200707,副教授,教学科研并重型)

> 我以前虽然也说我不想评,我不在乎了,但感觉还有自我安慰的意思,现在是真的不在乎了,思想发生了变化,不需要为了别人的眼光去追求一些东西。我要把该做的工作做好,我喜欢教学我就大胆去搞,我没有排斥科研,只是说我这个人本身兴趣和特长都偏向教学。(A20200630,讲师,教学科研并重型)

尽管他们在科研方面得不到制度环境较大的认可,但他们在教学中收获了极大的满足感与认同感。相比于外在评价,他们更看重内心的满足。笔者在与他们的访谈中观察到,他们谈到自己的教学时能够如数家珍般列举自己教学中的案例与心得,滔滔不绝地叙述在教学过程中怎样贯彻自己的教学和育人理念,从他们的言语神情中可以窥见和体会到他们对教学的热情与付出。

> 我每年科研考核不是优秀,但教学每年都是优秀,那么这说明学生也是认可我的,我感觉就很好,我认为教学是本分的东西,是一个良心活,我要对得起我自己的良心。那么其他外在的东西,我也做好了不被认可的准备,比如职称评价体系是不认可我的。(A20200719,副教授,教学科研并重型)

2. 教学与科研联结紧密

这类教师认为教学与科研是相互促进的,并在行动中得到了较好的落实,教学与科研联结程度高。笔者认为,教师对教学的热情强化了教学与科研的联结。相比进取的"顺从者",他们更加主动地在教学与科研之间尽可能地建立联结,不仅使科研能够促进教学,而且使科研也受到教学的助益,两者之间相互促进。如以下这位教师在教学中以问题为导向,呈现自己与他人的研究,与学生一起讨论探究,帮助学生在探究的过程中形成自己的判断和观点。

> 我觉得教学与科研很多时候是分不开的,我是以问题导向的思维去开展教学的,比如给学生讲我们国家的减负政策,除了课本上的东西,除了我自己对减负政策的研究和思考,还有其他人的,我把所有人的观点呈现在学生面前,这些观点通常是冲突的,我要求学生要有自己的判断,形成自己的观点……因为带着这样的一个基本的意识,所以我要把我自己的研究放到课堂里,也要把别人研究的东西融到课堂里面去,在这种情况下,教学和科研是没有办法分开的。(A20200719,副教授,教学科研并重型)

这类教师还善于发现教育教学中出现的问题和现象。笔者认为,正是对教学的热情和专注,使得他们善于在教学中发现问题,并展开科学研究,解决现实中的困惑与问题,同时也能形成科研成果。为了验证教师的叙述,笔者查阅了教师发表的论文,果不其然,教师的多篇论文都与课堂教学相关,在教师叙述的实例中也有对应的以此为主题的论文发表,进一步佐证了教师的有关叙述。

> 很多东西都是可以结合的,而且科研搞得好的完全可以引入教学,教学想搞得更好,肯定要去做一些科研,教学生最前沿的东西。比如说我教×××(课程名),疫情防控期间老师连学生都见不到,这个时候怎么上这门课,就是新问题。互联网介入教育可以去研究,所以教学与科研不可以分开,也没有必要分得那么清楚。(A20200630,讲师,教学科研并重型)

> 教学也会让人去思考,比如说有一次我上课时跟他们举了一个"猪八戒找西瓜"的例子来导入分数教学,但是后来他们实习时很多同学还是用一模一样的"猪八戒找西瓜"的故事,这反映出学生们的创造性思维能力是不够的,那么为什么会出现这种情况?我就去研究,这就是一篇文章。(A20200719,副教授,教学科研并重型)

如以下这位教师通过教学中的长期思考发现了一个研究问题,而后将教学过程和教学对象作为研究对象,研究大学生学习并与自己的学科专业结合,他在自己的教学过程中收集研究资料,同时指导自己的研究生参与这项研究、帮助分析研究资料,与研究生共同完成一项实验研究,并且研究过程中能够监控本科生学习,提升其学习效果。

> 基于我自己申报的教育部的课题,我在教学中做了个实验。当时我注意到并且长期思考(这样一个问题)——同样上一堂课,有些学生老是学不好,肯定是某些方面存在问题,当有学生有问题的时候,是放任,还是采取一些措施? 提醒学生存在问题了,或者说我给学生一些建议,可以再去学点什么内容可能会更好,等等。所以基于这一点,我申报了课题,然后在我课程的学习平台做了对比实验。在这个过程中,如果学生这门课程某一次没完成作业,或者说这段时间没有花太多时间在上面,导致退步了,都会及时被监测到,我的两个研究生助手就会去给他们一些反馈……最后做完实验之后,学生整体来讲的话,还是对这门课比较认可的。(A20200707,副教授,教学科研并重型)

基于上述,在制度导向下仍然有部分教师坚持在教学上投入较多时间,并不断思考教学中的现象,形成自己的研究问题。教学是真正的"心之所属",能给他们带来成就感,他们的教学与科研相互促进,联结紧密。

(四)"自得"的教学与研究:教学与科研的同一性和制度认可

"自得"的教学与科研指的是教师在教学和科研两方面都至少达到了内在层面的平衡与满足,他们对教学得心应手,往往承担一些专业核心课程,教学与科研具有同一性,难以区分。科研对教学往往具有较为直接的积极影响,这也是他们科研的目的与动力,与笔者谈及此事,他们总是表露出引以为傲的神情或语气。但他们的科研成果中却有较多不能得到制度认可,难以成为他们职称晋升、获得物质奖励等的依据。

1.教学与科研具有同一性

这一类教师教学与科研的联结最为紧密,在他们的观点和行动中,教学与科研是同一的,"教学即研究"是他们倡导并在实践中坚持的,他们不仅仅在教学中产生研究问题、获得研究资料,更寓研于教、以研促教,他们认为教学与科研难以割裂,科研的目的就是教学,他们的研究过程和教学过程也是交织在一起的。

如一位教学为主型的教师提及的,他所教授的课程以学科教学知识和技能训练为主,在他的具体实践中教学与科研相互促进,研究的过程和科研的过程是分不开的。

> 比如我发表的文章是关于科学论证教学方面的,我就会将我自己提出来的观念,这个领域的这种教学方法,在课堂中用起来,同时作为教学内容的一部分呈现给学生看,让他们来讨论这件事情是怎么一回事。

> 不是说一定要先有,因为这个研究不是说一夜之间从石头里蹦出来的,是由于比较长时间地关注这一领域,是一个积淀的过程,研究的积淀可以去浸润和影响课堂的教学。也不是说每一次都要等这篇文章写完了才能去教别人,我们自己在做研究的过程中,认知也在发展,那么教学行为和教学内容都可以得到升级。(A20200813,副教授,教学为主型)

他们的研究以解决教学中的问题、提升教学效果为目的,在教学过程中反思、创造知识,以更新教学的内容、提升教学的质量。他们认为必须对自己的教学内容有所研究,才能更好地进行教学。

> 特别是作为大学老师,在课堂上讲的不能局限于教材,应该讲老师对教学内容的理解或者自己对这一方面的研究,或是和学生一起探讨这一方面的问题。但这不是说我要把我的理解全部灌输给学生,而是把我的观点呈现给他,我们一起来探讨。科研肯定是我教学中重要的资源。不然的话,老师只是作为一个中介把教材通过嘴巴说出来,我觉得意义不大。老师在课堂上讲的东西应该是跟自己的科研相关的,不然讲别人的东西会难过的。(A20200719,副教授,教学科研并重型)

教学与科研的同一最主要体现在 A 学科教师比较关注教学研究。由于 A 学科具有培养师范生的实践属性,A 学科教师的研究问题除了源于自身的教学实践,还源于教师在社会服务中的见闻与体会。他们往往从自己的教学实践或他人教学中的现象中得到启发与思考,形成来自教学的研究问题,在教学中进行研究的思考与实践。与此同时,他们在分析与解决问题的过程中创造了本领域的前沿知识,将研究成果作为自己教学的资源。

如一位教师在社会服务过程中发现中学教师课堂教学中存在素材性资源选用随意的问题,进而得到启发,开展素材性资源选择的研究,并将自己对这一问题的理解和研究体现于自己的教学中。

> 更多还是从教学问题出发的。……当这个问题没有引起你关注的时候,你要去"憋"是很难的,比如说某一天(语气激动)我在听课的时候发现中学老师好像他们对教学素材的选用都很随意! 中学老师都是这样的! 那就引起我对中学教学和师范生教学的思考与研究了,我就做了一个中学教学中素材性资源开发利用的研究……这个研究就在我自己的课堂中去实践,当然我不会把我的文章就一模一样这样讲,肯定不是这样的,(而是)通过提问方式,让学生课前思考预习,课上再让他们展示,互相讨论……我自己的研究过程让他们也走一遍……科研成果,就把它给转化成教学实践了,我们是结合得比较紧密的。(A20200730,副教授,教学科研并重型)

2.制度认可难

学科课程教学教师关注教学研究,科研的目的和出发点是提升教学效果与质量,研究来源于教学,又"反哺"于教学,他们不认为教学是一种侵占科研时间的负担,教学和科研在过程中也能相辅相成。尽管这类教师在两方面都能达到"自得",但作为组织中的个体,难以逃脱制度评价,在A学科所在学院、学校的评价制度中,仅高水平期刊的成果才可以被计量,进而转化为绩效、薪酬、职称晋升的筹码等。这部分教师的科研以教学研究为主,而教学研究的成果难以发表于高水平期刊,难以获得高级别课题,因此他们的科研成果较难得到制度认可,他们的职称晋升相对较难。

> 从聘岗要求来说不高,但从职称评定来说(要求)比较高,会有科研压力,主要是专业本身没有高级别的杂志,也难以申请到高级别的课

题。(A20200816,教授,教学科研并重型)

我们的学科背景,包括我们研究的一些话题,往往是偏实践的……其实在评价当中是不占优势的……一方面,因为我们国内关于教学和学科教育的高级别刊物,就是说被认为是 CSCCI 的刊物应该说是非常少的,是有先天的弱势的。另一方面,比如说课题的申报,现在立项的重要课题,都是基本理论,以宏观问题的研究为主。而学科教育的研究往往是偏向微观的,所以在课题立项上也比较困难。这几年包括我自己在内,我们在课题的突破上都非常的困难,拿一个教育部的课题就已经很不容易了,国家级课题基本上是非常非常困难。(A20200826,副教授,教学科研并重型)

尽管如此,这类教师并不会放弃教学研究而转向更为宏观的理论研究,能否获得制度认可对他们教学与科研的同一性的影响微乎其微,在他们看来,对自身教学以及社会服务中教学的研究是该学科教师"必须做的事"。

基于上述,从总体的理念来看,教学与科研的和谐共生关系是毋庸置疑的。从教师角度来看,教学与科研关系也并不存在固定的群体特征,即同样制度环境、同一场域的教师的教学与科研关系也是不同的。从教师个体角度而言,教学与科研关系也并不是静态关系。这一发现契合吴洪富的研究,他认为教学与科研关系并非一成不变的。[1] 笔者通过资料分析也发现,对一位教师而言,教学与科研关系会随着诸多其他因素的变化发生变化,既有冲突也有联结,冲突与联结有可能共存。以往研究多惯常于探索教学与科研之间的定性关系许是由于其量化研究的局限性。此外,笔者得出更进一步的结论:冲突与联结正如天平的两端,当冲突明显,教学与科研的联结就非常微弱;教学与科研联结得愈紧密,则教学与科研冲突的可能性就愈低;当教学与科研联结得非常紧密,甚至合二为一、难以区分时,则教学与科研不存在冲突。

---

① 吴洪富.大学场域变迁中的教学与科研关系:一项关于教师行动的研究[M].北京:教育科学出版社,2014:2-3.

第二节　管理者视野中的教学与科研关系

本书中的管理者仅指院系层级的管理者,笔者共获得 6 位管理者的访谈资料,包含 3 位院领导和 3 位系主任。管理者是"冲 A"目标的主要规划者和执行者,也是部分制度政策的制定者。本书发现,管理者对教学与科研关系的观点和行动显示出明显的名义与实质的背离。

一、教学与科研平衡的意愿和政策安排

相比于教师,管理者往往持更宏观的视野看待教学与科研关系,他们肯定教学与科研相辅相成,认为"重科研"的最终目的是教学:一方面,大学需要教师不断通过科研更新和知识创造完善教学内容、提高教学质量;另一方面,不论是科研还是教师,都是教学和培养学生的"中介",通过"重科研"达到更新教师思维方式、提高教师思维水平的目的,再由具有较高思维水平的教师通过教学影响学生的思维方式。管理者以更宏观的视野看待教学与科研关系,认为从总体和长远的角度来看,对科研的重视最终将有利于教学。管理者为"重科研"制度"正名",陈言其为提高教学质量的"苦心",然而,从制度落实以及现实情况来看,管理者根据"冲 A"风向调整制度重点,向指标看齐,这使得教师感知到制度对科研的重视,被管理者称为"中介"的科研却实际成为管理者与教师的"目的",目的与方式混淆造成管理者处理教学与科研关系的名实分离。

（一）目的:"重科研是为了教学"

1. 创造知识:科研的必要性

大学作为一个人文机构,在人类的理性秩序下,从事学术知识的生产,大学同时也是人类自身精神制度化的产物。① 大学教师是"学术人",正如洛

---

① 王占军.规则体系到法治体系:中国特色大学治理体系演化的认识论进路[J].江汉大学学报(社会科学版),2020(2):106-114,128.

根·威尔逊所言,"学术人承担保持、传播、创新知识的基本职能"①。访谈发现,管理者非常重视教师创新知识的功能,认为大学及大学教师区别于中小学与中小学教师的特殊性在于教师不仅仅需要传授知识,更重要的是创造知识,大学除了是育人的场所更是知识生产的场所。创造知识对大学教师而言更加重要,难度更大,更有价值,教师如果没有创新知识的能力,教学也会受影响,因此,科研是大学教师必须承担的职责,是对大学教师的基本要求。

> 高校老师和中小学老师不一样。高校教师做科学研究目的是创造知识,创造新的知识,中小学是传授知识,哪一个价值更大? ……高校老师如果没有创新知识的能力,肯定是教不好的,搞不好教学的。(A20200928,教授,教学科研并重型)

> 大学老师跟中小学不一样,中小学一本教材可能用 5 年很正常,但是大学里面要经常更新知识。(A20200817,副教授,教学科研并重型)

2.思维方式:科研和教学的无形"桥梁"

尽管,管理者承认确实存在极少部分教师由于对科研的关注,而对教学"不怎么上心"的情况,但这仍在他们可接受的范围之内。他们的视野不拘泥于某位教师的个体行为,而是从学科及学院的整体情况与发展的层面看待这一问题。他们认为教学和科研必定是相辅相成的,并对制度重视科研背后的深层原因进行解释。管理者认为,表面上学院制度、环境等各方面重视科研,实质上这是为教学及人才培养服务的。

首先,科研训练和体现教师的思维方式、思维水平。管理者认为科研是促成教师走向优秀最高效的方式,做科研、写文章的过程是对教师思维方式和思维水平的训练。通过重视科研的评价、激励等制度引导教师进行科研,最终目的是提升教师的思维水平、训练教师的思维方式。当教师的思维水

---

① Wilson L. The Academic Man: A Study in the Sociology of A Profession[M]. New Bruns-Wick and London: Transaction Publishers, 1942:3.

平达到一定高度时,对教学会有明显的积极的影响,"科研好的教学肯定不会差"得到多位管理者的一致认可,教师的思维方式便是教学和科研得以相生的关键。

> 科研是提升、完善一个人最直接最高效的方式,一个人要在短的时间内发展,那就是通过科研……上一堂课和写一篇文章,哪个更难一点?肯定是写一篇文章更难,一篇好的文章改10次100次都有可能的,科研体现一个人的思维水平和思维方式,通过科研锻炼五六年就可以成为优秀教师,但教学要靠自己慢慢地领悟,可能要10年20年才行。所以从教师发展或者从整个教育发展来说,让老师做科研,是对整个教学质量的一个重要保证,最好的保证。(A20200928,教授,教学科研并重型)

> 科研可以筛选,做不出科研成果,那么就证明确实是在思维水平上他还需要好好训练……一个教师能够出高水平的成果,那说明他的思维已经达到一定的高度和水平。(A20201111,教授,教学科研并重型)

其次,思维方式是连接教师教学与科研的"桥梁",教师是培养学生的"载体"。教师在科研中训练的思维方式利于教学并能在教学中传递、影响学生,进而达到科研育人的目的。管理者认为,学生在教学中不仅仅需要学习知识和技能,思维方式的习得是更为重要、对学生影响更加深远的。

> 大学是培养人的地方,包括两部分:培养教师,使他能够成为一个创造知识的人,思维水平提上去;通过教师培养学生,把学生思维水平提上去。老师是最重要的载体,最终还是培养学生。(A20201111,教授,教学科研并重型)

> 学生不仅是学教材中的内容,他要领悟思维方式,教知识、技能只是最基础的。学知识、学技能的目的是培养学生的思维方式,老师通过对知识的理解、对技能的认知,在教学中促成学生的思维方式,提高学生的能力。(A20200928,教授,教学科研并重型)

(二)方式:指标结果导向的制度使科研成为目的

1. 根据"冲 A"风向调整制度重点

由访谈资料可知,管理者认为制度重点不是一成不变的,会根据学科建设的情况以及学科评估指标的要求有所改变和侧重。管理者对"冲 A"风向的判断一方面来自学科评估指标的变化,另一方面来自本学科和"竞争对手"数据情况的对比、比较,研判本学科在全国的竞争力和所处位置,判断本学科的竞争短板,并据此制定政策、制度,引导教师的工作。

学科评估指标是管理者开展工作、制定政策制度的指挥棒。多数管理者认为学科建设与"冲 A"这一过程中,对教学、科研以及社会服务三方面都要给予重视。教学与科研孰轻孰重并非一成不变的,而是根据时间段的不同而有所不同,制度重点随学科评估指标与学科发展现状而变化。相比于第四轮学科评估,第五轮学科评估的指标发生了变化,管理者在学科建设方面的重点也有调整,第五轮学科评估促使管理者比以往更加关注教学。

> 教学与科研关系其实没有一种僵化的表述,在不同时间段不一样,我觉得在第四轮学科评估结束的时候,咱们学院在落实的层面上更加重视科研。但是现在第五轮来了以后,我觉得不一定,教学可能也很重要。(A20200817,副教授,教学科研并重型)

> 从管理的角度来说,它其实是要解决问题的,我们做学科建设要把我们整体学校、学院、学科发展的数据收集起来,主要就是做研判用,我们学科在全国处于什么地位,然后我们再来制定我们的政策……至少我是这么认为,教学和科研没有说一定要偏谁,我们要把这个事情("冲A")做好,你偏谁都不行。(A20200817,副教授,教学科研并重型)

随着第四轮到第五轮学科评估指标发生变化,管理者注意到学科评估对教学愈加重视的倾向,为鼓励教师在教学中投入更多精力,管理者也开始重视教学评价制度的完善,在制度上给予教学更大的奖励以鼓励教师参与到一些教学项目、精品课程建设中。

　　现阶段制度上更重视教学了,因为原来教学这一块的制度没有科研那么完善,没那么量化,现在更加注重在教学这方面的制度建立……奖励制度这一块会加重,各测评可能会更加量化一点……像校级教改项目、省级教改项目都有奖励,提高了奖励标准,到 2016 年都提高了 5 倍 10 倍,奖励越来越大了。(A20200928,教授,教学科研并重型)

2.科研指标具有更强的引导性

　　然而,尽管学科评估相比以往更加重视教学,管理者也开始据此做出调整,加大了与教学相关的成果的奖励力度,但实际收效甚微。与科研相比,教学指标的引导性不强,教学地位仍然明显式微。大多数教师仍然关注科研论文发表、课题等,对教学相关的指标兴趣不大。

　　比如学校的教改项目、课程的申报、精品课程等,这些东西我都没有去做。为什么没有去做呢?(A20200726,副教授,教学科研并重型)

　　像申报精品课程,很多老师不愿意花时间做这个,那系里又有这个任务,最后只能我自己来做了。(A20200707,副教授,教学科研并重型)

　　这是由于指标结果导向的制度设计之下,向指标看齐的思维层层传递,并成为管理主义影响下教师的行动参照,只有产出和成果才能被计量,教改项目、精品课程等教学指标更难达成,产出具有不确定性。且从职称晋升角度而言,对教师个人发展具有影响的仍然是在指标上"有迹可循"的科研。不论是何种职称系列、处于哪一职业发展阶段的教师都认为管理者和制度偏重科研,在指标结果导向的制度之下,作为"方式"的科研成为"目的"。

二、教学质量与教学业绩的偏差

(一)教学质量:"科研好教学也能做好"

　　通过对访谈资料的对比分析发现,管理者们并不担心重科研的导向对教师教学的消极影响,他们认为科研好的教师教学也不会差,教师的科研与教学质量具有一致性,并不存在因为科研涉及更多直接个体利益而怠慢教学导致教学质量差的教师。他们的看法与支持教学与科研正向相关的通用能力模型(G 模型)类似,G 模型解释教学和科研正向相关是由于两者所需的包括高度责任感、创造力等在内的能力是相同的。管理者认为科研好的教师意味着其综合能力已达到一定高度,有能力将教学做好,且人的性格与做事风格不会轻易改变,教师对待科研认真,那么对待教学的态度也不会变,"科研好教学也能做好"。

> 科研如果全靠外在不可能长期坚持,所以能长期创造知识的老师对很多事情都是认真的,因为人的性格不会变,不会存在做一个事情特别敷衍,做另一个事情就特别认真,而且有这种能力他才能做得好科研,所以为什么高校或者说大家都会对科研看得这么重? 因为它是一个人综合能力的体现,科研好肯定能做好其他事情。(A20200928,教授,教学科研并重型)

反之,管理者还认为"教学好的教师,科研也不会差",他们坚定地肯定教学与科研的共生关系。

> 他如果能够把教学做好了,科研应该不会差。(A20200817,副教授,教学科研并重型)

> 教学好的老师,科研肯定不差,可能没有像教学那么突出。(A20200928,教授,教学科研并重型)

(二)教学业绩:"科研好教学业绩不一定好"

然而,作为评价教师教学的教学业绩却并不支持管理者的观点。笔者前期对教师科研成果和教学业绩的比对结果显示,近 5 年科研成果最多的10 位教师中,教学业绩达到 A 等级的教师人数比较少,大多处于 B 等级,甚至每年都有教师获得 C 等级,如表 3.1 所示。这一结果并不符合管理者的观点,因此笔者在访谈中进一步追问。

表 3.1　近 5 年论文发表前 10 名教师的教学业绩统计

年份	A 等级人数	B 等级人数	C 等级人数	D 等级人数
2015	1	6	3	0
2016	4	5	1	0
2017	6	3	1	0
2018	1	7	2	0
2019	2	7	1	0

笔者：老师，我想问一个大概的情况，科研做得好的老师，他的教学业绩一般是也比较好吗？

受访者：不会。这个跟评价体系有关系，教学评价是好几块的，有课时量，还有研究生量，还有上的本科生或者函授的课程。科研好的老师教学业绩不一定会好，但是我认为绝大多数科研做得好的教师教学质量都是有保证的。

笔者：您是如何知晓他们的教学质量的？

受访者：从平时的听课看得出来，高校的课是靠这些人在支撑的。（A20200928，教授，教学科研并重型）

"科研好教学也能做好"与"科研好教学业绩不一定会好"看似矛盾，但实则反映了在评价制度下教学质量与教学业绩的偏差。管理者所说的"科研好教学也能做好"中的教学并不代表教师的教学业绩，其认可的是教师的教学质量，这也正与数据所显示的一致，科研产出高的教师教学业绩未必可观。换言之，教学评价制度也许不能真实反映教师教学质量，而管理者也深谙此理。管理者认为的"教学好"并不能得到实质上的体现和证明。

三、主观鼓励与制度推动的"鸿沟"

由访谈可知，管理者一致认为教学与科研是可以联结的，并且鼓励教学研究，认同教学作为一种学术。

教学本身即研究，这是我自己一直倡导的。比如我们系×老师、我自己皆如此。×老师发表的很多论文就是他讲课的素材，我的专著也

是我课程的教材。(A20200821,教授,教学科研并重型)

我还是比较支持把教学作为一种学术,因为教学问题实际上是最复杂的科学问题。(A20200817,副教授,教学科研并重型)

管理者一直鼓励教学与科研的联结,这一点教师和管理者的访谈资料可以相互印证。但这种鼓励行为尚未诉诸制度,通常存在于一些会议、学术沙龙中。访谈中,有部分教师提到管理者在学院会议中经常鼓励教师将教学和科研联结起来,强调"教学有个'便宜'的地方",这与管理者所述不谋而合。

其实我们也一直是鼓励教师把教学和科研尽可能联系起来,我们××(另一位管理者)一直都在说教学有个"便宜"的地方,就是我们学科教学与科研的冲突是比较少的,不像其他学科那么明显。(A20200928,教授,教学科研并重型)

我觉得将教学与科研结合起来,像我们××学科(案例学科)还是有自己的优势,因为本身我们的研究都是教育教学的研究,所以说又是教学研究,又是教育的科学研究,我觉得都是可以结合起来的。(A20200817,副教授,教学科研并重型)

管理者尤其鼓励教师在社会服务中将教学与科研联系起来,从社会服务中发现问题进而解决问题,将其融于教师本人的教学与科研中。管理者提到学院通过设立教学研究项目引导支持教师在社会服务和教学中进行研究。

通过社会服务,让老师去一线,就是为了让他们从教学实践中提取教学经验,去研究一些教育问题,既能对中小学教学进行指导,也能获得科研的来源。(A20200826,副教授,教学科研并重型)

老师们去带实习,带实践教学,我们就希望教师来做这些方面的研

究……我们通过教学研究的项目来推动这个工作。（A20201111，教授，教学科研并重型）

然而，在实际中，管理者对教学与科研联结的主观鼓励和制度落实还有较远的距离。受限于多方面，管理者不认可通过制度推动教师教学与科研联结会有明显的效果，在鼓励与制度推动之间存在着"鸿沟"。一方面，管理者认为并不是所有教师都理解和认同教学也是一种学术。这一点在笔者收集到的教师访谈资料中也可得到验证，正如管理者所言，确实部分教师对教学研究不屑一顾，他们更加强调真理、知识的产出，认为教学学术仅是一种教学方式的改进，并不能让他们感受到知识创造的乐趣。

很多人有一点贬低教学的学术价值，认为教学研究不是学术研究，认为教学研究就是我们做完科研以后有兴趣去做一做的副产品。教学研究的学术价值并没有得到广泛的认同。（A20200826，副教授，教学科研并重型）

另一方面，即使有的教师认同教学研究，也不一定能付诸实践。管理者认为教学与科研的联结的关键主要在于教师个人，受限于教师本身的问题意识、科研敏锐度，由于大学教师自主性强，在制度上推动教学研究存在较大的难度。

制度推动可能会比较难。因为大学老师都比较自负，都觉得自己很行的，你要去跟他讲说你没研究思维、问题意识，他们不来理你的，这个就是要看个人的。（A20200817，副教授，教学科研并重型）

教学就是教师的实验室，只要有科研的意识、眼光，什么地方都可以做研究。但实际效果因人而异，我认为如果一个老师比较有问题意识，看到某种教育现象能提出一个可研究的问题，就自然地会去探究，但是大多数老师没有这种问题意识，那也就谈不上做教学研究。（A20200817，副教授，教学科研并重型）

如前文所述，教学研究的成果较难得到制度认可，在教师职称评审中大多由于期刊级别不够而不被计量和认可。虽然管理者理解有关的高级别刊物较少这一现实情况,但他们更加倾向教学研究的论文难发于高级别期刊的原因主要在于教师的科研能力仍有待提升。管理者们认为做教学研究的教师的研究方法、思考深度、学术规范等存在不足,导致高级别论文发表存在困难。

> 有关教学研究不好发高级别的问题,我认为关键在于思维思考的深度、研究方法的科学程度。(A20200817,副教授,教学科研并重型)

> 教学的研究应该是有规范的,应该是有方法论的支撑的。也就是说,我们现在教学研究的学术规范性是不够的。(A20200826,副教授,教学科研并重型)

管理者虽然鼓励教师将教学与科研联结起来,但并未对此有实际行动,认为是教师的自由和能力所决定的,制度上未予以重视。而已有的关于学科竞赛、"挑战杯"、教改项目、教学成果奖等激励制度都是学校层面制定的推动教学与科研联结的政策制度,尽管 A 学科管理者非常支持和鼓励教学与科研的联结,但在这方面的制度保障和平台支持尚不足。

在推动教学与科研联结方面,管理者的主观鼓励尚未落实到制度上,但在学生方面,管理者已经开始了有关行动。管理者向笔者提及一项针对学生的即将实施的制度,这项制度意在引导学生开展科学研究,通过科学研究的过程训练学生的思维方式,以达到科研育人的目的。

> 我们打算实行一个新的制度,计划拿出 100 万元资助本科生申报院级课题,我们要每一个本科生在大学 4 年内都要受到一次严格的科研训练,要求他们必须去做,就是为了所有学生能够有机会接触科研,如果他们能受到科研训练,那么走上教师岗位后,他能够去思考,去反思自己的教学和工作,他们的思维方式能够得到一定程度的训练,这对整个教育事业都是有长足的好处的。(A20200928,教授,教学科研并重型)

综上,尽管学科评估、"冲 A"任务对管理者进行有关决策、制定制度有较大的影响,但是高校的管理者并不是职业管理者,他们既是管理者又是教师,教育情怀也在影响着他们的决策。管理者认为教学与科研是相辅相成的,并以非正式的倡议方式鼓励教师的教学与科研联结,尽管如此,A 学科所在学院和学校对教师的制度仍然是将教学与科研分离的,表现为分离的教学、科研评价制度,量化的教学评价方式,不受制度重视的教学研究成果等。这与教师的访谈资料相互印证,教师现有的教学与科研的联结几乎都是自主自发的行动和喜好,与制度要求无关。在学生层面,案例学科管理者准备推行有关制度促进教学与科研的联结,将科研作为一种人才培养方式,实现科研育人。

第三节　本章小结

通过与管理者的访谈,笔者认为尽管管理者在访谈中表达了对教学的重视"更加重视教学""教学是最终目标",但不论从"冲 A"与组织发展的角度,还是管理者所言的教学与人才培养的角度,落实于现实层面,都是名义与实质背离,管理者仍然更加重视科研,这与教师们的感知一致。从组织发展的角度,"冲 A"需要学科有更多的教学成果、奖项以及科研成果,需要教师对教学进行深入的研究;从人才培养的角度,管理者希望教师能够提高科研意识和科研能力,达到科研育人的目的。管理者坚信科研和教学是相互促进的,科研是对大学教师知识更新的要求,科研训练的思维方式和思维水平是教师人才培养的精髓,"科研好教学也能做好":有自己的研究能力和研究意识非常非常关键。如果没有研究意识去引导科研和教学,他任何事情都做不好。"(A20201111,教授,教学科研并重型)管理者在访谈中极力为"重科研"的制度"正名"。

此外,笔者还发现,一方面,管理者在"冲 A"目标与学院的教学传统之间表现出矛盾和纠结,在组织发展与学院制度"沉疴"中为难,管理者希望教师在科研中投入,这符合组织发展要求以及高校所处的环境要求,也符合科研育人的趋势,但 A 学科所在学院以教学为重的传统成为管理者推动科研的阻碍,管理者认为学院延续下来的绩效分配制度对在科研中投入多、产出多的教师不利:"现在是贡献越多的人越吃亏,我已经尽可能地在制度范围内给更多的奖励了,但还是不够的,现在这个绩效制度对'冲 A'是不利的。"(A20201111,教授,教学科研并重型)管理者认为学院教师对科研的投入仍然不足,希望教师增加科研投入,产出更多科研成果,然而管理制度对已早早完成职称晋升的教师难有较强的引导作用,学院大部分教师并没有"重科研":"如果老师们真重科研我反倒开心了。"(A20201111,教授,教学科研并重型)认为重科研导致轻教学的逻辑并不适合本学院教师:"重科研只是部分人,但是轻教学倒是大部分,我的意思就是说轻教学的原因不是重科研,两件事没有因果关系。如果要重教学的话,你必须对教学进行深入的研究,我们教学成果就应该更多一些。但现在我们看到的教学成果并不多。"(A20201111,教授,教学科研并重型)所以在管理者看来,制度对部分既不重科研也不重教学的教师而言,其规约是有限的。与此同时,受到学院"重科研"变化影响的教师由于职称晋升的需求,处在科研成果发表与课题申报的高压之下,大部分教师没有意识到管理者"重科研"背后提升教学质量的目的,反而认为重视科研导致对教学的忽视和不利影响,偏离学院师范教育的传统:"在大学立足的话教学可以不好,科研不能不好。"(A20200618,讲师,教学科研并重型)可见,教师和管理者都对现有制度存在不满,且两者对制度的理解存在矛盾和分歧。

第四章　教学与科研关系的影响因素分析

第一节　"重科研"场域形成及其对教学与科研关系的影响

教师处于同样的新管理主义影响下的"重科研"场域中,但他们处理教学与科研关系的行动却出现明显差异,制度同一与行动分化表明影响教师处理教学与科研关系的因素是多方面的。

一、教学与科研关系影响因素编码

笔者运用 Nvivo 11 软件对转录后的访谈资料进行三级编码分析,得出了影响教师教学与科研关系的因素(见表 4.1)。本书收集到了教学与科研关系影响因素的资料,并通过"贴标签"的方式挖掘初始概念,得到 526 个初始概念,抽取得到 116 个开放编码,进一步主轴编码得到 17 个副范畴和 6 个主范畴。本书选择编码为"教学与科研关系影响因素"。

表 4.1 "教学与科研关系影响因素"主轴编码结果

主范畴	副范畴	开放编码
"重科研" 场域形成	制度重点	层层传递的组织发展压力
		首聘期仅科研要求
		"冲 A""重科研"
		职称晋升"重科研"

续表

主范畴	副范畴	开放编码
"重科研"场域形成	制度重点	科研成果奖励制度
		硬性规定申报项目
		硬件设施重科研
		评价制度同等条件看科研
		科研要求向研究型大学看齐
		高职低聘的岗位考核
		管理者的态度
	结果导向与计量化的评价制度	教学"不出事"就行
		教学质量难以评价
		教学业绩不能代表教学质量
		教学成果的投入产出具有不确定性
		科研成果具有外显性
		教学研究难被制度认可
		教学过程难以监督
		科研易测量评价
		产出成果才"有用"
		科研成果与排名、评估有关
		科研为学科评估指标
	科研成果是"硬通货"	科研成果具有归属性
		考核"工分"计量
		科研成果是教师安身立命的根本
		科研成果具有符号价值
		科研是教师长期持有的"筹码"
		教学对教师不具有长期的影响
		科研对教师具有持续性价值
		科研是评价大学教师的唯一尺度

续表

主范畴	副范畴	开放编码
感知到的"制度驱使"	职业安全感	"非升即走"的危机意识
		首聘期的科研考核压力
		科研成果与住房、安家费息息相关
		青年教师压力大
		科研是稳定教职的保障
		社会服务获得经济收入
		社会服务缓解科研压力
		岗位聘任基本要求低
	职称的"魅力"和"压力"	副教授是尊严
		副教授是不得不跨的"坎"
		评副教授具有紧迫性
		副教授意味着稳定
		评职称避免"边缘化"
		副教授获得多渠道收入
		教授职称可有可无
		职称晋升的难度增大
		职称代表话语权和地位
		高级别科研发表的压力
		高级别项目申报的压力
	同侪压力	职称竞争的压力
		学院营造竞争氛围
		年度考核结果的压力
		同侪产出科研成果带来压力
		课题申报名额竞争的压力
		绩效分配的资源争夺压力
		学术圈内他人论文发表的压力
		被边缘化的压力
		逃避圈子以避免焦虑信号

续表

主范畴	副范畴	开放编码
惯习差异	学科文化	重视知识生产的学科文化
		重视学科教学的学科文化
		重视教师教育的学科文化
		不同系学科文化具有不同特征
		知识生产的学科文化更偏向科研
		重视学科教学的学科文化偏向教学
		重视教师教育的学科文化倾向解决现实问题的科研
	教育经历	求学阶段老师对教学的态度
		求学阶段老师对学生的关心
		求学阶段老师的教学方式
		求学阶段老师的教学观念
		海外受教育经历的思维影响
		国外访学的经历见闻
		国外求学经历不重发表等级
	职业生涯轨迹	具有海外留学经历的更以学生为中心
		中小学优秀教师—高校教师
		本科生—高校教师—读硕博士
		博士毕业—高校教师
		年轻博士更具学术追求和科研能力
		中小学教师更加重视教学
		工作后再攻读学位的教师教学与科研联结紧密
	满足感倾向:学术发展与学生发展	成全学生
		学生有所收获而获得满足感
		从与学生的互动中获得快乐
		希望对学生的人生有所启发
		在意学生评价
		渴望学生认可

续表

主范畴	副范畴	开放编码
惯习差异	满足感倾向:学术发展与学生发展	学术追求
		追求真理感到快乐
		获取新知感到满足
资本差异	教学学术资本	入职年限增加,教学学术资本在积累
		来自中小学教师教学学术资本占优势地位
		教师教学训练不足
		教学学术资本占优势更重教学
	科研学术资本	长期而系统的科研训练
		科研学术资本占优势更重视科研
		青年教师科研学术资本占优势
研究文化	教师之间的研究文化	单兵作战
		署名问题阻碍合作
		学科团队是松散的团队
		追逐热点
		做"短平快"的研究
		科研目的功利化
	师生之间的研究文化	本科生师生间缺乏科研合作
		对本科生的科研期望不高
		师生之间的研究文化与研究型大学有差距
		本科生与研究生存在明显差距
		研究生师生之间具有浓厚的研究文化
		科研育人在教学研究型大学的认知与实践不足
课程因素	原理理论类课程	基础知识的系统学习
		教学具有博而不专的特点
		教学进度安排死板
		教学和科研联结程度不高
	学科教学类课程	教学是教师的研究领域
		教学与科研相互促进

续表

主范畴	副范畴	开放编码
课程因素	研究方法类课程	教学的过程就是研究的过程
		教学与科研具有同一性
		做中学

二、"重科研"场域形成

新管理主义从企业管理迁移至高等教育领域,成为政府评估监管高校、资源分配等的理念。黄亚婷和彭新强认为高等教育领域的新管理主义既包含宏观层面的意识形态和文化,也涵盖微观的管理技术手段和方式。[①] 笔者认为新管理主义在宏观层面体现为政府惯常于结果导向、指标问责和评价的思维方式,并以此作为资源分配的重要依据。尽管我国高校经费来源已呈多元化的趋势,但政府拨款仍是高校经费最主要的来源[②],政府是高校获取发展资源最基本、最重要的渠道。院校管理者为争夺各类资源,实现组织发展的目标,致使新管理主义"笼罩"着高校,他们通过微观层面的制度机制和管理手段将组织发展目标层层传递到教师个体,如计件化的绩效考核、聘任制改革、"非升即走"等,教师在制度框架下成为"学术工人"。

A 学科及 A 学科所在高校由于"冲 A"、学科建设等组织发展的目标,也受到新管理主义的影响,在发展过程中形成了"重科研"的场域倾向。

(一)制度所确定的重点方向

案例学科的制度重点在科研主要体现在两方面:一方面是相较于教学而言,制度偏向科研,主要表现在职称制度、招聘制度、考核制度、管理者态度以及硬件设施等方面;另一方面是与同类、同级高校的比较,A 学科对教师的科研要求更高。

首先,聘任、职称、考核等制度对科研的重视程度明显高于教学。A 学

---

① 黄亚婷,彭新强.新管理主义改革进程中西方学术职业的变革与坚守[J].比较教育研究,2015(2):45-52.

② 陈国良.中国高等教育财政体制改革研究[J].上海高教研究,1996(4):29-32.

科所在的大学原先是一所以教学为主的师范院校，在高等院校合并、改建等大背景下，其发展开始倾向于综合性大学、研究型大学，发展进程中越来越重视科研，学校于 2013 年获批包括 A 学科在内的 3 个一级学科博士点，至今已有 8 个一级学科博士点，逐步在科研方面取得了不错的成绩。这一点，在学校入职多年的教师感触颇深，他们强烈地感受到制度环境对科研的重视，学科、学校的发展要求使学校"加大科研在职称评审中的比重"。部分教师对偏向科研的制度表现出无奈和不满。

> （无奈地笑）从职称评定的角度，可以看出它的导向……学校近些年的发展可以说科研开始为主（叩击桌子）……这几年加大科研在职称评定中的比重，科研和教学相比，科研好的在职称评定中就更有优势。（A20200707，副教授，教学科研并重型）

> 教学的奖励和科研相比还是远远不够的……科研很高，教学很低，现在是教学提高了一些，但还是矮科研一大截，什么时候教学经济利益上去了，那大家都来拼命做教学了。（A20200630，讲师，教学科研并重型）

另一部分教师一定程度上认同制度重点，且积极地向制度靠拢，认为学科评估的指挥棒使得重视科研成为"必须"，教师做科研、发论文、申课题可以为学科评估"挣分数"。

> 这是很现实的一个话题，因为学校科研是需要跟别人竞争的，发文章、拿课题都是为学科评估来挣分数的，教学说实话是挣不了几个分数的。我们是受指挥棒的影响的，我们上一轮学科评估是 B$^+$，如果今后科研项目越来越少，发的文章越来越少，我相信可能连 B$^+$ 都保不住。所以你必须发更多的文章，去拿更多的奖项，拿更多的课题，这样才能为分数来做贡献，否则受别人的排挤，这是很麻烦的一个事情。（A20200811，副教授，研究为主型）

其次，制度重点还体现在管理者态度和硬件设施建设投入方面。几乎所有受访教师都强烈感知到管理者对科研的重视和偏向,多位受访教师通过具体事例阐明领导对科研的重视。

> 学院里很强调做科研,因为我们学院要"冲A",所以从我们刚进学院到现在院长开会,每次都强调要"冲A""冲A",让大家抓紧报课题……(A20200705,讲师,教学科研并重型)

> 领导讲话十句话里面有七八句话强调科研的,关注的重点仍然是科研,比如说老师要拿什么样的项目,老师要写什么样的论文,老师要怎么报项目、报论文……领导要求老师们假期写写论文啊,报报课题啊,但是从来没有领导说老师们备备课。(A20200726,副教授,教学科研并重型)

学院在硬件设施投入方面也明显偏向科研,且在管理者自述科研的重要性以及建设实验室的方式引导教师科研的举措中得到印证。

> 现在我们一楼安装了很多的实验室,有多少硬件设施、场馆设施是服务于科研的,又有多少硬件设施是服务于教学的,自然而然就可以看出对科研的重视……(A20200719,副教授,教学科研并重型)

> 我们通过建立研究团队来提高教师的科研意识,改变过去单打独斗的局面,建立实验室来支持教师做科研,甚至推动教师科研范式的改变,鼓励交叉学科的研究。(A20201111,教授,教学科研并重型/管理者)

最后,制度重点还体现于A学科所在院、校对教师的科研要求高于同类、同级高校,这也与A学科所在大学"冲A"、建设省一流大学等组织发展目标密切相关。如一位教师提及A学科所在大学对教师的科研要求要高于兄弟院校,在较大的科研压力之下教师的科研水平排名也较高。笔者查询该名访谈对象提到的武书连教师学术水平排行榜进行求证,2020年A学科所在大学教师学术水平排名确如其所言,排名超过同类型、同级的大学,甚至超过一些"双一流"大学。①

> 我们学校科研要求是很高的,我们学校不是以我们同类型师范大学为范本,是向那些名校看齐的,所以我们学校老师总体水平很高,我们学校有一个教师的科研绩效在全国排五十几。(A20200609,副教授,研究为主型)

为达到"冲 A"的目标,A 学科所在学院要求所有教师必须在规定年限内申报一次课题,否则将会对教师的岗位考核有一定影响。因此,哪怕是无意于职称评审的教师也无法逃避在科研上投入相比以往更多的时间和精力。从管理者的访谈中得知,对比 A 学科现状与学科评估体系的指标,A 学科在课题数量和级别方面还存在不足,因此,出于"冲 A"需求,重大课题和高层次期刊论文成为 A 学科在科研方面的主要发力点。

组织发展需要驱使管理者将评估的指标细化到教师身上,通过考核、职称晋升、奖励等各种制度引导、激励教师为组织发展做贡献,制度要求是教师在科研中投入时间和精力最主要、最直接的原因。

> 学校的重点肯定是科研,绝不是教学,有这个考核压力在,我的工作重点不得不与它一致。(A20200705,讲师,教学科研并重型)

> 我虽然副高上了,但我要考虑到几年之后评正高,评正高还要看我科研,评职称不是评劳模,还是要看成果的……所以制度是一个非常重要的导向,它是个指挥棒。(A20200719,副教授,教学科研并重型)

尽管在一些制度文件规定以及管理者官方话语表述中教学和科研同等重要,教学也有相关的奖励机制,但是于教师感受而言,制度重点在科研是毫无疑问的。

(二)结果导向和计量化的评价制度

新管理主义追求效率与产出,不论是学科评估还是各类排行榜都看重

---

① 武书连.2020 年 762 所中国大学教师水平排行榜　北大第一[EB/OL]. (2020-05-13)[2020-09-20]. http://blog. sina. com. cn/s/blog_4b2cb00e0102ynvt. html.

指标和结果,而计量是结果导向的产物。新管理主义影响下,教师复杂的教学和科研工作被转化为简单的量化指标,教师的工作只有得到与指标相对应的成果才会被计量,被评价制度认可而获得相应的"积分"、奖励或是职称晋升的"筹码"。这样一种结果导向的评价制度也使处于制度规约下的教师在能够获得确定性成果的工作中投入更多的时间和精力。

　　综合分析 A 学科所在学院和学校的评价制度以及访谈资料发现,从功利的角度而言,A 学科教师在教学中投入的回报具有较强的不确定性。

　　首先,在教师的聘期考核制度中,教师论文发表的等级、课题的级别、自然课时量、省级及以上的教学成果奖、课程、指导学生获省级及以上奖项、硕博士论文等对应相应的分值,计入聘期考核的业绩"积分",表 4.2 呈现了 A 学科所在大学教师聘期考核中与教学和人才培养相关的模块的计分规则,可以看出只有国家级和省级的教学成果奖项才会被纳入"积分"。对比表 4.3 中的学术论文发表以及表 4.4 中的课题项目的计分规则,教师的学术论文只需公开发表便能在绩效分配和聘期考核的分值中得到体现,课题项目中仅市级的项目便能获得分值,这意味着在课时量之外,教师在教学方面投入获得"积分"的要求要高于通过科研成果获得"积分"。尽管教师可以依靠课时量获得业绩积分,但由于职称晋升中课时量只需达到基本要求即可,大多数教师更愿意少上些课而将更多的时间投入科研。

表 4.2　A 学科所在大学教师聘期考核计分规则

模块	成果	分值
教学奖项	国家教育教学成果奖一等奖	800
	国家教育教学成果奖二等奖	600
	省级教学成果奖一等奖	300
	省级教学成果奖二等奖	200
教改项目	省级教改项目	150
	省级课堂教改项目	100

模块	成果	分值
人才培养	国家级重点教材（图书）	200
	省级重点和优秀教材（图书）	100
	指导的学生论文获评省优秀博士学位论文	100
	指导的学生论文获评省优秀硕士学位论文、教学指导委员会优秀硕士学位论文	50
	在纳入省教育厅分类考核的学科竞赛、大学生艺术展演，以及大学生创新创业大赛（含"互联网＋"大学生创新创业大赛、"挑战杯"大学生课外学术科技作品竞赛和"创青春"大学生创业大赛）中取得全国最高奖	100
	在纳入省教育厅分类考核的学科竞赛、大学生艺术展演，以及大学生创新创业大赛（含"互联网＋"大学生创新创业大赛、"挑战杯"大学生课外学术科技作品竞赛和"创青春"大学生创业大赛）中取得全国次高奖，国家级创新创业训练项目	80
	在纳入省教育厅分类考核的学科竞赛、大学生艺术展演，以及大学生创新创业大赛中取得省级最高奖	70
	在纳入省教育厅分类考核的学科竞赛、大学生艺术展演，以及大学生创新创业大赛中取得省级次高奖；省青苗计划项目	50

表 4.3　A 学科所在大学教师学术论文发表的科研业绩计分规则

期刊类别	分值
顶级	300
权威	200
一级	100
二级	50
三级	20
四级	5

表 4.4　A 学科所在大学教师课题项目的科研业绩计分规则(部分)

项目类别	分值
哲学社会科学研究重大课题攻关项目(校外)子项目(5 万元以下)；省高校重大人文社科项目攻关计划规划重点项目；省社科联重大课题；国务院其他各部委项目(盖部委公章)(实际到账总经费 10 万元以下)；国务院其他部委各司局项目实际到账[总经费 10 万(含)—30 万元]；国家自然科学基金专项(国际交流与合作)；市科技计划重大项目、重点项目	100
国务院其他部委各司局项目(实际到账总经费 10 万元以下)；省高校重大人文社科项目攻关计划青年重点项目；高校管委会间接资助项目；省社科联重点项目、年度课题；省教育厅一般科研项目；其他厅局级(含省教科规划)重点项目、一般项目；省自然科学基金项目(国际交流与合作)；市科技计划一般项目	50
市级社科联重点课题	20
市级社科联一般课题	10

其次，在教师职称晋升制度中，学术论文、课题或教学有关的成果与获奖等达到一定数量或级别要求才能达到职称评审的门槛，只有高级别的教学和科研成果才能成为职称晋升的"筹码"。获得高级别的教学成果和获奖的不确定性要远远大于科研，受多方因素的影响，并不仅凭教师的努力和能力就能实现。在同等级的教学和科研成果中，获得教学成果的难度也更大，因此教师更愿意将时间花在能够获得明确产出与回报的学术论文和课题申报上，对课堂教学以外的教学工作兴趣不大，这一点也在管理者和教师的访谈资料中相互印证。

从我的角度来说，干了几年发现系里一个个科研都很厉害了，可是教学方面退步了，以前每年还能搞一两门省级精品课程，可是现在没人报，大家都不来理会……我个人认为教学的评价和激励，虽然从制度设计上好像也有，但其实不太对等。科研大家都知道对自己的职称是有好处的，发一篇二级也许还会有几千块钱的奖励，老师们努力也能达到。但我刚才说的省级精品课程、省级教改项目，每年全校可能就只有三四项，校级的基本上没什么用，精品课程也是一样的。像今年批复下来的省级精品课程总共可能就十来门。可是每年全校发一级以上论文的，或者说拿到省级科研项目的,是很多的,这两者完全是不成比例的。教学的(成果)更难获得,你拿一个省级科研项目(扣桌子),跟拿一个省级精品课程相比,难度相差很大,但是最后评价的时候都是省级,那搞教学的那个人,就吃亏了呀。(管理者,A20200707,副教授,教学科研并重型)

> 教学包括很多,比如教改项目、精品课程,这种东西我都没有去做。为什么没有去做呢?因为很浪费时间和精力,如果想拿个省级教改项目的话,一般情况下可能不仅仅靠自身的学术能力,还有其他方面因素去左右,可能投入了很多的时间和精力,所得产出是不多的。(A20200726,副教授,教学科研并重型)

除了导致教师倾向于能够获得业绩"积分"和职称晋升"筹码"的科研外,结果导向和计量化的评价制度还割裂了教学与科研的联结。教学改革项目、精品课程的开发等也属于教学学术,教师对这些的忽视,一定程度上扼制了 A 学科教学与科研的联结。此外,由于学科特点,部分 A 学科教师的研究方向为教学研究,但教学研究的论文难以刊发于高级别期刊,不会在职称晋升中被计量,在业绩考核中的分值也很低,因此,出于个人学术发展的需要,教师花费更多时间在与教学关系不大的领域进行研究,使教学与科研联结的机会减少。

> 教学研究的论文很难发到高级别的期刊上,这方面的刊物很少,对职称是不利的,所以有时候还是不得不放弃点这些研究,发了四级也没有用。(A20200719,副教授,教学科研并重型)

概言之,结果导向和计量化的评价制度要求教师的工作能够成果化、可显化,否则教师的投入就不被评价制度认可和计量,造成教师对更能得到确定性回报的科研的重视。这也解释了为何在制度文件以及管理者的叙述中,对教学和科研给予同等重视,而在教师却认为制度与管理者的重点在科研。

(三)科研成果是"硬通货"

尽管,理念层面上,教学和人才培养是大学安身立命的根本,受访者也都认为教书育人是教师的天职,但在实际中科研才是大学教师安身立命的依靠。新管理主义背景下教师科研成果的数量和等级代表教师的学术水平,是教师在高校和学术圈立足最重要的依托。科研成果已成为高校场域内的"硬通货",被赋予符号价值,是归属于教师个人的"私有财产",对教师的长远发展甚至学术生涯都具有持续的影响。而教学却恰恰相反,教学的持续性价值体现于学生,并不体现于教师个人,即使教师获得优秀的教学业绩和学生评价,从功利的角度而言,至多只会对教师的某个考核期的绩效有积极影响,对于教师长久的个人发展而言并不具备明显而持续的益处,相比较而言,科研的优势是不言而喻的。

> 科研是为自己的,写出来就是自己的东西;教学是为学生的,对学生的影响当下也看不出来,而且你也不能说这个学生培养得好或不好是跟你有关系,这个说不清的,没法去计算的。(A20200629,讲师,教学科研并重型)

> 科研为什么那么看重呢? 这个是攥在手里的资本啊,就打个比方,哪怕你要换单位去应聘,也都是看你的论文,发表过什么级别的论文,拿过多少课题,不会来问你教学业绩怎么样。(A20200630,讲师,教学科研并重型)

尽管教师的教学和科研都需要接受制度评价,但是真正对教师的发展有影响的仍是科研,在现实中,科研才是衡量高校教师的唯一尺度。

> 一个老师在教学方面可能付出了很多,教学年度考评也得了优秀,但真正对他有影响的还是科研。教学优秀在评职称这一方面是不占优势的,相对科研来说。因为我们评职称规定要有什么样的课题、什么样的论文,对照这个指标,谁能上谁不能上,一看就出来了,因为指标在这放着,指标就是科研导向。(A20200719,副教授,教学科研并重型)

> 一个大学老师如果科研不行的话,难以在大学立足。(A20200726,副教授,教学科研并重型)

"冲 A"是 A 学科谋求组织发展的阶段性目标,学科建设是组织发展较为长期的目标,新管理主义为实现组织发展目标提供管理的思维方式和手段。近 10 年来,在新管理主义和组织发展的"共谋"中,A 学科所在学院和学校的制度重点偏向科研,结果导向与计量化的评价制度使科研成果具有"硬通货"特征,这些共同形成了 A 学科教师所处的"重科研"的场域,"重科研"已从制度层面内化为场域内教师的默契共识,科研成果是教师在场域内获得的自尊与尊重的来源,优秀的教学往往被忽视:"别人能看到的不是你这个老师学生评教挺好的,大部分看到的是谁今年在哪里哪里发了篇文章。"(A20200719,副教授,教学科研并重型)"学院在一个系里面,你的科研不好的话,你就觉得抬不起头来,感觉低人一等,但是不会说你的教学不好,如果说一个老师科研特别好,那大家觉得他非常非常厉害啊。"(A20200706,副教授,教学科研并重型)"科研搞不好的人才去搞教学""教学谁都会,科研不是谁都能做""教学更简单,只要不出错就可以""科研是个'无底洞'"等观念存在多数教师的认知中。

第二节　教师感知到的制度驱使

本书发现,尽管 A 学科教师处于同一制度环境,但制度对他们的驱动力显然是不一样的,即教师个体感知到的"制度驱使"是不一样的,这主要受教师的职业安全感、职称晋升需求、同侪压力的影响。

一、职业安全感

职业安全感是教师对拥有稳定教职、较好薪酬待遇的确定感和可控感。新管理主义背景之下工作量的计量、评价问责机制以及聘任方式变革等使得高校教师处于高压之下,职业安全感减弱。尤其是,A 学科所在高校的青年博士首聘期制度导致青年教师的职业安全感偏弱,青年教师感知到的"制度驱使"最强。A 学科所在高校对教师首聘期有 A、B、C 三个等级的科研要求,每个等级对应不同的学校赠送住房面积和安家费,科研成果越多则赠送住房面积越大。如果青年博士达不到最低等级的科研要求,则会被要求退回住房或按市场价购买住房,甚至有可能会被解聘。

> 按我们之前签的协议,完不成的话是要走人的,连工作都要丢。而且之前拿的引进费都要还回去,所以说青年教师都是压力很大了……不是我想偏向科研,是考核要求不得不与制度的重点保持一致。(A20200705,讲师,教学科研并重型)

> 我们毕竟是刚进来的老师,有学校考核的压力,你不申请课题不行啊。(无奈地笑)你不申请你完不成任务也就意味着,重一点可能就是学校把你撵走,轻一点说就是学校不撵走你,但是你要自己掏钱把房子买了。(A20200618,讲师,教学科研并重型)

此外,尽管"风靡"高校的"非升即走"制度在 A 大学并没有明确、严格的规定,但"非升即走"这一危机意识却默契地存在于新进青年教师的认知中,对他们而言,至少评上副高职称,才可以"松一口气",意味着"站稳了脚跟"。因此,对本就迫切需要成家立业、具有较大生活压力的青年教师而言,重视科研的制度对他们的驱动力极强。

> 还有就是一种危机感嘛,因为现在很多学校已经推出了这种制度,评不上职称就要走人,我们学校虽然还没有啊,但是也不能保证几年之后不会这样。(A20200705,讲师,教学科研并重型)

首聘期制度是 A 大学近几年才开始实行的,因此,再早几年入职的教师不存在首聘期科研要求的高压,拥有稳定的教职和较为满意的收入,是无须担忧的,他们的职业安全感较高,感知到的"制度驱使"较弱,对于教学和科研的自由度较大。

> 其实我们入职时学校并没有这样的要求,说实话,等于我们就像拿了一个"铁饭碗"一样,所以压力没有新教师那么大。(A20200726,副教授,教学科研并重型)

A 学科的职业安全感还受教师是否参与社会服务的影响。A 学科部分教师不仅仅可以从职称和科研发表中获得职业安全感,还可在社会服务领域中"大展拳脚",获得物质和精神的满足感,如与中小学合作开展一些项目、利用知识技术开办公司等,即便是青年教师也可通过社会服务获得经济报酬,他们的职业安全感较强。

> 我会去接一些项目做,赚点钱来平衡生活,所以这导致我科研的时间比较少……比如说人家中小学给 10 万块钱,要求我写一个报告,也可能是它想要一个什么成果,像这种实际上也属于社会服务的一部分……社会服务有直接的经济利益,教学虽然有经济利益,但是没有社会服务大,科研又有很大的难度,出成果有很大的不确定性,所以社会服务实际上是老师们精力支出比较多的地方。(A20200901,副教授,教学科研并重型)

但是,由于 A 学科中不同细分专业具有较大差异,尽管同属一个一级学科,但教师的专业领域也具有较大差异,并不是所有教师都能通过社会服务来增强自己的职业安全感,因此,对于部分只能依靠科研成果"谋生"的教师而言,他们感知到的"制度驱使"更强。

二、职称晋升需求

受访者们对于职称的复杂情感令笔者印象深刻,职称是对大学教师的身份认可,既能给予教师地位与尊严,又使教师处于晋升与发表的高压之下,受到强烈的"制度驱使","魅力"与"压力"是职称的一体两面。职称的"魅力"包含物质和精神两方面。在物质方面,高级职称意味着更丰厚的薪酬与更多的收入来源,如 A 学科所在学院只有副高级及以上的教师才具有参与研究生学位论文开题、中检、答辩等活动的资格,这些工作都会被量化为教师具体的课时量,参与绩效分配。一些项目、工作只能副教授、教授参与成为教师心中不成文的规定。

> 讲师和副教授真正账面上的收入差别不是很大,但是它可能会有很多关联性的东西,比如我最近在做的工作,别人来找你的时候,他不一定会明确地说我这个活一定要副教授才能干。但是你很清楚,如果

你是一个副教授，那么这个机会可能就会给你，如果你只是一个讲师的话，也许这些东西都不会来找你。（A20200730，副教授，教学科研并重型）

然而，经济方面的差距不是最重要的，职称的"魅力"更多在于精神层面。通过资料分析，笔者认为副教授对于大学教师来说具有特殊意义，可抽离为本土概念，副教授是教师不得不跨过的一个"坎"，"肯定要把这一关过掉"（A20200705，讲师，教学科研并重型）。副教授对教师而言，最重要的不是讲师与副高职称的经济待遇差距，而是职称背后的尊严与羞耻机制。

如一位教师感慨讲师在场域中的处境，讲师在学科团队中没有话语权和地位，副教授往往会更受尊重。

> 我是个讲师，我加入任何团队，安排我干的活基本上全都是跑腿的体力活，不会让我去做一些实质性的研究，我就是个后勤部长，所以加入一个团队，一般什么人比较自由？比如这个团队是个教授领导的，你是副教授，你是教授，你加进去，他给你个子课题，他尊重你，让你发言，你如果是个讲师啊，光让你干跑腿的事。（A20200628，讲师，教学科研并重型）

一位刚刚评上副教授的教师论及副教授对教师的意义，提及自己与一位同事对职称晋升的感受，认为副教授意味着尊严，"总觉得必须完成"。

> 在高校生存，副教授就是……用另外一个老师的话来说，他说他之前想错了，之前觉得很佛系就无所谓，后来说还是要评啊，不评就没有尊严，大概就是这种感觉。很多所谓的佛系……我觉得在这种环境下很难，大部分人不管你自己急不急，是不是非常功利，但是你都觉得这是必须完成的，越早越好。所以副高对我个人来说，我相信对很多老师来说也是，它是一种尊严的问题，大家不会明说，但是其实心里大概都有这样一个想法：如果你是一个年轻人，你是讲师没问题，但如果你干了八九年，你都已经40岁以上或者是到了一个看上去像是副高的年龄，你还是一个讲师的话，自己或者是别人可能都会感觉有哪里不对

劲,会有这种感觉。(A20200730,副教授,教学科研并重型)

笔者对该教师所述的处于难以"佛系"的环境,在环境中副教授成为必须攻克的一关中的"环境"意指进行追问,发现赵锋构建的羞耻机制可解释副教授与尊严的联系。赵锋认为,羞耻是同他人的日常交往中因社会期许与自我表现的不一致而产生的紧张或焦虑,即羞耻感,人们越是认识到自己无法满足社会预期和自我愿望,羞耻感就越是强烈。为避免羞耻感,人们会努力满足社会期许和自我期许。[1] 教师参与活动被期望有副教授的头衔,而教师实际上并没有达到这一要求,在课表上被刻意加上虚假的"副教授"并没有使教师感到高兴,反而使教师感到了社会期许与自我表现的不一致,遂产生羞耻感,感到尊严受损。因此,为避免羞耻感和获得尊严,羞耻机制发挥作用,教师们努力获得副教授头衔以满足社会和自我期望。

笔者:这种环境它是一个什么样的环境?为什么会跟尊严有关系呢?

受访者:比如跟学术相关的一些活动,讲师就不好参加,甚至有一些情况很尴尬,我之前给××基地讲课,他们是比较在意这个的。其实我自己是觉得如果我还不是副教授,还是讲师的时候,当然不希望别人把我故意写成一个副教授,可能每个人都有这种自尊心吧。但是他们排课的人是知道我的身份的,但是最后发现课表上会因为其他讲课的人都是教授、副教授,刻意给我加上一个不真实的副教授头衔……

因为我们年轻人英语比较好,所以就会找我们去讲,也就是说他是觉得你讲的内容和你讲的能力是可以匹配他要做的这个事情的,但是好像就一定要副教授这个称谓在上面加持一下,不然不知道是看起来不好看还是怎么样……所以,当我们自己还是一个讲师的时候,去参加一个会议,参加活动,我本来觉得我的能力是跟这个活动、这个事情是匹配的,所以才去做的,但是自己的名字后面写的不是真实的"讲师",而是刻意加上了一个"副教授",而我还没有评上副教授,这种感觉很微

<hr/>

[1]　赵锋.面子、羞耻与权威的运作[J].社会学研究,2016(1):26-48,242-243.

妙的,你不会因为别人给你拔高了而感到开心。如果你没有这个 title,不管你的能力怎么样,别人就是不认你这个东西,他不会找一个讲师去做。所以我当时压力也比较大,想着副教授必须过。(A20200730,副教授,教学科研并重型)

你不评副教授的话,你到外面去,比如去中小学有什么讲座,别人怎么介绍你啊? 介绍你是讲师? 博士? 那感觉都不好意思,这是个尊严问题,所以副教授肯定要有的。(A20200706,副教授,教学科研并重型)

此外,竞争越来越激烈、越来越难的职称晋升也在加重教师对副教授职称的压力和迫切感。

这是必须完成的,而且从客观上来说越早越好,因为竞争是越来越激烈的,像今年职称条件又变了,自己提升速度永远赶不上职称晋升条件的变化,当然是越早越好,你越往后拖不确定性就越多。(A20200730,副教授,教学科研并重型)

副教授是不得不过的一关,关系到教师的尊严和地位,尽管也有教师对待副教授职称采取"佛系"的态度,但大多是难以在职称晋升中获取优势时的心理调适。相比于副教授头衔,教授头衔的获得则不那么迫切和必要。由于晋升教授的科研要求非常高,且教授在教师中占少数,副教授足以使教师在场域内获得一定尊重和地位,避免被"边缘化",因此获得副教授职称的教师暂时"松口气",并不急于竞争教授职称,职称晋升的压力较小。甚至也有教师因教授的要求较高而放弃追求教授职称。

我刚评上副教授,现在压力小很多了,比如这次申报课题,我就没有好好弄,要是之前我肯定要好好弄,想着一定要申报上……目前来说,我对评教授没有特别大的急迫感或者是非常强的动力,因为教授客观上来说也确实不可能是人人都上的,标准更严格,名额更少,所以我觉得就可遇不可求,也没有特别刻意追求,至少目前我没有特别急迫想

要进一步晋升，就顺其自然吧。（A20200730，副教授，教学科研并重型）

我刚评上副教授，可以先松口气，压力倒还好，想评教授我也不可能立马就评啊，那不可能啊，我才刚上职称，那教授还远着呢，也不着急。（A20200719，副教授，教学科研并重型）

很多老师他们已经副教授到头了，也不想评了，有的就放弃了，因为要求太高了。（A20200609，副教授，研究为主型）

综上所述，对职称晋升有强烈需求的教师更容易受制度的驱使，以达到制度要求并获取职称，他们感知到的"制度驱使"较强，在工作中更加看重科研。

三、同侪压力

本书发现，同侪压力也影响教师感知到的"制度驱使"，使教师的行动更倾向于制度重点。A学科教师的同侪压力既来自所在学院，也来自A学科所在大学以外教师本人的学术圈。同侪压力促使教师重视科研成果与学术发展，对职称孜孜以求。

首先，职称晋升、绩效分配背后的资源争夺与分配使同一场域内的教师存在竞争关系。职称制度中的要求仅仅是参与职称评审的门槛条件，即"及格线"，而职称晋升的名额有限，因此教师需要竞争。新管理主义下的绩效管理制度也在加剧教师之间的竞争，A学科教师的教学工作量、科研成果等量化为"工分"，作为绩效分配的依据，而学院的绩效工资受限于总额封顶的政策，导致"蛋糕"是恒定的，在这种情况下，教师无法回避与同事的竞争以及由此导致的同侪压力。

那些（职称文件要求）都是最低要求，现实中高多了，比如说它要求3篇，其实可能都6篇、7篇出来了。因为它是限额、竞争，比如说今年10个人有资格评审，但可能只有5个名额，你不是说你达到60分就行了，你可能要80分、90分才可能评上。那只是一个门槛，达到那个要求你可以参评，但是不一定评上。所以有些老师可能评了两三年都评不

上,老师压力都很大。(A20200707,副教授,教学科研并重型)

绩效工资有个封顶的,在××省每一个学校里面,给所有老师发的收入待遇总量是一定的……我们从2009年开始推行绩效管理,然后就打破了"吃大锅饭"的制度。平时给老师发的工资是总量的一半,另外一半拿来做绩效,做绩效的意思就是我多拿的就是你少拿的,你多拿了我少拿的。(A20200611,教授,教学科研并重型)

在"重科研"的场域内,与科研有关的事件更能进入教师的视野,更受到关注和重视,因此同侪压力主要在科研方面,同侪压力是在与他人的比较中生成的,教师会因同事发表论文而感到焦虑,但却不会因同事教学做得好而感到不安。且A学科所在学院重视对教师科研成果的宣传,如在公众号平台进行公布,在教师线上群聊中转发学院教师的成果消息,教师会从各种渠道接收到同事的成果信息。因此,即使部分教师能够暂时脱离职称晋升的压力,但是同侪压力却仍然存在,鞭策教师申报课题、发表论文。

我们学院×老师他们都很强的,发表(论文)特别多,在这个群体里面压力是很大的。(A20200609,副研究员,研究为主型)

评上职称之前确实是感觉压力很大,但现在也是有压力的,学院非常注重营造这种竞争气氛,比如现在有一个宣传的公众号,之前是在群里,比如课题结果公布了,然后就会有人发在群里,大家就会做好梳理,我们学院谁谁中了……看到这些东西之后就是一种无形的压力,你看到自己的同事一会儿发了一篇文章,一会儿发了一个C刊,一会儿发了一个报刊,那对你来说,就是一种压力呀。还有我们有3年一个考核,它是一种排名吧,只要是排名就会有压力。(A20200730,副教授,教学科研并重型)

也有教师意识到并试图逃离同侪压力,他们通过心理调适或者尽量远离所处的圈子而回避与同事的比较,尽可能摆脱"重科研"场域带来的"枷锁",避免受到强烈的"制度驱使",达到教学、科研与内心的一种平衡。

　　我觉得就不要跟别人比,比如说我有一年科研拿了几万块钱,有的老师拿十几万块钱……我从来奖金条发了我就拿回去了,但有的老师他们就非得问你拿到多少钱。还有一些老教师,他把我们年轻人每个都问一下,他就知道我们年轻人当中谁拿得最多,然后他会告诉你,你待在这个环境当中,信息自觉不自觉地会传给你……自己要做出评判,不能想我怎么比别人拿得少,那这个心情就坏了,没有必要。我一开始的时候还是在意的,的确压力是非常大的,因为发了文章之后,发现还缺项目,项目又总是拿不到,肯定会有压力,以前非常在意别人的观点的,现在不在意了,无所谓。(A20200719,副教授,教学科研并重型)

　　每次开会,有什么事聚在一起,他们就要谈论这些东西,你发了多少钱,我发了多少钱,整天年年如此,谈论这些东西,不是论文就是课题项目……我之前的社交圈全都是大学老师,我们谈论的全是课题论文,然后制度设计合理不合理……这个圈子你不参加,别人会拉你进去,你也会在这个圈子里面聊这些东西,所以我觉得老是生活在这种状态太不好了,那我就跳出来。(A20200628,讲师,教学科研并重型)

其次,场域外的同侪压力也使教师的学术声誉追求和制度重点达成一致,教师会不自觉地与所属学科的同辈进行比较,包括职称、帽子、论文发表等。为在所属学术圈内获取一定声望和地位,教师在同侪压力的影响下,感知到的"制度驱使"更强。有人在逃离圈子,也有人却担忧被圈子忽视。

　　比如我们都有朋友圈,有各种高等教育学的朋友圈,有全国的学者,都在一个圈子里面。比如他发了你没发,你就觉得你圈子都进不去,不是说同事,是整个圈子。现在社交媒体发达,方便人与人之间这种沟通互动,你看他们谁发的文章在一个群里面展示一下——"哎哟,他又发了个文章!"也有这种压力。(A20200609,副教授,研究为主型)

　　我当时压力也比较大,因为跟我同年或者甚至是比我晚几年的师弟师妹,人家都已经是副教授了,不管我再怎么"佛系",肯定会有这种

对比的感觉。(A20200730,副教授,教学科研并重型)

综上,在"重科研"的场域中,由于教师的职业安全感、对职称的需求程度以及同侪压力不同,他们感知到的"制度驱使"也不同,这解释了为何不同教师对同一政策制度的理解和反应不同,制度的引导程度往往因人而异。以往研究得出的制度对教师科研行为的引导和激励结论中,制度是一种直接因素,而本书在此基础上发现"制度驱使"的不一致,制度对教师的引导作用需要经过感知到的"制度驱使"这一中间因素。

第三节　教师职业惯习差异

惯习是持久存在又可变更的性情倾向系统,反映个人倾向与偏好。本书发现学科文化和教师的教育经历、职业生涯轨迹以及满足感倾向影响教师的惯习,导致 A 学科教师惯习的差异。

一、学科文化

已有多项研究表明学科影响教学与科研关系,如社会科学的教学与科研具有相关关系[①],软学科的教学与科研更倾向于联结[②]。但已有研究对学科的分类较为宏观,本书以 A 学科为案例发现,尽管 A 学科教师同属于一个一级学科,但由于 A 学科的特殊性,A 学科教师的学科文化具有和而不同的特点,A 学科教师的学科文化明显分化为三种,分别是重视知识生产的学科文化、探索学科教学的学科文化和研究教师教育的学科文化。

伯顿·克拉克认为学科文化是学科的知识传统和行为准则,包含对方

---

① Centra J A. Research productivity and teaching effectiveness[J]. Research in Higher Education,1983(4):379-389.

② Gilmore J, Lewis D M G, Maher M, et al. Feeding two birds with one scone? The relationship between teaching and research for graduate students across the disciplines[J]. International Journal of Teaching and Learning in Higher Education,2015(1):25-41.

法论的信念、行话以及学科偶像等①，我国学者认为学科文化还包含价值观、理念、认同感与归属心理、思维方式、行为方式、知识体系等②。受访教师因归属于同一个一级学科，在学科文化方面具有较大的一致性，这里仅突出的是致使教师差异化处理教学与科研关系的具有不同特点的学科文化，而具有不同特点的学科文化往往与教师所属的专业、系有关。

（一）重视知识生产的学科文化

本书发现，重视知识生产的学科文化使教师热衷于探索理论，其科研偏向高深的理论研究，因此与注重系统知识学习和实践性较强的教学较少有交叉，科研成果较难转化为教学的资料，教学与科研的联结较为微弱，且以促进和发展学生对待知识的态度与方法、为教师科研提供刺激和启发的无形的联结为主。

　　教学和科研本身是可以结合起来的，这是一个理想的状态，这是我的观点。我们有些结合不起来，因为我们上的课未必是我们所研究的东西，比如说这1年多我上了×××课，实践性很强……这不是我研究的东西，又没有经验，这个课上得我自己都很郁闷，我也没研究过，我备课备得再充分，都是在纸上谈兵，我感觉这样就好像"你的数学都是体育老师教的"。（A20200609，副教授，研究为主型）

　　现在上的这门课跟我科研的关系不太大，××课是微观层面的，我的研究偏向于宏观的，对象是不一样的……也不能说我的教学与科研一点关系也没有，我在课堂上面总是会给他们拓展一些新知识，教学生怎么去认识一些东西，这就是来自我专业领域的认知，学术的敏感性、问题意识、方法意识等，让学生加深对课程知识的一种认知，开阔思考问题的视野。（A20200608，副教授，研究为主型）

---

①　克拉克.高等教育系统：学术组织的跨国研究[M].王承绪，等译.杭州：杭州大学出版社，1994：87.

②　胥秋.大学学科文化的冲突与融合[M].武汉：华中科技大学出版社，2016.

此外,重视知识生产的学科文化也使教师更能在科学研究中获得满足感,更加重视思考与知识获得的乐趣。因此,相比于教学,他们更加重视科研,具有较强的学术追求,对科研具有更大的兴趣,不会主动在教学中投入过多,以完成本职任务的心态对待教学,也较少在教学中体会到价值感。

> 科研是我的兴趣爱好,我对自己有一个定位,总想产生新知,为往圣继绝学,在学术上面做点贡献。(A20200608,副教授,研究为主型)

> 我毕竟是个研究者,除了教学之外,就像韦伯说的一样,科研有一种使命感,也是内部需要,自己的内心的驱动,一种追求。(A20200609,副教授,研究为主型)

> 教学我很多时候是以一种完成任务的心态去做,也没有太大的兴趣在这方面,没有过多的投入,我是希望能有更多时间放在科研上面,因为这是我自我感觉我的价值所在⋯⋯科研有成果出来的时候,确实是有一种被认可的感觉的。还有当在思考问题,哪怕只是看了一些文献,觉得原来有人是这么研究的,这就是一种知识获得、思考思维的乐趣,这是教学中难以获得的。(A20200730,副教授,教学科研并重型)

(二)探索学科教学的学科文化

本书发现,探索学科教学的学科文化使教学与科研具有同一性,学科教学专业的教师研究就是以提高教学质量为目的的,探索学科教学的方法,解决学科教学中的问题,这与他们的教学内容在很大程度上重合。这类教师的科研成果更新了教学的资源,教师将创造的知识传授给学生,同时也在教学的过程中不断反思、深入研究,科研和教学是同一的。且探索学科教学的学科文化使教师的关注点和兴趣点更易聚焦在教学实践上,教师更加重视教学。探索学科教学的学科文化也更加重视实践教学,也为教学与科研的联结提供了纽带和桥梁。

> 对于我们师范院校来说,研究可不就是为了教学,归根结底就是为

了人才培养啊。（A20200730,副教授,教学科研并重型）

如一位教师在中学的实践教学中发现了高中教师在某门科目教学中的问题,并将其作为研究方向,研究并创造了这门科目的一种教学方法,并应用于自己的课堂教学中,用于师范生的培养。

> 我的一篇论文研究的是课堂教学里通用技术教学新模式——项目教学法,这篇文章已经把高中阶段通用技术的所有知识点都融合到一起去了……比如讲一个案例相框的设计,让学生先做,做好后,让学生来讲他是怎样设计的。这个过程当中我们要引出各种各样的问题,让学生一起来探讨,在学习过程当中让学生来掌握知识点。这种教法,第一,让学生知道我们高中阶段的通用技术有哪些知识点必须掌握。第二,让学生学会教学法,避免照本宣科,把学生的积极性调动起来,把教材中的知识点一点一点地通过案例展示出来。我们的学生学到了以后,也会将这样的项目教学法沿用到他自己以后的教学当中。（A20200819,教授,教学科研并重型）

（三）研究教师教育的学科文化

研究教师教育的教师,往往善于在教学或教育实践中发现现实问题,以解决现实问题为目的展开研究。教师能够从教育热点和社会服务中发现可研究的问题,其成果一般也能作为教师的教学内容提升教学质量和教师教学的深度,反哺于教学。尽管教学与科研关系不似探索学科教学的学科文化那样具有同一性,但是教师教育的学科文化由于关注教育现实问题,尤其是师范教育的问题,所以教学与科研的联结较为紧密。

> 比如我带学生去实习,去中小学看到老师的表现、校长的表现,那么我就会去思考怎么样帮助老师成为一个好的老师,怎么样帮助校长成为一个好的校长。我现在就在思考中国校长的培养制度,中国的校长是怎么来的,存在什么问题,正在做这个研究。（A20200719,副教授,教学科研并重型）

　　我有一门课,叫×××,这里面谈到提高规则意识,一个小学师范生毕业以后怎么给学生讲规则意识,小学生是不理解(规则意识)的……所以教材中要怎么去体现,或者是我们怎么样把教材中的内容转化到我们的教学中,那么你就要去思考啊。所以当时也是在上这门课的时候写了篇关于规则意识的论文。(A20200726,副教授,教学科研并重型)

　　综上,尽管A学科教师同属于一个一级学科,但由于专业背景、研究领域、研究对象等不一致,A学科内部分化为三个具有不同突出特点的学科文化,不同的学科文化塑造着教师的惯习,尤其是在教学与科研联结和教学学术方面。其中,探索学科教学的学科文化影响下的教师的教学与科研具有同一性,联结最为紧密;重视知识生产学科文化影响下的教师的教学与科研的联结程度最低;研究教师教育的学科文化影响下的教师具有在教学教育现实中提炼研究问题的意识与惯习,能够在较大程度上联结教学与科研。

二、教师的教育经历

　　本书发现,教师的教育经历影响教师处理教学与科研关系,主要是教育经历中老师的影响,影响教师对待教学的态度和教学的方式。

　　首先,教师教育经历中老师对待学生和教学的态度对教师的行动具有影响。笔者发现,对教学表达出热爱和重视、关心学生发展大于关心个人发展的教师大多在访谈中谈及了求学生涯中老师对自己的深刻影响。

　　如有多位教师谈到自己求学时的研究生导师关爱学生、对学生极度负责的态度影响了自己的行动。有的老师对教学有极大的热情,并且承担着很多不被计量的教学工作,如义务指导学生学科竞赛、百忙之际熬夜帮助学生磨课等,占用了大量的课堂外的时间,付出了很多不被评价制度计量的工作,但是他却乐此不疲。

　　我的硕士生导师本身第一个是做事情很严谨,第二个就是对学生无限关怀,无比的,就没有底线的,只要是学术上的问题,熬夜也跟你熬,他可以几天几夜不睡。(A20200730,副教授,教学科研并重型)

　　　我觉得对学生负责这件事情更多来自我自己的导师,硕博阶段的
　　导师,他是一个非常克己的人,他对自己太不好,但是对于学生、对于自
　　己的工作,投入的时间、精力特别多。我刚开始去求学,硕士一年级的
　　时候,我导师他孩子还很小,但他孩子就一直一如既往地知道,他妈妈
　　好多时间不是在上课就是跟学生在一起,所以我导师对我的影响还是
　　很大的。(A20200605,副教授,研究为主型)

　　其次,教师从自己接受的教育中体会到的教学观、教学方式以及处理教
学与科研关系方式等影响教师本人与此有关的行动,尤其当教师对此产生
强烈的认同感时,他们遵循并在自身的教学中实践求学阶段所观察和体悟
到的教学观、教学方式以及处理教学与科研关系的方式。本书发现,A 学科
中有境外求学经历的教师往往具有较强的主动联结教学与科研的意识,他
们倾向于以学生为中心的教学观,喜欢在教学中与学生一起探究,排斥传统
的、沉闷的、照本宣科的课堂教学。他们非常认可在境外接受的教学方式,
谈及此,语调总是兴奋而喜悦,如数家珍般叙述自己在教学中的模仿和
实践。

　　　可能还是受我老师的影响,我硕士的其中一个老师,他是从香港大
　　学毕业的,然后他上课的风格就明显跟其他老师的风格是非常不一样
　　的,他上课没有教材,也没有 PPT,更多是找些文章让我们来读,读完了
　　之后再一起来头脑风暴式的讨论,我觉得非常有意思。后来到了英国
　　之后就更是如此……很多时候教育学跟社会学、政治学、心理学、语言
　　学的同学一起上课,跟他们一起讨论,可以听到其他学科的一些新的观
　　点,包括一些新的方法。在读博期间,我觉得这种上课对我提升自己、
　　开阔眼界都非常有好处,因为我自己我觉得收获挺大,我相信我的学生
　　也会有一定的收获,所以我把这种理念融入到我自己的教学当中去。
　　(A20200811,副教授,研究为主型)

三、教师的职业生涯轨迹

A 学科教师的职业生涯轨迹具有比较大的差异,导致了教师惯习的差

异,A学科教师的职业生涯轨迹大致可分为"中小学优秀教师—高校教师""本科生—高校教师—读硕博士""博士毕业—高校教师"三种。三种不同的职业生涯轨迹是由A学科所具备的实践性的属性、A学科所在高校的特点以及时代背景所造成的。

由于A学科具备实践属性,实践技能在A学科的人才培养中具有重要地位,因此从中小学中聘请的优秀教师承担有关师范技能的教学。这类教师无疑是重视教学的,长期的中小学一线教学培养了他们从教学出发、从学生出发的惯习,而惯习是人在过去的经历中形成的稳定持久的性情系统,尽管已经来到"重科研"的场域,重视教学的惯习也不会改变。

> 学生是为了自己成长来到学校的,要让学生有收获……中学老师是最关心学生成长的,整天就围绕学生、三尺讲台,这是刻在骨子里的。(A20200629,讲师,教学科研并重型)

本科毕业后承担教学工作再进一步深造读研的教师是A学科所在大学20世纪90年代毕业留校执教的一批本科生,他们本科毕业后就在所属学院或附属学校承担教学工作,是特定的时代政策的产物。由于他们最初对自己的职业定位就是教师,最初接触的是教学工作,他们也表现出重视教学的惯习,对教学具有较大的热情,同时,硕博士的求学经历也使他们具备科研的意识与能力,这一类教师善于从教育教学实际中发现问题,具有联结教学与科研的惯习。笔者认为,首先,这类教师毕业后先任教,在还没真正接触科研时便已接受教师的角色定位和教学的工作内容。其次,后续的深造也与学校、学院的要求有关,完成学位后回到学校,这样的深造经历含有为现有工作岗位与学校服务的意义。所以,这类教师更倾向于教学,更易产生"科研为了教学"、联结教学与科研的认知和惯习。

> 本科毕业后在X学院,后来还去了中学上了1年课……读博的时候本来我也想读纯理论方向,但是系主任说不行啊,这样我们学院没人了,所以还是读了偏实践的方向。(A20200730,男,副教授,教学科研并重型)

还有一类教师是完成博士学位后直接进入高校,直接完成从博士生到大学教师的角色转变,这一类教师的教学与科研联结程度往往不高,长期的科研训练培养了他们追求真理、追求学术价值的惯习,他们对待教学工作往往限于岗位要求。他们往往有较高的学术理想,却认为教学是"很简单""没有什么挑战"的"体力活",加之场域本就"重科研"的制度引导,他们更加重视科研,倾向于在科研中投入较多时间。

> 教学就是占用时间,我觉得教学对我来讲是体力劳动,虽然有创造性,但是我觉得创造性很低了。(A20200609,副研究员,研究为主型)

> 我觉得科研工作最主要自己擅长做这个,也有这个兴趣。教学对我来说还是比较简单的,也不需要多的时间备课,就可以游刃有余……毕竟读了博士,接受过训练,对科研还是有自己的追求的。(A20200611,教授,研究为主型)

四、教师的满足感倾向

追溯更深层的原因,教师的满足感倾向也影响教师的惯习。本书发现,学术发展和学生发展都能使教师获得成就感与满足感,但是教师之间却有明显不同的倾向。

倾向于从学术发展中获得满足感的教师,更加看重自身的学术成就与学术影响力,成果得到他人的认可更能使其获得成就感,他们享受获得新知的快乐,因此更加重视科研。一位教师坦言,希望在科研中能有更多的时间投入,认为教学占用过多科研的时间,其对于与学生的互动表示没有太大兴趣。

> 我看到学院有很多的老师,他们是真的非常热心或者是全身心投入跟学生的互动或者是教学的,但是就我个人来讲,我觉得我的满足感和成就感还是更多地来自科研方面。不一定说是以成果为体现的科研,就是说你对什么有兴趣,你想去关注一下,我觉得这个是更有成就感。如果你能够获得一些什么,能够创造一些什么的话就更有成就感。

（A20200730,副教授,教学科研并重型）

倾向于从学生发展中汲取满足感的教师更易形成重视教学的惯习。这类教师喜爱与学生相处,更能够从与学生的互动中获得满足感,为能带给学生进步、影响学生而自豪。

> 我喜欢和学生交流。我的教学能够影响别人,或者说,很久以后对他们能产生点影响,那我就很满足了,我觉得就可以了。（A20200719,副教授,教学科研并重型）

第四节　教师学术资本

如前所述,A 学科教师具有不同的职业发展轨迹,同时 A 学科内部不同专业的学科文化也呈现出明显不同的特点,A 学科教师求学阶段的专业也有较大差别等,导致 A 学科教师具备的资本有差异。布迪厄认为场域中惯习和资本共同塑造个体的实践,因此,资本的差异也导致教师个体在教学与科研关系方面行动的差异。

布迪厄区分了教师职业发展的两种不同路径——科学资本路线和学术资本路线。前者以研究为基础,以研究经费、研究项目和出版物为主要资本形式;后者更关注教学、学术网络、一般领导角色和学科边界。[1] 这两种资本形式符合 A 学科教师呈现的资本差异,因此,借用布迪厄的科学资本和学术资本这两个概念,并结合 A 学科教师特点,可以剖析教师在教学与科研关系上的差异:A 学科教师的资本差异体现为科研学术资本和教学学术资本。值得一提的是,教师同时拥有科研学术资本和教学学术资本,但居于优势地位资本的不同导致教师不同的选择和行动。

---

① Deem R, Lucas L. Learning about research: Exploring the learning and teaching/research relationship amongst educational practitioners studying in higher education [J]. Teaching in Higher Education, 2006(1): 1-18.

一、科研学术资本

社会资本指的是个人之间以网络形式存在的联系和关系，以及由于相互认识与认可而产生的互惠和可信赖的规范。经济合作与发展组织（OECD）将社会资本定义为"具有公共规范、价值观和信念的网络，有助于群体内部或群体之间的合作"。本书中科研学术资本的含义是教师掌握科研方法，具备较强科研能力，能够产出科研成果、获得研究项目等的能力。教师之间的科研能力具有差距，有的教师更擅长科研，具有"高产量"的论文和项目。这类教师的科研学术资本较教学学术资本居于优势地位，其科研学术资本多于其他教师，更有利于教师将科研学术资本转化为对教师发展有利的其他资本形式。学术界普遍持有的一个假设是，毕业于享有声望的博士点的毕业生比那些不享有声望的学位点的毕业生更可能成为有成效的研究人员。A学科在招聘青年教师时也比较注重他们是否毕业于一流大学的重点学科，导师是否具有重要的学术影响力。

社会关系是信息和资源流动的渠道。通过社会互动，行动者可以获得其他行动者的资源，行动者在社会交往结构中的联系人位置为其提供了一定的优势。人们可以利用自己的人际关系来获得工作、信息或特定的资源。具体的互动行为模式可以分为网络联系、网络配置以及适当的组织。本书发现，A学科青年教师的科研学术资本往往居于优势地位，他们在硕博士阶段接受了较为系统完善的科研训练，形成了较强的科研意识与科研能力。而由于博士毕业后直接进入高校，学习期间一般没有接受过教学方面的训练，且入职时间较短，之后的教学学术资本积累不足，其教学学术资本相较科研学术资本居于弱势地位。科研学术资本占优势地位的教师在科研中投入更多时间精力，并不完全是"制度驱动"，他们擅长且喜欢科学研究，具有学术理想和学术追求。

> 可能读过博士，学术的追求还是比较高的，希望自己做的一些东西或者是自己关注的一些点得到大家的认可，或者希望自己学术生涯发展得好一点。（A20200618，讲师，教学科研并重型）

二、教学学术资本

本书中的教学学术资本主要指的是教师在教学方面的积累和能力。A学科教师的教学学术资本各异,从中小学聘用的优秀教师的教学学术资本无疑占有优势地位,他们缺乏科研学术资本,利用教学学术资本在场域中生存。A学科中有教师在求学阶段的专业就是与教学相关的教学论专业,他们在入职前就已积累了一定的教学学术资本。此外,随着入职时间变长,教学经验增多,教学学术资本也在增多。当与科研学术资本相比,教学学术资本居于优势地位时,教师更加重视教学。

如这位教师在博士期间攻读教学论方向,其学习和研究对象就是教学,加上博士期间在参与过的教学和课堂中积累了丰富的教学经验,他的教学学术资本居于优势地位,对教学有较大的热情。

> 我在美国的时候就有一门课教课堂组织的,一个学期会用不同的课堂组织方式来给你上课……我真正地去听课,感受到这是课堂应该有的样子,就是应该以这样的一个方式来进行,它真的影响了我的教学方式。我给你举一个最简单的例子,比如我一回来的时候,让我上××××(课程名),我当时就想这个东西怎么样可以让学生上得更好,然后我就写了舞台剧,半开放的舞台剧,就写了个剧本……(A20200719,副教授,教学科研并重型)

有益的社会资本是如何发展的? 有学者按嵌入、使用和返回定义的三个阶段对流程进行建模。[①] 在第一阶段,先决条件和前提条件帮助一个人发展有益的社会关系;在第二阶段,允许个人获得并动员社会资本;在第三阶段,成功的个人从这种社会资本配置中获得了有益的收益。在教师日常生活的背景下,教师获得教学学术社会资本的过程是:首先,在一定的条件下,培养一种有益的以教学为中心的社会关系;其次,这种社会关系允许教师定期构建、维护或改变他们的理解,通过教学对话,最终促进专业实践的改善;

---

① Lin N. Social Capital:A Theory of Social Structure and Action[M]. Cambridge:Cambridge University Press,2001:41.

最后,专业实践的改善提高了学生的成绩并赋予教师专业优势。关于这一点,学者进行了进一步阐明,即社会资本是通过社会关系获得的资本,建立社会关系的两个关键条件是:个人基于他们的生活经验、证书和专业,参与更广泛的社会交流;立足于家庭角色身份,在组织社区以及更广泛的社会结构中的参与机会。[①]

综上,研究与分析过程中,笔者发现资本与惯习并不是完全独立的两个部分,资本与惯习差异背后的原因也会有重叠,资本代表教师的能力偏向,惯习代表的是偏好倾向。

第五节　学术研究文化

本书发现,惯习和资本的概念不能完全解释教师处理教学与科研关系的差异,经过资料分析,还发现研究文化也影响教师看待和处理教学与科研关系。笔者认为,师生之间的研究文化、教师之间的研究文化影响教学与科研关系。

一、师生之间的研究文化

本书发现,师生之间的研究文化影响教师教学与科研的联结,包括 A 学科所在学院的师生研究文化与本科、研究生学历层次的研究文化两方面。院校类型、学生的学历层次以及教师对学生的认知影响师生之间的研究文化。

A 学科所在高校是一所教学研究型大学,相比于研究型大学,其研究文化较弱,这一发现与已有相关研究的结论相对照。我国学者黄亚婷的研究

　　[①] 林南.社会资本:关于社会结构与行动的理论[M].张磊,译.北京:社会科学出版社,2020.

表明,研究型大学中教师与学生一起研究是自然而积极的。[1] 有学者的调查研究也表明,"985"高校的教师更频繁地进行专题研讨式教学,更会鼓励本科生参与课题研究。[2] 本书发现 A 学科所在学院的师生研究文化不足,A学科所在大学是一所以培养师范生为主的教学研究型大学,尽管 A 学科所在学院已于几年前提出建设研究型学院,越来越重视科研,但相较于研究型大学,仍缺乏研究文化的传统,不论是教师还是学生,通过研究培养人才的意识都不足,因此教师在教学中较少培养学生研究能力和思维的意识,将教学和科研联结的主动性不强。

如一位教师提到了精英大学浓厚的研究文化,认为我国大众化、普及化的高等教育,畸高的生师比,学生各项任务繁重等进一步削弱了研究文化,影响教学与科研的联结。

> 相比世界一流大学,我们生师比偏高,我们老师少学生多,(高等教育)大众化、普及化……然后我们的课程也多,我们一个学生一个学期经常有七八门甚至十门课。大部分学生都是忙忙碌碌,没有多少时间去深入钻研,学生压力也大。环境变了,时代也变了,他们要评优评奖,都很现实的。(A20200609,副教授,研究为主型)

与此同时,本科生和研究生的学历层次差异使得研究文化在两个群体中呈现差异。本科生教学被认为是系统知识的学习和掌握,教师缺乏教学自由度,本科生不被教师和制度寄予研究的期望,本科生和教师之间研究文化不足,不利于教学与科研的联结。而研究生教学被认为是对某一问题的深入钻研与探讨,教师对教学具有较高的把控度和自由度,且研究生的培养以研究为基础,师生之间的研究文化较为浓厚,教学与科研往往是相辅相成的,具有同一性。

[1] Huang Y. Revisiting the research-teaching nexus in a managerial context: Exploring the complexity of multi-layered factors[J]. Higher Education Research & Development,2018(4):758-772.

[2] 曲霞,宋小舟.高校教学名师的科教融合理念与实践:基于教学名师与普通教师调查问卷的对比分析[J].中国高教研究,2016(6):97-104.

有教师认为和本科生难有科研合作的可能,本科生不具备充分的研究能力和研究意识。

> 主要还是研究生,本科生非常少。就像我教的本科基本上没有可能性。大一还没培养起来呢,不具备研究能力,所以跟学生的层次也是有关系的,不能一概而论。(A20200706,副教授,教学科研并重型)

> 去年我让学生像研究生课程那样自己上去讲,但是我发现他们基本上不会去花更多的时间,他们就是把教材完全照搬到上面,他们甚至不会多翻一本另外的教科书,参照一下同样的方法在不同的课本或者是著作里面是怎么讲的,他们连这个工作都不会做,只是把教材搬到黑板上而已,搬到讲台上而已,再来念一遍……研究生大部分都有明确的研究意识或者主动精神。本科生还是相对来讲比较被动接受知识和学习,主动性、自觉性比较差,我没有看到能独立钻研的。(A20200609,副研究员,研究为主型)

对研究生层次的教学、科研,教师往往难以区分,师生之间具有浓厚的研究文化,探讨研究问题是自然而积极的,教师可以在研究过程中完成教学任务,也能在教学过程中开展研究。

> 研究生教学实际上既是研究又是教学,指导学生的科研也是科研的投入,比如自己有科研课题,给学生挑了一个方向或学生自己自选一个方向……平常关注到一些科研素材,我经常也会提供给学生,有可能我会跟学生共同关注这一块科研,然后指导学生,以研促教。同样地,在指导学生的过程当中思考一个研究方向,指导学生选题,在这个过程当中可以产生一个新的研究领域或者新的研究方向。(A20200608,副教授,研究为主型)

> 教学肯定有跟科研相关的,更多的是研究生的课,本科生的课可能相对少。研究生可能在一定程度上也有这种追求,所以会在上课过程当中讲很多关于研究的一些选题啊,方法啊,包括如何来分析,等等。

比如教师教育改革与政策分析,我是以论文写作的方式来上这门课的。让他们每个人选一个话题或者是主题,首先主题怎么选择呢? 然后资料如何收集呢? 然后收集资料过程当中如何来分析呢? 分析之后你的结果如何呈现呢? 最后就是把一篇论文拿出来……我认为本科生是知识普及的一个阶段,而研究生更多的是你从这么多基本知识中发现更多有研究点的或者是研究价值的东西。(A20200618,讲师,教学科研并重型)

概言之,相比于研究型大学,A 学科所在学院缺乏科研育人的传统,部分教师对科研育人的认知不足,学院尚不具备足够浓厚的研究文化。且教师对本科生及本科生教学的认知更反映出 A 学科师生之间研究文化的不足。但 A 学科教师对本科生和研究生的认知具有较大的不同,对研究生明显具有更高的期望和要求,且研究生与教师的生师比也为教学、科研的联结创造了良好的氛围,因此,研究生与本科生层次的教学具有较大差异,在研究生层次中教学与科研能够自然地联结。

二、教师之间的研究文化

本书发现,教师之间的研究文化总体上呈现出"单兵作战"和追踪热点的特征。受新管理主义的影响,教师的工作量被明确计量,成果导向的评价制度更进一步赋予科研成果较强的个人归属性,强化了科学研究的"单打独斗"性质,部分教师之间缺乏科研合作和交流。即使 A 学科所在学院组建了学科团队,但在多数学科团队中,每个人负责不同的部分,真正的科研合作因署名问题受到扼制。洛林·布伦南等的研究表明,一个积极参与多项活动的学者社区是促进教学与科研联结的外部环境。[①] 因此,教师之间的交流合作有利于教学与科研的联结,这在访谈中得到验证:在交流频繁的学科团队中,教学与科研的联结程度更高,学科团队除了一起做科研,还会在学术沙龙中交流、研讨教学。而组织较为松散的学科团队则缺乏利于联结的环

① Brennan L, Cusack T, Delahunt E, et al. Academics' conceptualisations of the research-teaching nexus in a research-intensive Irish university: A dynamic framework for growth & development[J]. Learning & Instruction,2019(60):301-309.

境,从受访者的话语中也能感受到教师对团队的归属感不强。

> 我没有看到真正的团队,所谓团队还是各自玩各自的,只是到了年度考核的时候,你有什么成果,我有什么成果,报一报材料,这不叫团队。团队要体现在平时啊,平时你要定期不定期地开展学术沙龙,或者老师们报课题时彼此之间看一看,这些没有的。(A20200726,副教授,教学科研并重型)

> 现在基本上是各自为政的,一起调研的那种也是把我们每个人分成独自的板块,像我是负责×××,像×老师负责×××,每个人负责一块是很难去合作的,然后中间也没有交叉,更多是分工。合作其实很麻烦,涉及署名问题,这是很现实的,我们考核基本上只认第一作者、第一单位的,合作是没有太多意义的。(A20200811,副教授,研究为主型)

新管理主义善用考核指标、职称指标等指挥棒作为教师科研的驱动。在访谈中,除已评上教授职称的教师,几乎所有受访者都谈及职称是科研压力的来源,是投入科研最大的驱动力。在职称的驱动下,教师更加重视科研,且在选题上追逐热点、跟踪热点以达到更容易发表、更能命中课题项目的目的,即便是以牺牲教师的科研兴趣和前期的学术积累为代价。

> 我感兴趣的是×××研究,但是这个在国内很不好发的,只有一本期刊是二级,所以有时候不可避免做一些"短平快"的研究,毕竟要评职称,也有考核的要求。(A20200811,副教授,研究为主型)

> 我不喜欢报课题,报课题要去迎合热点,但是没办法,我这次报的就中了,但是刻意迎合了热点……这是没办法的,工作了还是要务实一点,等职称评上了再做自己真正感兴趣的。(A20200705,讲师,教学科研并重型)

> 只能在更容易发表和自己的兴趣之间尽量平衡,尽可能去找结合点,这是我目前能想到的解决办法,可能以后我还是会做回我原来的那

个领域,毕竟博士的时候积累了很多,不可能完全把它丢掉。
(A20200621,讲师,教学科研并重型)

以更容易发表、提高课题申报成功可能性为目的选择研究问题不利于教师从自己的教学教育实际中生成研究问题,教师走上为了发表而科研的"歧途",一定程度上割裂了教学与科研。

综上,师生之间的研究文化与教师之间的研究文化构成的研究文化能够影响教师处理教学与科研关系的行动。教学研究型大学缺乏科研的传统仍在影响师生之间的研究文化;教师对本科生和研究生的认知以及培养方式等的不同造成了本科生与研究生研究文化的不同。教师之间交流互动的研究文化利于教学与科研的联结,"单兵作战"、追逐热点的研究文化割裂了教学与科研。

三、课程文化

课程是影响教学与科研联结程度的最直接的因素,A学科的课程可大致分为原理类课程、教学实践类课程以及研究方法类课程。

(一)原理类课程

原理类课程往往需要学生掌握领域内较为全面而基础的理论知识,在这类课程中由于教师须将系统的知识传授给学生,教学内容的自由度较小,加之学校教务处规定的教学进度安排,更使得教师在这类课程中的发挥空间小。在这类课程中,教学与科研的联结较为微弱,即使有联结,一般也以单向的教师的科研利于教学为主。

我教的本科生课程教材是固定的,可供教师发挥的空间不是特别大,又是一个基础的课程,所以这个课程的性质决定了很难和科研联系起来。(A20200730,副教授,教学科研并重型)

目前来说这门课和我的科研很难建立联系,因为一种理论的知识基础,很难作为新的选题或者是一些论文的来源等。(A20200705,讲师,教学科研并重型)

教学给予科研的贡献相对较少,科研反过来倒可能会给教学一些,我当下在做的研究的一些发现我可以放到课堂上相关的部分去分享,这个相对是容易的。(A20200609,副研究员,研究为主型)

(二)教学实践类课程

A学科的教学实践类课程往往是由学科教师或是由研究领域与之具有一致性的教师担任,即教师的研究方向一般与课程教学具有一致性,因此,教学实践类课程中教学与科研联结程度较高。教师关于教学的研究以及相关理论能够实践于教学,同时教师也能在教学中思考,进一步完善或发展研究。

我是做科学论证教学的,我就会将我自己提出来的观念,即这个领域的教学方法,在课堂中用起来,同时作为教学内容的一部分呈现给学生看,让他们来讨论。(A20200813,副教授,教学为主型)

所有的问题都是从实践中来的,实践中有困惑,然后要解决。比如中小学生单词总是记不住怎么办,我就发现一个理论正好可以解决,可以研究,我就在我英语教学的课堂上给学生讲,学生觉得有道理还能用于他们以后自己的教学,而且这个我也可以写成论文的。(A20200726,副教授,教学科研并重型)

(三)研究方法类课程

研究方法类课程中的教学与科研是同一的,科学研究方法即是教学的内容。通过访谈资料分析以及笔者的观察发现,研究方法类课程教学与科研联结的方式有两种:一种是教师将科研方法的知识和自身科研的案例讲授给学生,学生获得科研方法的知识;还有一种是教师以展开科学研究的方式完成教学,是"做中学",与学生一起研究,在这个过程中完成科学研究方法的获取与运用。A学科教师在研究方法类课程中主要取这两种方式进行教学,显然,第二种"做中学"的教学与科研联结是最紧密的,也是教学效果最好的。

　　我的这门课程有两个部分，一个是不变的核心体系，另一个是变动的研究方法发展和应用，所以我备课的时候也分两个部分，在我的教学里加上最新的科研方面的进展和我做研究遇到的困难和经历。（A20200719，副教授，教学科研并重型）

　　我上的是研究方法课，学生正好也大三了，要写开题报告，那么我这门课就让他们把自己毕业论文的开题写了，作为期末作业。上课的时候就按照怎么完成一个开题报告来讲解，从选题到文献综述，再到研究设计，一步步给他们讲，他们自己边学边做自己的研究。（A20200628，讲师，研究为主型）

第六节　本章小结

　　本书发现，新管理主义和组织发展需要导致 A 学科所在学院的制度重点在科研，管理主义背景下计量化和结果导向的评价制度"风靡"，科研成果越来越明显的符号性、"硬通货"特征，共同形成了 A 学科"重科研"的场域。但是，尽管教师处于同一个场域，但对场域的感知是不一样的，制度对教师的驱使程度不一样，这主要受到教师的职业安全感、职称晋升需求、同侪压力的影响。与此同时，学科文化以及教师的教育经历、职业生涯轨迹、满足感倾向催生了教师处理教学、科研惯习的差异。A 学科教师同时拥有科研学术资本和教学学术资本，但居于优势地位资本的不同导致了教师资本的差异，致使教师做出不同的选择和行动。此外，课程因素和研究文化也会影响教学与科研关系。A 学科教师教学与科研关系影响因素模型如图 4.1 所示。

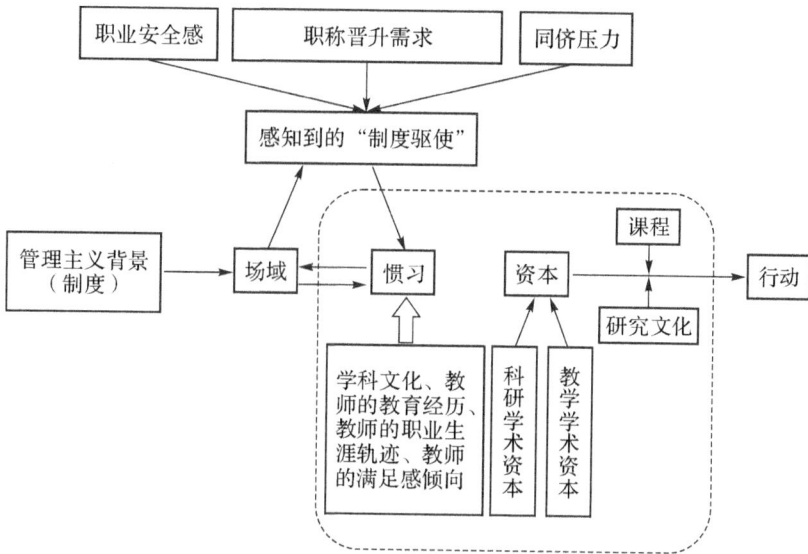

图 4.1 教学与科研关系影响因素模型

第五章　类型与方式：A 学科教学与科研的现实联结

本书发现，尽管"重科研"的制度环境氛围导致 A 学科的教师科研压力大，教学与科研存在一定程度的冲突，但由于 A 学科的研究领域为教育、教学，相比于其他学科，其教学与科研关系具有天然的优势，具备教学与科研联结的有利条件。

第一节　A 学科教学与科研联结的类型

一、教学与科研联结类型编码

通过资料分析发现，A 学科已存在多种类型的教学与科研联结，本书收集到 A 学科教师的教学与科研联结共涉及 78 个参考点，通过开放编码抽取出 54 个初始概念，进一步类属分析发现可归纳为 10 个副范畴、4 个主范畴。按照联结的目的划分为：指标导向的联结，科研导向的联结、教学导向的联结和无形的联结、编码结果如表 5.1 所示。

表 5.1　教学与科研联结类型主轴编码结果

主范畴	副范畴	开放编码
指标导向的联结	原因	学科精品课程不多
		学科发展的需要
		"冲 A"指标之一
		学院教学成果方面获奖不足
	策略	设立精品课程建设经费
		教学类成果奖励增加
		提供更多申报成果的机会
		管理者鼓励教师申报
	落实情况	教师积极性不高
		没有影响教师对"重科研"氛围的感知
		获得回报具有不确定性
科研导向的联结	科研驱动	教学与科研的双重压力
		教学过程是研究的对象
		为了完成科研任务
		科研驱动的教学和科研的联结
		通过教学得到研究数据
		实践类课程申报课题
		有效利用时间
		方便获取研究数据
	科研影响教学安排	尽可能与课题挂钩
		调整教学内容以结合课题
		计划调整教学重点
		学生获得更多关注
		学生的教学评价较好
		尽可能发挥教师专长

续表

主范畴	副范畴	开放编码
教学导向的联结	科研解决教学问题	教学思考中生成研究课题
		从教育教学的现实问题出发做科研
		教学是选题的来源
		研究的成果用于教学
		反思自己的教学
		科研解决教学中的问题
		教学是选题来源
		研究社会服务中的问题,优化师范生培养
教学导向的联结	科研丰富教学内容	分享自己的研究经历作为教学案例
		前沿作为教学内容
		科研可以作为教学的资源
		研究是教学的重要资源
		在教学中传授研究经验
	以研促教	科研作为教学的方式
		让学生参与课题
		通过科研教学
		问题导向的教学
无形的联结	教学为科研提供刺激和更新的环境	备课有益于教师的学术积淀
		备课时挖掘到的教学材料作为研究材料
		备课时发现可研究的问题
		教学有时是科研的启发
		教学中可能产生研究的灵感
	科研对教学无形的影响	科研中训练的知识和方法成为教学的资源
		思维能力的影响
		研究中产生的思考用于教学
		引导学生学会批判
		重批判精神培养的教学观
		重视学生的创新
		反感照本宣科

二、不同的联结

（一）指标导向的联结

指标导向的联结指的是A学科为"冲A"、学科建设、大学排名提升等组织目标，以达成指标为导向，制定制度和政策鼓励教师研究教学、申报教改项目、打造精品课程等。指标导向的联结是从管理者角度出发的，利用经济奖励促进教师投入教学与科研联结工作，但从访谈来看，指标导向的联结对教师的号召力不足。

由于"冲A"、学科建设的指标要求，管理者鼓励教师重视教学改革项目、教学成果奖、学科竞赛、精品课程等需要对教学进行深入研究的工作，并在制度层面予以激励和引导。为取得教学成果、精品课程、教改项目等方面的奖项和成果的教师、团队提供经济奖励，激励教师从事这方面的工作，且奖励较前几年有所增加。

> 精品课程、教改项目这几年更加重视，奖励制度也有，但我们在精品课程建设这方面还不足，特别是省级、国家级的精品课程很少。（A20201111，教授，教学科研并重型/管理者）

> 虽然我们呼吁老师们都去报教改项目，去建精品课程，老师们想花那么大的力气不一定弄得下来，但是发表一篇二级的论文的话，对自己评职称就会更有用，会有这样一个导向。（A20200707，副教授，教学科研并重型/管理者）

指标导向的联结主要由外在制度驱动，受到能否达到指标要求的不确定性的影响，大部分教师忽视这一类型的联结，对此几乎没有兴趣，这在教师自述与管理者的叙述中相互印证。

（二）科研导向的联结

科研导向的联结指的是教师因科研课题、科研任务而将教学与科研联结起来，其目的是使教学和科研有更多重合的地方，提升自身的时间利用率或从教学中获得便利的研究资源，是从完成科研的角度出发的。如：有的老师为完成科研论文,将自己的教学和学生在这门课上的学习作为自己的研究对象;有的老师由于申报了一项课题,决定申请将自己承担的一门课程修改为与课题研究方向一致的课程,重新设计这门课程的主要内容。

> 比如说我发现近年来某一种教学理念或方法很热门,我就会思考(如何把它)用在我的课堂教学里面,有意识地去做一些改变,或者说再做实验对比一下……归根结底就是因为科研有这个要求,然后我再想可不可以跟我的教学有一些结合点,然后再去设计实验……当有一个科研项目想去做的时候,我肯定想能不能在我自己的课堂教学里做,因为这个是最便利的。(A20200707,副教授,教学科研并重型)

> 接下来我要做的是教师德育能力课题,这个跟我那个课是很相关的,我以后也想能够走向教学和科研的结合,打算把德育原理这门课改成教师德育能力。(A20200705,讲师,教学科研并重型)

尽管这一类联结是从科研出发的,并不是以提升教学质量为目的的,但在客观上,对教师的教学产生了积极的影响,能够提升教师的教学质量,丰富教学的内容,提升教学的深度。

(三)教学导向的联结

教学导向的联结以丰富教学内容、提高教学效果为目的。教学导向的联结具体可分为以下几种情况。第一,教师为提高教学质量,在课堂教学、备课等过程中融入自己或其他学者对有关问题的研究以及教师在科研中积累的知识,以丰富教学的内容,使学生接触到前沿知识。第二,教师以研究一个问题的方式来进行教学,与学生一起探究,带领学生开展研究,达到教学的目的。第三,教师在教育教学实践过程中,发现问题并生成与教学有关的研究问题,对此进行研究,研究的结论又能进一步反哺教学,帮助教师提升教学质量或给教育教学实践以启发。

> 教学本身即研究,这是我自己一直倡导的。比如×老师、我自己皆如此。×老师发表的很多论文就是他讲课的素材,我的一本专著就是

我某门课程的教材。(A20200821,教授,教学科研并重型)

所以我在课程设计的时候,为了帮助他们更好地理解这些知识点,结合问卷设计这个知识点我设计了一个问卷调查,然后顺便让他们把调研给做了,围绕调查问卷来做数据分析。(A20200811,副教授,研究为主型)

比如疫情防控期间老师连学生都见不到,这个时候怎么上×××这门课,就是个新问题,可以去研究。(A20200630,讲师,教学科研并重型)

(四)无形的联结

指标导向、科研导向与教学导向的联结都是教师或管理者主动的有意识的行动,带有较为清晰的目的,而更普遍的教学与科研联结是无形的联结,并且具有双向性。一方面,教师在从事科研过程中获得的思维能力、态度、观念等"看不见,摸不着"的特质,会在教学以及与学生的互动中潜移默化地影响学生,并产生较为长远的影响。另一方面,教师在教学和与学生的互动中,能够接触更多"书斋外的世界"。这些活动能提升教师思维的活跃性,能为教师提供灵感的来源,且备课、教学中所读到的资料、图书等对教师而言是种无形的学术积累。如:有的教师在科研训练中获得的批判思维、创新意识等可以通过教学传递给学生;有的教师在与学生的互动中,发现学生在人际方面存在的问题进而开展思考;有的教师因备课积累的资料,在教学中发展为教师开展研究的材料,教师在教学、输出的过程中深化对资料的思考。

在课堂上,我不是把我自己的观点告诉学生,而是把所有人的观点呈现在学生面前,学生可以批判我或其他人的观点,然后学生要有自己的思考、判断,我想让学生看到这些观点之后,形成自己的观点。我不希望我教出来的学生思维跟我是一样的,我认为这是把学生教"死"了。(A20200719,副教授,教学科研并重型)

　　我在和本科生接触的过程中发现,有一些大学生的人际交往互动好像有一些障碍,这就很能引发我思考,我也尝试通过我的力量去说服、改变,但是我发现很难……我会去思考我们现在的学校教育对于人的培养,尤其是性格、人格的塑造没做到位的地方。(A20200605,副教授,研究为主型)

　　之前上课我把一个国家的项目介绍给他们……备课看相关的材料时,我发现挺有意思的,最开始我与学生分享,之后我觉得这个领域还是值得去好好挖掘一下,后来就写成了文章,发表了出来。(A20200811,副教授,研究为主型)

尽管还有部分教师没有意识到或表达出此种思维层面的无形的联结,但从他们的话语中仍能窥见这类联结。尽管不少教师在言语中流露出"教学是种负担"之类的情绪,但是没有一位教师愿意放弃教学,他们享受与学生的交流互动和教学过程中知识的输出。

　　让我一点课都不上,我肯定是不行的。(A20200609,副研究员,研究为主型)

　　不上课,那整天对着电脑搞科研很无聊的,教学也是一种放松。(A20200618,讲师,教学科研并重型)

　　我还是愿意教学的,就算没有工作量要求也不能不教学啊,和学生互动、交流的感觉还是很好的。(A20200609,副教授,研究为主型)

综上,通过资料分析发现,A学科教师的教学与科研联结类型分为有目的性的指标导向、科研导向和教学导向,和无目的的"无形的联结",其中科研导向、教学导向的联结体现出案例学科相比于其他学科的"天然优势"。

第二节　A 学科促进教学与科研联结的方式

尽管 A 学科在教学与科研联结方面具有天然的优势，管理者以及大部分教师都认同教学与科研的联结，且不少教师存在出于不同目的的教学与科研联结的实践，但已有的联结大多仍是教师自发自主的行动，结合访谈资料，A 学科促进教学与科研联结的方式大体分为制度激励和环境支持两方面。管理者通过制定相应的制度政策达到引导的目的，通过提供平台创造教学与科研联结的支持性的环境。

一、制度激励

在制度激励方面，针对 A 学科的教师、学生都制定了制度以加强教学与科研的联结。首先，在学生方面，A 学科所在学院计划划拨科研经费给本科生，鼓励本科生申报课题，在学生中营造科研氛围，达到科研育人的目的。

> 我们希望每一个本科生在大学 4 年内都要受到一次严格的科研训练，要求他们必须去做……打算拿出 100 万元来给他们本科生申报课题、做研究。（A20200928，教授，教学科研并重型）

其次，一方面，由于"冲 A"、学科建设的指标要求，管理者鼓励教师重视教学改革项目、教学成果奖、学科竞赛、精品课程等需要进行深入研究的工作，并在制度层面予以激励和引导，为取得教学成果、精品课程、教改项目等方面的奖项和成果的教师、团队提供经济奖励，激励教师从事这方面的工作，且奖励较前几年多。另一方面，A 学科教师在带师范生实习以及社会服务过程中经常接触到中小学的教育教学实践，管理者鼓励教师结合实践教学开展研究，并为教师提供教学研究项目的申报渠道，提供项目申报的平台，引导教师进行教学研究。

> 像这种校级教改项目、省级教改项目、学科的竞赛、指导学生竞赛、指导学生参与项目，都有奖励的……奖励在 2016 年提高到原来的 5 和

10倍,奖励越来越多了。(A20200928,教授,教学科研并重型)

比如我们要启动很多教学改革的项目,早期我们就做过混合式教学的试点,学院里面的课程建设、教材建设等等都是我们重点支持的,传统上这些都属于教学的范畴,但是我们还是要以科研的眼光来研究教学、支持教学。(A20201111,教授,教学科研并重型)

制度总在批判中完善,如前所述,A学科部分从事教学研究、学科教学研究的教师由于研究领域高级别期刊较少,论文难以刊发在高级别刊物而导致岗位科研业绩考核和职称晋升中的劣势地位。为推动教师开展教学研究,促进教学与科研的联结,A学科即将提高一些学科教学类期刊的级别,以保护和促进部分教师的教学研究,一定程度上避免教学与科研的割裂。

去年学校里面出台了政策,为每一个学科教育专业单独设立了一本杂志,每一个学科一本杂志作为二级期刊,这对年轻老师申请副教授应该是比较有帮助的。(A20200826,副教授,教学科研并重型)

二、环境支持

A学科促进教学与科研联结的环境支持包含学院实验室建设和学科团队发展。尽管实验室建设和学科团队发展最主要目的是开展科研活动,但是也为教师展开教学研究提供了新的思路和技术手段。部分学科团队营造了浓厚的科研氛围,使得教师具备更强的科研意识,相比以往更具备科研和教学联结的可能性。

A学科为学科建设和达成"冲A"目标,也为学科长足的创新和发展,新建了多个实验室作为冲击学科评估的"特色",实验室为教师进行教学研究提供了硬件支持,通过硬件设施的支持引导教师的研究方向。通过访谈得知,尽管实验室建设主要目的是科研,但实验室提供的技术支持为教学与科研的联结创建了更加便利的条件。

说到教学研究我们学院有个做法倒挺好,有一个视频分析技术,学院里已经搞了实验室了。我们其实本来有堂课叫"课堂观察的理论与实践"，就是老师上课你能观察什么，你听课你怎么听。……视频分析就做得很细致，分析了老师的语言、教态、板书、PPT、师生互动，把教学拆解到很多细节性的东西……将来可能对我们师范生的培养会是一个很好的工具。（A20200730，副教授，教学科研并重型）

A学科共组建了13个学科团队，其中有的学科团队的交流互动较少，有的学科团队充分发挥团队的作用，经常进行团队内部的学术交流，进行有关科研、教学、教学研究的交流，浓厚的科研氛围和教学学术的氛围，为促进教学与科研联结营造了支持性的环境。

> 我们定期会开展一些学术沙龙。学术沙龙主要分几个方面：第一个是我们系的老师有几个院级学术团队，会定期展示他们的一些研究成果。第二个，我们会请一些年轻博士介绍他们正在开展的一些研究，包括他们发表的一些论文，尤其是如果有一些研究方法的创新的，那就会安排老师在我们沙龙里面做发言……教学呢，我们一直是有教研的，围绕一些核心的问题进行研讨，比如核心素养背景下面教学目标怎么写，疫情防控期间如何来开展我们课程的教学，如何来开发相应的课程资源，等等，有一些集中的研讨。（A20200826，副教授，教学科研并重型）

第三节　本章小结

A学科在教学与科研联结方面具有天然的优势，本书发现，A学科教学与科研已有的联结类型可按目的分为以下几种：指标导向的联结是管理者引导并重视的教学与科研联结；科研导向的联结是由科研驱动的，即教师为了完成科研课题或科研任务，为使时间和资源利用最大化而在教学与科研之间主动创建联结，或因科研工作而调整教学的内容，使教学与科研的一致性增强，此类联结实际上使得教学与科研都得到促进，是教师一种"聪明"的做法，这也有赖于A学科的特殊性才"得以成行"；教学导向的联结中，科研服务于教学,主要有融入科研成果以丰富教学质量、引入研究的方式教学、利用研究成果解决教学方面的问题;无形的联结是无目的的联结,甚至教师和学生都不会意识到这种联结的存在,无形的联结中教学和科研就如同两条不知何时会擦出火花的"电流",并且一定会产生火花。A学科管理者通过制度激励、环境支持促进教学与科研的联结,从资料分析来看,总体上的效果并不理想,教学与科研的联结仍然主要依靠教师自身的意识和兴趣,这有可能是因为A学科的促进手段实施不久或正要计划实施。

第六章　教学与科研联结的教学学术机制

第一节　教学学术的理论阐释

一、教学学术的实践性

教师将教学知识与对理论的理解运用到教学实践中,同时研究教与学的问题,反思自己的教学行为并与同行交流,让同行参与评价从而完善自身的教学成果,最终公开发表教学成果这一系列的实践活动构成了教学学术,因此实践性是教学学术的一个鲜明特征。正因如此,教学学术水平才得以在实践中彰显和衡量。

舒尔曼认为学术活动的三个特征是公开、被评价、能够交流并可被同行共享。[①] 舒尔曼对学术的理解引发了学者们对教学学术的思考。特里格维尔等认为教学学术旨在将教学是如何促进学习的这一学术过程透明化,将其加以公开并得到公众的监督和评价。他们认为教学学术包括五个成分:

---

①　Shulman L S. From Minsk to Pinsk：Why a scholarship of teaching and learning? [J]. Journal of Scholarship in Teaching and Learning,2000(1),48-53.

教学理论的阅读;教学理论的应用;对学生的学习和自己的教学进行调查进而提高学生的学习;了解专业文献和教学文献并建立联系;交流教学成果。①从特里格维尔等的描述中,我们可以发现教学学术具有很强的实践性,无论是阅读教学文献、阅读教学理论还是对教学进行调查和反思交流都是贯穿在实践中的,或者说这些活动就是实践本身。赫钦斯直接指出教学学术的实践性,他认为教学学术有三个特征:首先,教与学的学问深深植根于学科之中;其次,教学学术是实践的一个方面;最后,教学学术可以被定义为以变革的名义进行的学术。② 黄培森认为教学学术的实践性主要表现在三个方面:首先,教学学术基于教学实践活动;其次,教学学术活动在实践活动中展开;最后,教学学术是为了实践。③ 刘刚等进一步提出实践性是教学学术的本质特征,是区别于科学学术"高硬之地"的"湿软之地"④,正如舒尔曼所言:"在专业实践的不同地形中,有块干爽坚实的高地,实践者可在那里有效使用研究产生的理论与技术;不过同时也存在着一片湿软的低地,那里的情境是令人困扰的'混乱',在那里靠科技是行不通的。"⑤

二、教学学术的操作化模型构建

卡罗琳·克莱伯非常重视教学和反思,在此基础上构建了教学学术模型,又叫三乘三矩阵模型:实践教学学术的学者,在教学知识、教学法知识和课程知识三个方面,以可同行评审的方式,参与对以研究为基础、以经验为

---

① Trigwell K,Martin E, Benjamin J, et al. , Scholarship of teaching: A model[J]. Higher Education Research&Development, 2000(2):155-168.

② Hutchings P. Opening Lines: Approaches to the Scholarship of Teaching and Learning[M]. Menb Park: California the Carnegie Foundation for the Advancement of Teaching,2000:7-17.

③ 黄培森.论教学学术的特征及其价值[J].教育理论与实践,2015(22):54-59.

④ 刘刚,蔡辰梅,庞玲.教学学术:概念辨析及本质探究[J].高教探索,2018(11):44-51.

⑤ Shulman,L. S. Course anatomy: The dissection and analysis of knowledge through teaching [M]//The Course Portfolio, Washington: American Association for Higher Education,1998：7.

基础的知识的内容、过程和前提的反思。① 基思·特里格维尔和苏珊妮·夏尔在整合既有的教学学术理论内涵的基础上提出了一种以实践为导向的教学学术模型(见图 6.1),其主张与过去的观点相比更加具有包容性,也更注重实践的要素。克莱伯提出的优秀教学、专家教学和学术教学三个层次也体现在模型中。②

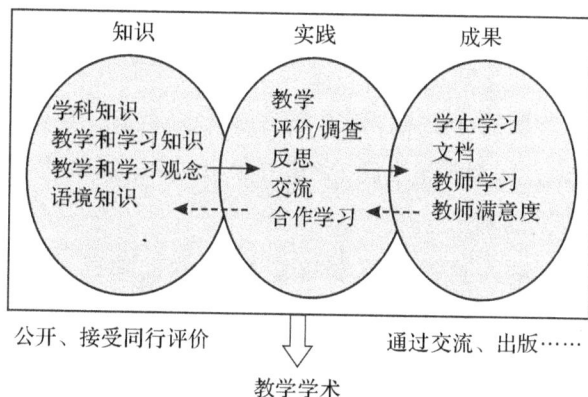

图 6.1 以实践为导向的教学学术模型

此模型以实践为导向,将学术视为活动,强调与学习者建立学习伙伴关系,而不是教学关系,与学生共享知识创造的工作。模型包括三个相互关联的部分:知识、实践和成果。每一个教学组成部分都由一组元素完整地描述,这些元素和组成部分共用一个教学系统。模型组成部分中的大多数元素都是其他学者研究的教学模式中的元素。知识部分包括教师的学科知识、教学和学习知识、教学和学习观念以及语境知识。③ 实践部分包括在大多数研究(包括克莱伯、特里格维尔和威斯顿等学者的研究)中出现的学术

① Kreber C. Controversy and consensus on the scholarship of teaching[J]. Studies in Higher Education,2002(27):151-167.

② Trigwell K,Shale S. Student learning and the scholarship of university teaching[J]. Studies in Higher Education,2004(4):523-536.

③ Shulman L S. Knowledge and teaching:Foundations of the new reform[J]. Harvard Educational Review,1987(57):1-22.

行为的四种模式——反思、交流、评估和调查①；实践部分还包括合作学习和教学。教学是与学生进行深思熟虑的、具有协作性意义的学术参与行为。教学之中各个方面的交流、反思以及从中获得的经验和知识构成了使学习变得透明的过程的一部分。这种交流可以在当地的讨论会议上进行，也可以在国家和国际会议上更广泛地进行。成果部分包括教师和学生协作努力的结果（如课程大纲、评估结果、调查结果）以及老师的满意度。这些都有助于公众同行的审查。在教学的整个过程中，知识支撑并影响教学"实践"，产生相应的"成果"。反过来，"成果"又进一步形成新的"知识"和"实践"。当要素之间相互作用经过同行评议、交流并公开成果、出版之后，才算完成了一轮教学学术实践。

　　沃尔兹把学生纳入到教学学术的过程中，为此他以生态学理论为基础构建了一个 PPCT 教学学术模型②以更好地理解和运用教学学术跨学科的性质。PPCT 模型是由四个维度组成的：过程（process）、人（people）、背景（context）、时间（time）。该模型强调学生的学习以及影响学习的各种因素，并提出该模型可以运用到任何学科。布思和伍拉科特分析了教学学术构成，将其分为内部视界和外部视界。内部视界包括知识建构领域的教学领域和认识论领域，以及价值论领域的人际、道德/伦理和社会领域；外部视界包括学科、专业、文化和政治背景（见图 6.2）。③

　　在内部视界中，教学论领域的教学学术活动中最常见和的形式，主要是学生学习以及教学过程和实践，通常涉及教师反思、研究他们自己、同事们的教学实践，以期改进学生的学习。认识论领域涉及的是教学学术区别于其他学术形式的特殊知识生产过程：从个人对教学和学习的具体方面的反

　　① Weston C B, McAlpine L. Making explicit the development towards the scholarship of teaching[M]// Scholarship Revisited: Perspectives on the Scholarship of Teaching. San Francisco: Jossey-Bass, 2001.

　　② Walls A. Theoretically grounded framework for integrating the scholarship of teaching and learning[J]. Journal of the Scholarship of Teaching and Learning, 2016(2): 39-55.

　　③ Booth S, Woollacott C. On the constitution of SoTL: Its domains and contexts[J]. Higher Education, 2017(3): 537-551.

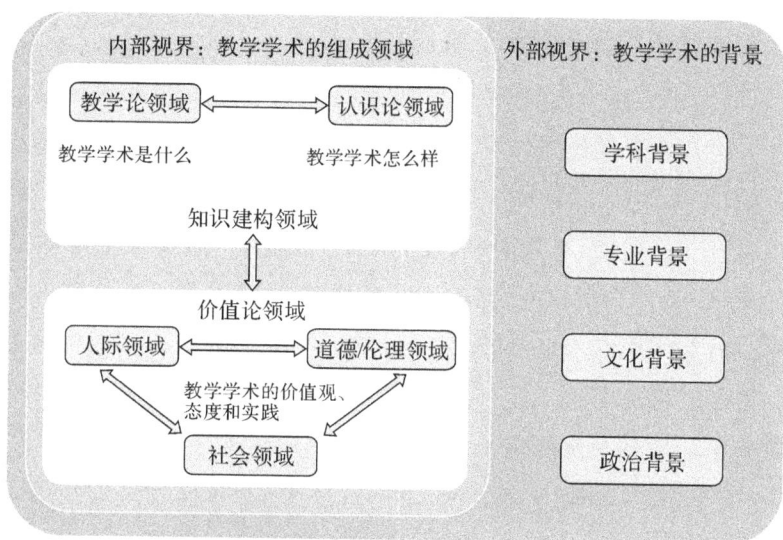

图 6.2　教学学术构成

思到对这些方面密集而严谨的研究,从对相关文献的了解到对其做出贡献以及从应用与整合的学术到发现的学术。人际领域专注于高等教育中不同角色之间的关系——老师—老师、老师—研究员、老师—学生,甚至学生—学生的互动。道德/伦理领域涉及高等教育教学过程和进行教学学术研究过程有关的道德和伦理问题。社会领域涉及高等教育在创新驱动战略中承担的社会使命。

　　在外部视界中,教学学术与学科互相影响,教学学术是在学科的背景下进行的,研究和教学方法会因学科而异,学科的性质会产生相关的教学学术知识,学科与教学学术的教学论领域和知识论领域有直接的联系。在专业背景下,高等教育教学本身就是一种职业,与特定的实践、标准和资格相关联,与人际关系领域密切相关,这影响了教学学术的性质。在文化背景中,文化广泛存在于高等教育系统,也影响着教学学术的内容和重点,它与道德/伦理密切相关。政治背景在很大程度上影响高等教育的政策和议程,社会领域和人际领域主要受政治背景的影响。

三、教学学术的评价标准

教学学术评价研究已经从相对抽象的标准转向关注探究过程。1997年，时任卡内基教学促进基金会临时主席的格拉塞克及其合作者提出高水平的教学学术可以从 6 个方面进行衡量，即清晰的目标、充足的准备、合适的方法、有意义的结果、有效的呈现和批判性反思。[①] 克莱伯和卡顿提出高水平的教学学术有 6 项标准：第一个标准是这项工作需要高水平的学科相关专业知识；第二个标准是具有创新性；第三个标准即知识可以被复制或详细阐述；第四个标准要求工作可以被记录下来；第五个标准是可以进行同行评议；第六个标准是工作的意义或影响。[②] 舒尔曼更进一步认为，当一种智力活动成为学术，它必须是公开的、由同行评价的，并且可以推动学术共同体的发展。[③] 里根等也认为教学学术在适当情况下必须遵守科学方法所规定的标准和惯例（例如系统的观察、完善的定义、精确的统计分析）。该活动生成的产品是经过同行评议的，为该领域贡献了新知识或产生了可复制的一般概念，并且必须可以公开展示。[④] 希尔和森特认为教学学术分布在三个层面，即教师个人、院系和学校层面，因此教学学术评价也要涉及这三个层面，每一个层面的教学学术评价都有三个重要的维度：分享教学、强调教学实践和学生学习成果、教学法知识及创新。[⑤] 张其志认为教学学术评价的内容包括教学工作和教学可见成果的评价，在评价主体方面应建立起学校（或院系）领导、专家、同行、学生和教师本人共同参与的"多元主体"。[⑥] 刘华东把教学学术分为三个维度：第一，教师教学素养的层次性，分为教学基本功、

①　Kreber C, Cranton P A. Exploring the scholarship of teaching [J]. The Journal of Higher Education,2000(4):476-495.

②　Glassick E, Huber T, Maerof I. Scholarship Assessed: Evaluation of the Professoriate [M]. San Francisco: Jossey-Bass,1997.

③　Shulman S. Teaching as community property[J]. Change, 1993 (11/12):4-7.

④　Gurung R, et al. The state of scholarship of teaching and learning in psychology [J]. Teaching of Psychology, 2008(35): 249-261.

⑤　Theal M,Centra J A. Assesing the scholarship of teaching:Valid decisions from valid evidence[J]. New Directions for Teaching and Learning,2001,(86):31-43.

⑥　张其志.大学教师教学学术评价的若干问题[J].高教探索,2011(4):70-73.

教学技能、教学学术三层;第二,教师自身的知识储备;第三,以学生为中心的教学理念。① 国内已有研究对教师教学学术水平的衡量主要包括三个方面:熟谙教育学知识、关注实践与反思、重视合作与交流②。魏戈认为可以从教学态度、教学理论、技能方法、教学交流、制度促进等五个维度衡量教师的教学学术水平。③ 穆香兰和张其志认为可从课堂教学质量、教学业绩、教学成果等方面来评价大学教师的教学学术水平。④

近年来,学者们对教学学术评估的研究从相对抽象的标准转向关注学生的学习和学习过程。费尔滕将教学学术理解为学术界重要的学术工作,教学学术的实践者需要确定良好实践的共同原则。这些原则包括:对学生学习的探究、基于背景、方法论合理、与学生合作进行,以及适当公开。⑤ 胡文龙和包能胜在特里格维尔三要素教学学术模型的基础上构建了三要素式教学学术的操作化评价指标体系,如表 6.1 所示。

表 6.1　教学学术的操作化评价指标体系

维度	内涵	评价指标	评价信息	评价方法	评价主体
学生发展	学生在教师培养、引导下所获得的知识、能力和价值观的发展	指导学生论文或项目获奖	论文和奖项等证明	定量	管理者
		学生对课程或教师的满意度(如学生评教等)	调查数据	定量	管理者

① 刘华东.试论大学教学学术的内涵[J].中国高教研究,2017(6):24-29.

② 耿冰冰.大学教师教学学术水平初探[J].学位与研究生教育,2002(2):60-63;綦姗姗,姚利民.教学学术内涵初探[J].复旦教育论坛,2004(6):28-30;宋燕.大学教学学术及其制度保障[D].武汉:华中科技大学,2011.

③ 魏戈.国内一流大学教师教学学术研究:来自北京大学的实证调查[J].复旦教育论坛,2014(2):34-35.

④ 穆湘兰、张其志."教学型教授"评聘的思考:兼论教学学术水平评价[J].黑龙江高教研究,2017(2):53-56.

⑤ Felten P. Principles of good practice in SoTL[J]. Teaching & Learning Inquiry:The ISSOTL Journal,2013(1):121-125.

续表

维度	内涵	评价指标	评价信息	评价方法	评价主体
教师发展	教师在教学研究或教学实验中发表与未发表的成果、参与的项目和获得的职业发展	教改论文	论文证明	定量	管理者
		教改项目	项目证明	定量	管理者
		未发表成果	教学文档	定性	教育学者
		职业兴趣	师生互动度	定性	多主体
同行发展	教师在分享、交流和研讨教学学术以及参加教学服务时，对年轻教师和同行产生的积极影响	参加学术会议	等级及贡献	定量、定性	教育学者
		参加教学工作坊或研讨会	等级及贡献	定量、定性	教育学者
		担任教研室主任等教研职务	时间及贡献	定性	管理者
		指导青年教师	指导质量	定性	多主体

他们认为，在特里格维尔创建的教学学术三要素中，知识和实践都是难以量化的，但是知识和实践两个维度最终都会凝聚在成果维度中，即通过成果测量出新知识和实践，从而衡量教师教学学术水平。[①] 但是他们的教学学术操作化评价指标体系也存在着一些问题，比如：在学生发展中，学生的知识、能力和价值观其实是较难衡量的，而用学生对课程或教师的满意度衡量出的并不是学生自己的知识能力和价值观，而是教师的教学水平和能力；在同行发展中，贡献或质量都是难以量化的数据。

综上所述，虽然学者们对教学学术的评价标准有多元的构建，但是也呈现出一些共性特征：第一，注重教师的知识，包括教学知识和教学理论的应用，并且随着时代的发展越来越注重教师教学观的转变；第二，注重教学成果的公开和分享，以及同行之间的评价和交流；第三，注重学生的学习和发展。

四、影响教师教学学术水平的因素

教师参与教学学术的程度会受教师个人层面和组织层面的影响。教师

---

① 胡文龙，包能胜.教学学术：概念辨析及其可操作化[J].高等工程教育研究，2015（5）：31-39.

个人层面主要是教师的教学学术观念,组织层面包括教师所在组织的制度和教学文化。

(一)教师个人层面

教师的教学学术观念至关重要,这会影响到教师教学学术和学生的学习。麦可妮认为年长的教师对学术的看法比较狭隘,对教学学术工作持有刻板的看法:教学学术的工作质量较低,无法推广,并且同行评审过程让人不够信服。希克瑞特等对159名教授的调查发现,绝大多数人认为知识的传播就是教学学术,包括:数据驱动的、基于课堂的研究(98%);在同行评议期刊上发表论文(97%);在同行评议的电子数据库中发表论文(92%);教与学的个案研究(89%);等等。而不同职称的教师对教学学术理解有差异,例如:只有40%的终身教授认为"在课堂上开发案例"是教学学术,而78%的终身教授助理认为不是;同样地,有82%的终身教授认为"基于学生评价来改变教学"不是教学学术,而有48%的终身助理教授持相反观点。此外,有43%的教师表示没有从事教学学术的经验,只有25%的教师从事教学学术并且获得了外部支持。[①] 特里格维尔分同行评议、理论运用、公开教学和探究四个维度对56名教师进行了问卷调查与访谈,发现如果教学被视为学术性的和探究性的,那么当它被公开和同行评议时,则认为教学学术提高学生学习水平的可能性更大。[②] 刘献君等就是否认为"教学是一门需要认真研究的专门学问"这个问题,对我国5所大学的691名教师进行了调查,发现35.7%的教师持"非常同意"的态度,57.5%的教师持"比较同意"的态度,只有不足10%的教师持"比较不同意"或"非常不同意"的态度。[③] 布奇调查了心理学系对教学学术的认知,大多数教师同意将"教学学术"纳入"学术"的

① Secret M，Leisey M，et al. Faculty perceptions of the scholarship of teaching and learning：Definition，activity level and merit considerations at one university[J]. Journal of the Scholarship of Teaching and Learning,2011(11):1-20.

② Trigwell K. Evidence of the impact of scholarship of teaching and learning purposes [J]. Teaching & Learning Inquiry：The ISSOTL Journal, 2013(1):95-105.

③ 刘献君,张俊超,吴洪富.大学教师对于教学与科研关系的认识和处理调查研究[J].高等工程教育研究,2010(2):34-42.

范围,教师们普遍认为教学学术帮助了学生和学院。[1] 古让等调查了北美心理学院对教学学术构成成分重要性的看法,参与者被要求根据教学学术成分在人事聘任决策中的重要性对其进行排名。在 142 名参与者中,超过一半的参与者赞成同行评议的出版物(54.9%)和领导的教员研讨会(55.6%),对人事聘任决策很重要。超过三分之一的参加者认为参加教师工作坊(44.3%)、专业陈述(40.0%)、教学影响的证据(45.3%)、获得资助(35.5%)和若干成分组合也是重要的。[2] 卡伦和艾利对 42 名大学教师进行了网络调查,当被问及学术身份和教学学术身份之间的关系时,大多数受访者声称没有区别,或者将这些身份描述为混合或交织的。大多数受访者还表示,他们的机构至少在口头上支持教学学术。然而,大多数人也发现了学科和教学学术活动之间的紧张关系,在 42 个调查对象中,只有 13 人(31%)认为不存在紧张感;有许多参与者对教学学术存在偏见,在任期和晋升方面,教学学术相比其他类型的学术出版物是无足轻重的。他们还对其中 10 个人进行了半结构化访谈,发现访谈参与者用教学学术描述他们的学术身份时,个人认知和情感因素、与他人的联系以及工作环境这三个领域是紧密联系在一起的。[3] 也就是说,参与者对教学学术有认知和情感上的重视,但他们对教学学术的重视程度会受到他人和环境的影响。

(二)社会环境层面

麦可妮认为,在学术界拥有正式或者非正式权力的人在教学学术的社会建构(教学学术的定义、教学学术的价值以及教学学术工作的回报)中具有巨大的影响力。[4] 高等教育中的共同权力基础包括职位、信息、专业知识

---

① Buch K. Faculty perceptions of SoTL at a research institution: A preliminary study [J]. Teaching of Psychology,2008(35): 297-300.

② Gurung R A, Ansburg P, et al. State of the scholarship of teaching and learning in psychology[J]. Teaching of Psychology,2008(35):249-261.

③ Karen M, Earle A. Troublesome knowledge of SoTL[J]. International Journal for the Scholarship of Teaching and Learning,2016(2): 2.

④ McKinney K. Attitudinal and structural factors contributing to challenges in the work of the scholarship of teaching and learning [J]. New Directions for Institutional Research, 2006(129):37-50.

和强制。因此,有权力的人包括管理者、具有传统研究地位的教师,以及在校外拥有资源和声望的教师。而她进一步指出,这些人持有狭隘的学术观点,不重视教学学术,因而在学科和机构中教学学术的地位较低,教学学术的资源和社会资本不足。因此,尽管强调大学的教学使命,但传统意义上的学术获得的资源和回报要比教学学术大。而教师作为"理性经济人",出于利益的考量可能还是倾向于从事传统的科研。例如,麦可妮在对一所研究型大学教学学术的现状调查中发现,94%的受访者表示从事教学学术会对他们的职业生涯产生负面影响(46%)或中性影响(48%)。① 夏皮罗通过案例说明了从事教学学术的教授在与普通教授竞争终身职位时依然处于劣势。② 同样地,布奇发现参与调查的 90%以上的研究型大学教师认为教学学术可以改善教学。然而,教学学术的价值以及它是否在晋升和终身职位实践中获得了回报方面存在很大差异。事实上,不到三分之一的受访教师认为,终身教职委员会在任期和晋升决策中使用了教学学术。③ 哈根等发现了对教学学术支持的矛盾之处。78.0%的受访者认为他们所在的部门鼓励教学学术,然而只有 28.1%的受访者认为教学学术在他们部门的评估程序中得到了明确的认可。④ 综上所述,制度开始是人设计的,而设计制度的有权者对教学学术的认知在很大程度上决定了教学学术的资源和从事教学学术带来的回报,制度又制约着个体的行为,教师的教学学术受制于制度。但总的来说,人的教学学术观念与教学学术制度是互为因果的。哈根等也发现影响个体参与教学学术可能性的四个关键因素是更加支持的制度文化,

---

① McKinney K. Using data to support and enhance SoTL[M]// Campus Progress: Supporting the Scholarship of Teaching and Learning. Washington: American Association of Higher Education,2004.

② Shapiro N. Promotion & tenure & the scholarship of teaching & learning[J]. Change,2006(38):38-43.

③ Buch K. Faculty perceptions of SoTL at a research institution: A preliminary study [J]. Teaching of Psychology,2008(35):297-300.

④ Gurung R, et al. The state of the scholarship of teaching and learning in psychology [J]. Teaching of Psychology,2008(35):249-261.

以及更多的时间、更多的专业发展机会以及更多的同事互动和支持。①

综上所述,教师的教学学术呈现出下列特点:第一,国外教师对教学学术的认同程度较高,并且认为教学学术有助于自身的专业发展和改进学生的学习;第二,教师的教学学术会受到他人、学科、机构制度等的影响;第三,反过来,教学学术也会影响教师发展、学科文化和机构的制度发展。

(三)提升教师教学学术水平的策略

教师的教学学术可以通过外部指导而获得发展。在机构和院校的层面,伯恩斯坦以加拿大不列颠哥伦比亚大学为期 8 个月的混合模式国际教师资格证书课程为个案,探讨如何指导教学学术研究。数据表明,在复杂的机构/课程/课堂环境中调查教学学术时,那些不熟悉社会科学方法的教职员工经历了重大的研究挑战。作为实践共同体的一部分,对教学学术的有效指导有利于获得积极的研究成果。例如,通过实践共同体,教学学术导师执行专业、促进和代理的角色,使个别教师参与教学学术研究。教学学术研究人员共同体帮助个别教师应对在不同学科背景下进行教学学术研究时所面临的关键认识论、方法论和伦理学挑战。② 古德堡和萨维认为教学学术专注于支持和完善学术探究,可以扩大学生学习成果的范围,改善从个别班级到整个院校的成果。这种扩展的角色与教师、部门和机构的需求相匹配。要使高等教育机构得到重视和支持,需要将其有意义地与该机构的研究和教学任务联系起来。③

威廉等从文化的角度考虑教学学术水平的提升问题,他们认为要将教学学术整合到制度层面,需要个人在相互联系的社会网络中协调行动,而不是单独行动。通过分析将教学学术整合到制度文化中的障碍和潜在途径,

---

① Haigh N, Gossman P, Jiao X. Undertaking an institutional "stock-take" of SoTL: New Zealand University case studies[J]. Higher Education Research & Development, 2011 (1):9-23.

② Bernstein D. How SoTL-active faculty members can be cosmopolitan assets to an institution[J]. Teaching & Learning Inquiry,2013(1): 35-40.

③ Goodburn A, Savory P. Integrating SOTL into instructional and institutional processes[J]. Mountain Rise, 2009(3):1-14.

他们提供了一个概念模型,以传播教学学术的价值和实践,要让 SOTL 在组织文化中扎根,就必须:①有效地将 SoTL 活动传播到各个层次;②建立良好的社交网络和这些层次(节点)之间的链接;③得到高层管理人员的持续支持。① 张旸认为要确立高校教师学术自由制度,重构高校基层学术组织制度,改造高校教学学术评价制度,建立适合教学学术评价的新机制,加大教师教学学术中心建设力度。②

从教师内部而言,姚利民等认为大学教师要学习教学、进行教学实践、反思教学以及研究教学。③ 科洛米特罗等认为教师个人可以是促进教学学术发展的内在动力,因此在调查的基础上提出了四个触发教学学术研究的机制,称为"学术窗"④(见图 6.3):自我维度的触发机制来自我们个人对自己教学经验的批判性反思;他者的维度产生于个人反思之外的事件,比如与学生在课堂上的经历,或与学科部门以外的同事的对话;生活在学科中用来描述个人是如何被学科惯例所塑造的;生活在教学学术中是一种承认

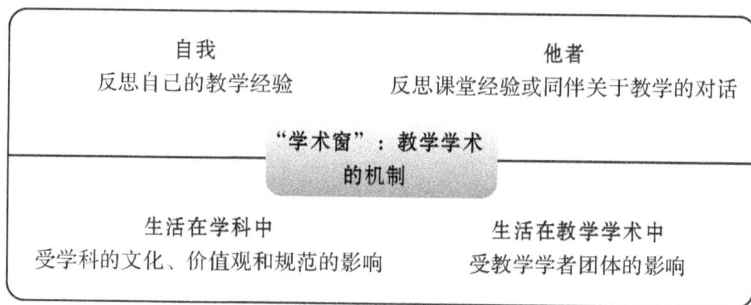

图 6.3　"学术窗"

①　Williams L，Verwoord R，Beery T A，et al. The power of social networks：A model for weaving the scholarship of teaching and learning into institutional culture[J]. Teaching and Learning Inquiry,2013(2)：49-62.

②　张旸.高等学校教学学术的价值意蕴及其制度建构[J]. 高等教育研究，2015(2)：39-45.

③　姚利民,綦珊珊,郑银华.大学教师成为教学学术型教师之路径探讨[J].大学教育科学,2006(5);41-45.

④　Kolomitro K，Laverty C,Stockley D. Sparking SoTL：Triggers and stories from one institution[J]. The Canadian Journal for the Scholarship of Teaching and Learning，2018(1)：10.

一些教育者在以教学和学习为主的环境中发挥作用的方式。

第二节　教学观

由于观念是内隐的,学者们对教学观的研究是在现象描述分析学(phenomenongraphy-describing)的理论基础上进行的,现象描述分析学是以人们对现象所做的描述为研究对象,分析研究人们对自己的经验所做的描述,进而找出人们在经历现象的过程中所形成的有实质性差别的各种观念。① 根据该理论,学者们应以具体的教育现象和情境作为调查背景,以发放问卷、访谈、课堂观察和教师日志的方式对教师的教学观进行研究。

一、教学观的取向

普罗瑟等提出,教学方法分为教师和学生两种大类取向,根据不同的目的具体分为五种不同的教学方法:①以教师为中心的策略,向学生传递信息;②以教师为中心的策略,目的是让学生获得学科的概念;③师生互动的策略,目的是让学生获得学科的概念;④以学生为中心的策略,旨在培养学生的观念;⑤以学生为中心的策略,旨在改变学生的概念。② 后来普罗瑟和特里格维尔发现教师的教学观和教学方式是相互关联的。③拉姆和基姆博进一步指出,特里格维尔等人的研究中使用的描述教师教学观与教学方式的术语可能存在同义反复的问题。例如,他们将最高层次的教学观描述为"教学是帮助学生变革概念",而他们对第⑤种教学方式的描述则为"以学生为中心的策略,帮助学生转变概念",因此他们描述的教学观和教学方式是一

---

① Marton F. Phenomenography-describing conceptions of the world around us [J]. Instructional Science,1981(10):177-200.

② Prosser M,Trigwell K,Taylor P. A phenomenographic study of academics' conceptions of science learning and teaching[J]. Learning and Instruction,1994(3):217-231.

③ Trigwell K,Prosser M. Changing approaches to teaching:A relational perspective [J]. Studies in Higher Education,1996(3):274-284.

致的。① 本书也赞同此观点,认为特别是在中文的语境里,特里格维尔描述的教学方式和教学观是一致的。

基姆博对 13 个有代表性的教学观的研究报告进行了对比、分析和整理,将人们在研究中发现的教学观归纳为五种,即传递信息、传递结构化的知识、师生互动、促进理解、观念转变与智力发展(见图 6.4)。这五种教学观从强调以教师为中心过渡到强调以学生为中心。前两种教学观强调教师和教学内容,属于以教师(或教学内容)为中心的教学取向;后两种教学观强调学生的主体地位和学习过程,属于以学生为中心的教学取向;师生互动的教学观介于两种取向之间。②

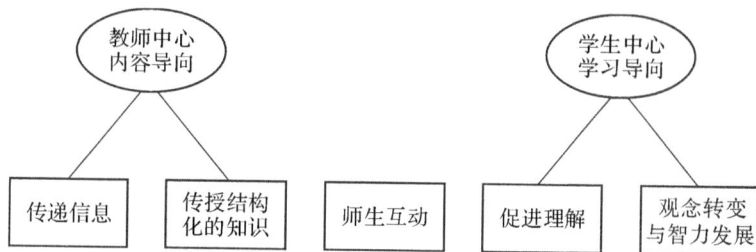

图 6.4　教学观的分类

这种分类方式也考虑了类别之间的边界,提出了以教师内容为中心和以学生/教学为中心的两种更广泛、更高的层次取向。每种取向下有两个概念,概念之间的边界具有弥散性,这意味着在每一对概念之间相对容易发展,但两种取向之间的转换被认为需要更重大的改变。第五个中间概念,即师生互动作为两个取向和各从属概念之间的过渡桥梁,被认为是必要的。基姆博还认为可以从动机、策略、焦点、评价、适应学生特点和经验/知识的来源六个维度测量教师的教学观(见图 6.5)。③

① Lam H，Kember D. The relationship between conceptions of teaching and approaches to teaching[J]. Teachers and Teaching：Theory and Practice,2006(6)：693-713.

② Kember D. A reconceptualisation of the research into university academics' conceptions of teaching[J]. Learning and Instruction,1997(3),255-275.

③ Kember K. Lecturers' approaches to teaching and their relationship to conceptions of good teaching[J]. Instructional Science,2000(28)：469-490.

以内容为中心		以学生为中心

强调教师的教学外部的动机，如 教学大纲、考试成绩、资格等 　←**动机**→　 认识到激励学生是教学角色的内 在组成部分
　　　　　　　促动因素

教师提供笔记、范例、讲义以及 参考文献等 　←**策略**→　 教师鼓励学生自己发现、建构知识
　　　　　　　指导

更面向全班 　←**焦点**→　 有意识地尝试处理个别学生的学 术和教导需求

频繁的考试和测验 　←**评价**→　 更具灵活性的评价

无差别对待学生或者迎合学生的 缺点 　←**适应学生特点**→　 尝试矫正学生的缺点

教师从自己的经验中举例 　←**经验/知识的来源**→　 利用和尊重学生的经验

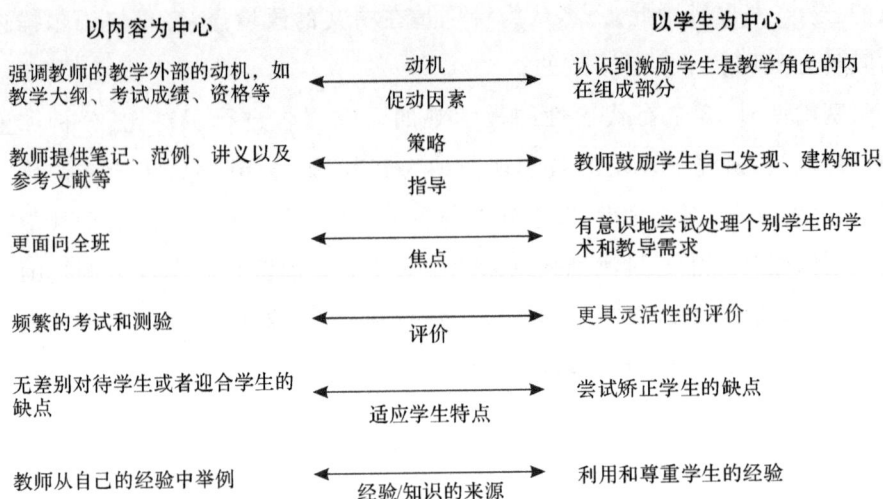

图 6.5　教学观的维度测量

　　高凌飚将教学观分为五种：传授型、应试型、能力型、态度型、育人型。在传授型和应试型的教学观中，学生都被看成是被动的接受者或受训对象，教学的内容和过程都是由外部因素控制的单向过程，因此他把这两者归纳为注入式的教学取向。而能力型、态度型和育人型这三种教学观中，学生处于主动的地位，教师只起引导辅助的作用，教学过程是双向的，教学内容更加丰富，因此他将这三种归纳为发展式的教学取向。[①] 陆根书和韦娜用基姆博的"教师教学观量表"调查了西安交通大学 2003 级 504 名本科生对教师教学观的感知，认为教学观可以分为关心激励、学科知识、问题解决、多媒体和传授知识五个维度。他们进一步把解决问题、关心激励学生以及学科知识命名为促进学习的教学观，剩下两个维度则为信息传递的教学观。[②]

　　本书基于已有研究，把教学观分为信息传递/以教师为中心和概念转变/以学生为中心。以教师为中心的教学观是指教师控制所教授的内容、所

---

　　① 高凌飚.教师的教学观：类型与跨文化比较[J].华南师范大学学报(社会科学版)，2001(6)：93-98.

　　② 陆根书,韦娜.大学教师教学观与大学生学习风格的相关研究[J].教学研究,2010(1)：1-12.

教授的时间、所教授的条件，而教学主要是向学生传递知识、技能和价值观。重点在于教师组织和呈现课程内容，使学生更容易理解。以学生为中心的教师往往认为学生不仅仅是被动的接受者，相反，教师认识到学生生理、心理、情感和智力需求。以学生为中心的教师注重培养学生现有的观念，鼓励他们构建自己的知识，并在他们的理解中发展知识。

二、教学观与教学行为

法兰克福学派左翼代表人物马尔库塞曾说："观念和文化的东西是不能改变世界的，但它可以改变人，而人是能够改变世界的。"[①]在以往的研究中，学者们发现教学观对教学行为具有重要的影响。克拉克与皮特森的研究表明，教师的思维过程对他们的课堂教学行为有相当的影响，在一定程度上决定了他们的课堂教学行为。[②] 尼斯博认为教师的教学观对教师的个体认知有着重要的影响，并支配其教学行为，最终决定其教学结果。[③] 布朗通过问卷、访谈和录像分析，对 8 位接受过探究教学培训的科学新教师进行了探究教学的教学观和教学行为研究，发现大部分教师的教学观与其教学行为之间存在差异，往往是教学行为落后于教学观。例如有的教师在观念上倾向于以学生为中心，但在教学行为上倾向于以教师为中心。他也发现教师往往有以学生为中心、以教师为中心等多种教学观和行为并存，揭示出教师个体教学观和教学行为关系的复杂性。[④]

陈颖对高中化学老师进行问卷调查发现：教学观与教学行为具有一致性，但是82.4%的教师赞同教学观与教学行为存在脱节现象。[⑤]庞丽娟和叶

① 翟华，张代芹. 观念世界探幽[M]. 济南：山东文艺出版社，1989：1.

② Clark M, Peterson L. Teachers' thought process [M]// Wittrock M C, Peterson P L. Handlook of Reseach on Teaching. New York：Macmillam, 1986：255-296.

③ Nespor J. The role of beliefs in the practice of teaching[J]. Journal of Curriculum Studies,1987(14):317-328.

④ Brown S. Theory to practice：A study of science teachers' pedagogical practices as measured by the science teacher analysis matrix (STAM) and teacher pedagogical philosophy interview (TPPI) [D]. Tennessee：The University of Tennessee, 2002.

⑤ 陈颖. 新课程背景下高中化学教师教学观想教学行为转化的机制及策略研究[D]. 北京：北京师范大学,2009.

子认为教学观与教学行为存在差异的原因是两者本身的性质不同,并进一步提出教师的教学观处于不同的层次和水平,对教学行为的影响也不同,只有当教学观内化成自我概念,处于"隐概念"的水平时,才会对教学行为有更大的指导作用。① 教学观与教学行为的关系并不是非此即彼的,从上述研究中我们可以发现教学观能对教学行为产生影响,但是这种影响往往会因为教学观的内化层次不同而不同。

三、教学观与学生的学习

基姆博和高把教学观分为以教师为中心与以学生为中心两种,调查了香港理工学院的 39 位讲师和他们的学生,发现教师的教学观与参与纵向调查的学生学习数据相关。在知识传播方面得分高的教师不鼓励学生采取深入的学习方法,以学生为中心的教师也似乎不太可能诱导学生使用浅层学习法。② 特里格维尔等也做了相似的调查。他们调查了澳大利亚的 48 个大学班级(包括 46 名理科教师和 3956 名理科学生),结果表明:在教师采用传播知识教学观的班级中,学生更有可能采用浅层的方法来学习该学科。相反,在学生采用深层次学习方法的班级中,教师持有的是以学生为中心和改变学生观念的教学观。因此,他们鼓励教师向以学生为中心的教学观转变。③ 陆根书和韦娜的研究也表明教师的教学观对学生学习风格的形成具有显著影响。当教师持信息传递的教学观,认为教学仅仅以传递知识为目的时,学生更可能采用再现导向的学习方式,这将不利于学生学习成绩的提高;当教师持以学生为中心的教学观,认为教学的目的在于帮助学生发展并改变自己的观念时,学生就会倾向于采用意义导向和情景导向的学习方式,从而促进学习。④

---

① 庞丽娟,叶子.论教师教育观念与教育行为的关系[J].教育研究,2000(7):47-50.

② Kember D, Gow L. Orientations to teaching and their effect on the quality of student learning[J]. The Journal of Higher Education, 1994(1): 58-74.

③ Trigwell K, Prosser M, Waterhouse F. Relations between teachers' approaches to teaching and students' approaches to learning[J]. Higher Education, 1999(1):57-70.

④ 陆根书,韦娜.大学教师教学观与大学生学习风格的相关研究[J].教学研究,2010(1):1-12.

　　阿克和雅克设计了一组实验,以研究不同的教学观下的教学方法对学生的影响。有 12 名教师参加了实验,并且都用了科学、技术和社会策略(STS)。在对照组班级中,由教师确定课程结构和通常使用的教学形式。相反,实验班几乎完全是以学生为中心的。结果表明,以学生为中心的班级的学生在理解和运用过程技能、运用创造技能、培养更积极的态度以及在新环境中应用科学概念的能力上明显优于以教师为中心的班级的学生。然而,在基础科学概念的掌握方面,两组没有显著的差异。[①]教师的教学观对学生的学习能产生影响,具体表现为:在持有以知识传递/教师为中心的教学观老师的班级中,学生倾向于采用浅层信息加工的学习方式,因而学习效果不佳,特别是在学生的技能方面表现更明显;在持有以概念转变/学生为中心的教学观老师的班级中,学生进行的是深层次的学习,对学生的理解能力和自我学习能力有显著的帮助。

四、教学观的影响因素

　　观念是人们在实践活动中发展和形成的,任何一种观念都是由人们的经历、知识、能力、特定需要以及所处的社会环境等因素决定的。[②]

　　教师教学观的形成与教师成长的文化背景、学习经历、教育实践经历以及工作环境和社会环境有关,这一观点基本在学术界形成了共识。但在早期,不同流派的学者倾向于不同的方面。社会心理学家侧重社会文化对教学观的影响,他们认为教学观是教师在接受文化观念的过程中形成的。而持自我建构观点的学者们认为教师的教学观是教师自我建构的过程,世界是客观存在的,个体对世界的感知因人而异,而这种感知对个体本身而言是正确的,教师根据自身对教学理论的理解和解释设计教学、检验理论的有效

　　① Akcay H,Yager E. The impact of a science/technology/society teaching approach on student learning in five domains[J]. Journal of Science Education and Technology,2010(6):602-611.

　　② Entwistle N,Walker P. Strategic alertness and expanded awareness within sophisticated conceptions of teaching[J]. Instructional Science,2000(28):334-361.

性,并根据检验结果修正自己的理论。① 后来,学者们发现教学观的形成较为复杂,并不是仅靠自我建构和社会建构形成的,而往往在两者的合力作用下形成。凯德斯瓦特等研究指出,教师的教学观念主要有以下六方面主客观的来源:作为学习者的经验;教学过程中取得的最佳效果的经验;个人既定的教学风格、做法;个人因素;基于教育或研究的原则;源于某种教学方法和途径的原则。② 吴薇通过调查中国与荷兰研究型大学教师的教学经历发现,外部环境和个人背景对教师的教学观具有重要影响,外部环境主要包括班级环境、教学工作环境、高等教育体系政策环境以及国家社会文化环境四大层次;个人背景主要是教师自身的学习经历、教学领域和科目以及教学经历的长短。③ 易凌云将教育观念分为浅层教育观念的形成、实践操作形态的个人教育观念的形成、理论形态的个人教育观念的形成以及个人教育风格的形成四个阶段。他的观点对作为教育观念下位概念的教学观形成也有一定解释力。在初级阶段,教师对教育理论有了一定了解并赋予了自己的理解,对教育实践的认识比较粗浅,处于模拟、想象的状态。教师在接触外界教育理论或教育经验时,能够产生的敏感接触点越多,教师形成浅层教育观念的可能性就越大。而实践是教育观念形成的关键阶段,从实践中获得的感性经验积累为形成较为系统的实践操作形态的个人观念奠定了基础,在实践中获得的反馈是决定教师是否有进一步积极态度和行为的重要因素。④

---

① James C, Denicolo P, Christopher C. Research on Teacher Thinking (RLE Edu N): Understanding Professional Development[M]. New York: Routledge, 2012.

② Kindsvatter R, Wilen W, Ishler M. Dynamics of Effective Teaching[M]. New York: Longman, 1998:47.

③ 吴薇. 中荷研究型大学教师教学观念影响因素探析:基于莱顿大学与厦门大学的调查[J]. 教育研究与实验,2011(2):21-26.

④ 易凌云. 论教师个人教育观念的形成过程:兼论教师个人教育观念形成过程中的教育行为[J]. 教育理论与实践,2007(9):34-40.

五、教学学术与教学和教学观的关系

(一)教学学术与教学的关系

教学学术使大学教学有了新的意蕴,打破了传统教学中教师递薪传火授人以渔的局面,而是教师把教学当成一门高深的学问来对待。有许多研究证明了教学学术会促进教师的教学。胡波和赫钦斯调查了 137 位卡内基教学学术(CASTL)学者的教学学术经验。在受访者中,98%的人回答了与自己的课堂教学有关的问题,大多数人反映参与教学学术改变了他们的课程设计(93%)和学习评估程序(92%)。98%的学者反映参与教学学术能让自己在教学中更有激情,87%看到学生在学习上的进步,81%的人记录下了这些进步。此外,许多被调查者报告说,教学学术对自己所在部门的教学产生了积极的影响(72%),并且影响了他们部门之外的同事(80%)。①

西科恩和迈耶也为教学学术能对教学产生影响提供了论据。他们调查了 245 名从事教学学术的教师,大多数受访者表示不仅对教与学问题更感兴趣,而且越来越看重这种形式的学术,超过 90%的受访者表示曾将研究成果纳入课程,显示出教学学术与课堂教学的融合。② 布鲁和吉恩斯调查了悉尼大学教学学术的发展情况,探讨了 2002—2004 年教师的学术成就与教学的关系以及 2001—2005 年学生课程体验的变化。结果表明,教师从事教学学术与学生课程体验的变化之间存在着显著的关系,教师在教学学术上的表现差异与学生对良好教学、适当评估和一般技能发展看法的变化是相关的。③ 从上述调查我们可以推测,从事教学学术的教师会对教育问题有更广泛和更深入的理解,而这可能转化为更好的教学,通过对教学的研究,他们也可能更倾向于采用有理论支持的创新教学策略。因此,教学学术可以促

---

① Huber T, Hutchings P. The Advancement of Learning: Building the Teaching Commons[M]. San Francisco: Jossey-Bass, 2005.

② Ciccone A, Myers R. Problematizing SoTL Impact[C]//ISSOTL Conference. University of Wisconsin-Milwaukee, 2006.

③ Brew A, Ginns P. The relationship between engagement in the scholarship of teaching and learning and students' course experiences[J]. Assessment & Evaluation in Higher Education, 2008(5):535-545.

进教育研究成果更好地渗透到实际的课堂教学中。

(二)教学学术和教学观的关系

教师的教学学术对教学观有重要影响。因为教学不再是一项日常的、枯燥的工作,而是一项需要智力和理性思考的学术工作,教师不仅要通过教学传播知识,更要发展学生的批判思维和继续学习的能力。在教学的过程中,教师与学生教学相长,在此过程中拓展和创新师生双方的知识。而传统的教师传授知识、学生识记知识的教学方法显然不能达成此目的。科西恩指出教学学术会改变教师对教学的理解,改变其教学观。① 特里格维尔分同行评议、理论运用、公开教学和探究四个维度对 56 名教师进行了问卷调查和访谈,发现在教师的教学观和教学学术之间存在一套系统的相关关系。在以学生为中心的教学观的量表中得分更高的教师在教学学术四个维度的量表中得分也更高,而以教师为中心的教学观的量表中得分更低的教师在教学学术的量表中得分也更低。② 黑格等也发现了这一现象,124 名奥克兰理工大学的教师中,58%的教师报告他们持以学生为中心的教学观,而三分之一的教师以教师为中心或者两种取向都考虑。而持以学生为中心的教学观的教师(45%)比以教师为中心的教师(29%)更可能从事教学学术。③ 这个数据与卢埃德克对教师 2 年以上的纵向研究的结果相一致,他的研究表明采用或习得以学生为中心的教学观的教师更有可能表现出教学学术的特征。他还提出,促进教学观向以学生为中心的方法转变有助于教学学术的实践。④

---

① Ciccone T. Examining the impact of SoTL[J]. International Commons, 2008(1): 12-13.

② Trigwell K. Evidence of the impact of scholarship of teaching and learning purposes [J]. Teaching & Learning Inquiry: The ISSOTL Journal, 2013(1):95-105.

③ Haigh N, Gossman P, Jiao X. Undertaking an institutional 'stock-take' of SoTL: New Zealand University case studies[J]. Higher Education Research & Development, 2011 (1): 9-23.

④ Lueddeke R. Professionalising teaching practice in higher education: A study of disciplinary variation and "teaching-scholarship"[J]. Studies in Higher Education, 2003(2): 213-228.

赫钦斯等对教学学术进行了详细的评估。他们都与卡内基促进教学发展基金会(Carnegie Foundation for the Advancement of Teaching,CASTL)关系密切,调查评估了 CASTL 教学学术项目参与者的体验,项目调查涉及四个关键领域:教师如何教学、学生学习、机构文化、教学学术如何影响其他校园活动。该调查采用了 7 点量表,旨在通过从"广泛的"、"局部的"到"没有明显的影响"的选项来捕捉影响的程度。接受调查的学院和大学有 103家达到 57% 的回收率。大多数被调查者表示,教学学术对教师有显著的影响,教师相应地倾向于更多地使用主动学习策略,并对学生学习成果的使用表现出更大的兴趣。他们反映有了新的机会和一种新的许可感分享想法和互相学习。调查还记录了教学学术在改进学生学习方面的作用,包括学生态度的积极变化以及对学习更高的参与度。教学学术也影响了机构文化,受访者表示,由于参与教学学术,他们对教与学产生了极大的兴趣,参与了更多的课程开发和评估活动。[①] 陈静认为教师只有通过反思、交流、公开,在听取同行和专家的意见的基础上改变自己的观点并运用到教学中,才有可能提高教学质量,促进学生的学习。[②] 教学学术鼓励教师对自己的教学进行反思,将自己的经验和教学成果公开,与同行交流,并进行评议,这些举措都利于促进教师对自身教学观的反思和监控,从而使自身的教学观向以学生为中心的取向转变。相应地,持概念转变/以学生为中心教学观的教师把学生放在中心,为了促进学生的学习和提高其能力,自然而然会对教学进行反思,与同事交流教学经验,而这些也是构成教学学术的重要因素。因此,教学观与教学学术关系密切。

---

① Hutchings P, Huber M T, Ciccone A. The Scholarship of Teaching and Learning Reconsidered: Institutional Integration and Impact[M]. Hoboken: John Wiley & Sons, 2011.

② 陈静.大学教师教学观及影响因素研究:基于"教学学术"的视角[J].集美大学学报(教育科学版),2017(6):7-13.

第三节　本章小结

　　综上所述,国外对教学学术的研究已经形成系统并付诸实践,已经有专门的教学学术期刊和协会,学者们的研究既涉及理论层面对教学学术内涵的研究、教学学术特征的研究和教学学术模型的构建研究,也涉及实践层面的教学学术评价标准研究、发展障碍研究、教学学术涉及的对象及背景研究和提升教学学术水平的探讨。教学学术研究重点已经从定义的辩论转到教学学术的影响,已经从个别项目设计转变为制度变迁。在我国,教学学术研究越来越受到重视,但仍需要重视以下研究问题:

　　第一,教学学术的定义尚不明确,关于教学学术在高等教育和教学研究领域的地位缺乏明确的规定。而且学术界对教学学术内涵模糊的现象也有不同的看法,一种观点认为教学学术缺乏明晰、统一的概念界定会使问题扩大,不利于教学学术研究的深入开展。① 因此,学术界要对教学学术的定义有统一的认识。另一种观点认为,对教学学术内涵有不同的理解是有利于教学研究的开展的,因为学科、机构和国别不同,自然而然会产生丰富的意义和功能。② 统一的定义反而会束缚教学学术在不同背景下的研究,从而限制了它的丰富性和潜力。本书认为,教学学术的概念含糊主要是因为博耶在提出教学学术的新学术观之后不久就去世了,在《学术反思:教授工作的重点》一书中并没有明确指出其分类的理论基础和依据,这就导致教学学术没有稳定的根基因而招致质疑,再加上学者们都带着各自学科和国家的烙印去研究教学学术,这就引发了教学学术含义的多元性。现在已经有两点是学者们普遍接受认同的:教学学术是关于教与学系统的研究和反思;研究

---

　　① Kreber C. Conceptualizing the scholarship of teaching and identifying unresolved issues: The framework for this volume[J]. New Directions for Teaching and Learning,2001(86):1-18.

　　② Mckinney K. Enhancing Learning through the Scholarship of Teaching and Learning: The Challenges and Joys of Juggling [M]. Bolton: Anker Publishig, 2007: 5.

成果能够公开,并被同事评价、使用、发展和完善。随着人们对其研究的深入,教学学术的含义会不断丰富并最终形成共识。因此,有必要对教学学术的内涵做深入系统的研究,特别是以我国研究型大学教师作为研究对象,调查他们对教学学术概念的认识。

第二,对教学学术缺乏合理性的论证,特别是国内研究把重点放在教学学术理论和教学学术运动背景介绍上,但对其兴起的原因和它本身的价值缺乏认识。对教学学术存在一种"知其然但不知其所以然"的怪圈。目前我国关于教学学术的研究大多是从教学学术的视角看教师的专业发展、教学评价制度,或者描述我国教学学术的现状,也有学者对教师教学学术和制度保障进行研究。但总体来说,缺乏对教师教学学术影响的研究,特别是研究型大学教师这个群体更是无人涉足。国外研究教学学术的著名学者麦可妮认为,教学学术最重要的功能是促进学生的学习。[①] 这一说法得到了众多教育工作者的认同,但是我国还没有相关研究,导致人们对教学学术的价值认识不足,从而使得教学学术在我国难以推行。已经有很多研究表明教师的教学观与学生的学习存在正相关的关系,本书认为,教学观作为教学学术里面的一个重要维度,通过对教学观的测量可以进而说明教学学术可以促进学生的学习。

第三,现象分析学出现后,教育学界对教学观的研究也随之兴起,主要涉及教学观对教学行为的影响、教学观对学生的影响和教学观的转变等。已经有众多学者通过实证研究说明教学观对教学行为、学生学习的重要影响。由于教学观的形成与教师的文化背景、学习经历和教学实践经历以及工作环境和社会环境有关,且一旦形成就具有稳定性,因此,要转变教师的教学观并非易事。周先进和靳玉乐指出,教学观的转变依赖于一些客观和主观的条件。它的客观条件主要体现在:反思性教学文化的形成;校本教研制度的建立;考试评价改革的推进。它的主观条件主要体现在:批判精神的

---

① McKinney K. Increasing the impact of SoTL: Two sometimes neglected opportunities[J]. International Journal for the Scholarship of Teaching and Learning, 2012 (1):3.

形成;教学理论素养的提高;思维方式的转换;原有教学观与新教学观的冲突。教师教学观转变的策略主要体现在:"反思日记"制度化;参与"教育科研"习惯化;"教学理论学习"自觉化;"教学交流"经常化。① 我们不难发现这些主客观条件与教学学术的高度相关性,但学者们对这一关系的认识程度并不高,在国外有研究教学学术的资深学者提出教学学术与教学观联系密切的观点,并对此进行了实证调查,而我国关于教学观的研究并未涉及教学学术。这也是本书的创新所在。

---

① 周先进,靳玉乐.教师教学观念转变的条件与策略[J].课程·教材·教法,2007(11):9-14.

第七章　教学学术与教学观的关系

本章主要分为两个部分:第一部分是对研究型大学教师的教学学术和教学观的整体情况进行描述性分析,并分析这些变量在性别、年龄、教龄、职称、教育经历和所属学科方面的差异;第二部分是对研究型大学教师的教学学术和教学观进行相关分析,然后对教师的教学学术和教学观的影响因素进行回归分析。

第一节　教学学术与教学观的描述研究

一、样本描述统计

(一)样本情况

本部分旨在探讨研究型大学教师的教学学术和教学观的整体状况、影响因素及相关关系,考虑研究的可行性,本书主要以原"985"重点建设的高水平研究型大学的教师作为调查对象进行问卷发放。

本书通过网络发放调查问卷的形式对 39 所研究型大学的教师进行问卷发放与数据收集。问卷共回收 601 份,有效问卷 597 份,样本分布较为均匀合理,能够对总体情况进行较为科学的预测。具体有效样本见表 7.1。

表 7.1　调查对象基本特征变量频率分布情况

基本特征	选项分布	频率	有效百分比/%
性别	男	483	80.9
	女	114	19.1
年龄	24—29 岁	13	2.2
	30—34 岁	120	20.1
	35—39 岁	132	22.1
	40—49 岁	209	35.0
	50—59 岁	109	18.3
	60 岁及以上	14	2.3
教龄	0—3 年	112	18.8
	4—6 年	75	12.6
	7—10 年	98	16.4
	10 年以上	312	52.3
职称	助教	4	0.7
	讲师	96	16.1
	副教授	249	41.7
	教授	248	41.5
学科	理学	178	29.8
	工学	258	43.2
	人文社科	111	18.6
	管理学	39	6.5
	医学	11	1.8
最后学位	境内博士	451	75.5
	境外博士	123	20.6
	境内硕士	19	3.2
	境外硕士	1	0.2
	学士	3	0.5

(二)因子分析

1.教师教学学术因子分析

教学学术问卷共有 24 个题项,均分为非常不符合、符合、一般、比较符合、非常符合 5 个等级。本书采用 SPSS 22.0 进行探索性因素分析,采用

SPSS 内定的主成分分析,并进行最大方差法转轴。第一次探索性因素分析的 KMO 为 0.862,Barlett's 球形检验的 X^2 为 5451.605(df=276),显著性概率值 $p=0.000<0.05$,拒绝虚无假设,代表总体的相关矩阵间有共同因素存在,适合进行因素分析。结果显示提取了 7 个主要成分,但是由于共同因素六、七均只包含 2 个题项,层面所包含题项少于 3 个,因而删掉这两个共同因素较为适宜,即删除题项 8、9、15、16。删掉后进行第二次因素分析,KMO=0.872,Barlett 球形检验 $p=0.000$,适合进行因素分析,且五个因素构念解释变异量分别为 31.332%、10.237%、8.998%、6.404%、5.320%,联合解释变异量为 62.290%,已达到 60% 的理想标准,表明保留五个因素是适切的(见表 7.2)。

表 7.2 教师教学学术水平量表的因子分析结果

题项或变量		最大变异法直交转轴后的因子负荷量				
		因子一	因子二	因子三	教学探究	教师成果
教学反思与实践(因子一)	反思教学方法	0.868	0.043	0.180	0.054	0.036
	反思教学内容	0.830	0.100	0.208	0.066	−0.010
	进行教学总结	0.730	0.029	0.272	0.109	0.086
	反思教学效果	0.719	−0.007	0.296	0.148	0.131
	我的授课方法是灵活的,会根据学生进行调整	0.626	0.188	−0.071	0.343	0.071
	我熟练地掌握了一套符合学科特点的教学方法	0.579	0.191	−0.036	0.364	0.220
	能解释什么理念支撑着自己的教学	0.558	0.131	−0.037	0.346	−0.016
学生成果(因子二)	我指导的学生论文在核心期刊上发表过	0.058	0.839	0.013	0.103	0.060
	我会带领学生进行科研训练	0.257	0.803	0.010	0.085	−0.088
	我指导学生的项目获过奖	0.025	0.745	0.083	0.108	0.222

续表

题项或变量		最大变异法直交转轴后的因子负荷量				
		因子一	因子二	因子三	教学探究	教师成果
教学同行评议（因子三）	我经常与同事讨论教学、互相评课	0.168	0.066	0.747	0.217	0.183
	我会主动旁听同事的课堂	0.031	0.017	0.696	0.307	0.155
	我很欢迎同事们对我的教学进行点评	0.393	0.018	0.658	−0.028	−0.059
教学探究（因子四）	系统地接受过大学教学培训	0.121	0.101	0.031	0.714	0.096
	对学生的学习方式好奇并进行研究	0.299	0.094	0.328	0.622	−0.001
	经常阅读教学书籍和教学理论	0.177	0.144	0.341	0.615	0.112
	记录自己的教学过程和学生的进步	0.333	0.000	0.350	0.493	0.103
教师成果（因子五）	我经常在期刊上发表教学研究类论文	0.076	0.168	0.213	0.038	0.830
	我主动撰写过教学论文	0.072	0.235	0.152	−0.004	0.803
	我没有公开展示过个人教学总结报告	0.077	−0.175	−0.065	0.207	0.623
特征值		6.266	2.047	1.800	1.281	1.064
解释变异量/%		31.332	10.237	8.998	6.403	5.320
累积解释变异量/%		31.332	41.569	50.567	56.970	62.290

为了进一步验证教师教学学术维度的合理性，本书对教学反思与实践、学生成果、教学同行评议、教学探究、教师成果五个维度分层面进行内部一致性检验，结果如表 7.3 所示。

表 7.3　可靠性统计量

维度（分量表）	题项数	Cronbach's α
教学反思与实践	7	0.868
学生成果	3	0.734
教学同行评议	3	0.699
教学探究	4	0.722
教师成果	3	0.673

　　教学反思与实践维度的 Cronbach's α 为 0.868，信度指标甚佳；学生成果维度的 Cronbach's α 为 0.734，具有较好的信度；教学同行评议维度的 Cronbach's α 为 0.699，信度指标尚可；教学探究维度的 Cronbach's α 为 0.722，信度指标佳；教师成果维度的 Cronbach's α 为 0.673，信度指标尚可。五个维度的 Cronbach's α 均达到 0.6 以上，这说明 5 个分量表的内部一致性较好。总量表的 Cronbach's α 为 0.855，信度指标甚佳。因此，正式问卷的教学学术水平量表保留了 20 个题项。

　　2. 教师的教学观因子分析

　　本书的教师教学观问卷以特里格维尔和普罗瑟的教学方式量表作为蓝本，经过中文翻译、修订成了现在的量表。量表包含 22 个题项，每道题目由非常不符合、符合、一般、比较符合、非常符合 5 个等级组成。该量表已经经过了前人的验证和推广，因此针对此量表，本书首先通过 SPSS 22.0 对 22 个题项采用限定抽取共同因素法进行分析，采用主成分萃取因子和最大方差法进行直交转轴。结果显示，KMO＝0.856，Barlett 球形检验的 p＝0.000，适合进行因子分析。其中："这门课应该利用很多教学时间来质疑学生的想法"在每个共同因子的因子负荷量太小，因此将其删除；"向学生介绍很多事实很重要，这样他们才知道这门课要学什么"在两个因子中的因子载荷量很接近，也应将其删去。进行第二次因子分析，KMO＝0.857，Barlett 球形检验的 p＝0.000，适合进行因子分析。具体结果如表 7.4 所示。

表7.4　教师教学观量表因子分析结果

题项		最大变异法直交转轴后的因子负荷量	
		因子一	因子二
以学生为中心（因子一）	这门课的教学应该帮助学生提出自己的想法	0.742	−0.036
	我会鼓励学生用正在学习的这门科目的新思维方式重新建构他们现有的知识	0.719	0.037
	我认为教学可以帮助学生发展这门科目的新思维方式	0.705	0.052
	这门课的教学应包括帮助学生找到自己的学习资源	0.652	0.006
	在与学生的交流中,我会试图与他们就我们正在学习的话题展开对话	0.650	0.100
	我会给学生机会让他们讨论对这门课的理解有何变化	0.650	0.093
	我提供的材料能使学生建立起这门科目的知识基础	0.597	0.181
	在课堂上我会留出一些时间,让学生们互相讨论这门课的关键概念和一些想法	0.581	−0.070
	在这门课的教学中,我会故意引起学生的争论和讨论	0.576	−0.068
	在这门课的教学中,了解学生对课程内容的理解程度是很重要的	0.542	0.132
	这门课的学生最好自己做笔记,不要抄我的讲义(PPT)	0.434	0.088
以教师为中心（因子二）	在这门课中,我的教学重点是能够充分向学生呈现教材内容	−0.020	0.719
	在我教授的科目中,我更注重把教材中的内容传授给学生	−0.004	0.710
	这门课应完全按照与正式考试有关的目标进行讲授	−0.154	0.660
	我会整理本课程的教学结构,以帮助学生通过考试	0.201	0.574
	在课程教学中我会提供考试重点和范围	−0.020	0.571
	我认为这门课程教学中的重要环节是给学生提供质量高的讲义	0.182	0.551
	我在这门课上的教学重点是向学生传授我所知道的知识	0.209	0.518
	学生应该把他们的学习重点放在我提供给他们的学习材料上,而不是其他	−0.076	0.465
	我应该知道学生们在这门课上可能对我提出的所有问题的答案	0.238	0.456

　　因子一包括 11 个题项,对其进行可靠性分析,Cronbach's α 为 0.841,信度指标甚佳;因子二包括了 9 个题项,Cronbach's α 为 0.765,信度指标佳。整个教师教学观量表的 Cronbach's α 为 0.802,信度指标甚佳。结合因子分析,最终量表保留 20 个题项。

(三)变量均值

　　从表 7.5 可以看出,共有 597 个有效样本,从均值来看教学反思与实践维度的均值最高,为 4.056,大于理论中值 3,介于比较符合和非常符合之间,且标准差小于 1,说明研究型大学教师在教学反思与实践维度的表现个体之间的差异并不显著。因此,从整体上看,研究型大学的教师在教学反思与实践维度的水平较高。学生成果维度的均值为 3.879,介于一般和比较符合之间,一般标准差为 1.005,大于 1,即研究型大学教师在学生成果维度的表现个体之间的差异很大。这表明研究型大学的教师在学生的教学学术成果方面表现一般,尚未达到良好的水平。教学同行评议维度的均值为 3.290,介于一般和比较符合之间,且只稍稍大于中值,说明研究型大学教师在教学同行评议的表现达到一般水平。在教学探究方面,均值为 3.395,略高于教学同行评议,也介于一般和比较符合之间,这说明研究型大学教师在教学探究维度的表现略好于教学同行评议,但整体也处于一般水平。教师成果维度的均值为 2.520,介于不符合和一般之间,这说明研究型大学教师教学学术成果水平偏低。

表 7.5　描述统计

维度	个案数	最小值	最大值	均值	标准差
教学反思与实践	597	2.000	5.000	4.056	0.545
学生成果	597	1.000	5.000	3.879	1.005
教学同行评议	597	1.000	5.000	3.290	0.728
教学探究	597	1.000	5.000	3.395	0.751
教师成果	597	1.000	5.000	2.520	0.921
以学生为中心	597	2.360	5.000	3.914	0.466
以教师为中心	597	1.110	5.000	3.179	0.562

　　就教学观念而言,研究型大学教师更倾向于持以学生为中心的教学观。

以学生为中心的均值为 3.914,介于一般和比较符合之间,且接近比较符合,而以教师为中心的均值为 3.179,低于以学生为中心,虽然也介于一般和比较符合之间,但更接近中值 3,即更接近一般。两种教学观的标准差均小于1,说明研究型大学教师在这两种教学观上个体之间没有显著差异。可以看出,研究型大学教师对以学生为中心的教学观更为青睐。

二、差异分析

(一)性别差异分析

本书通过独立样本 t 检验分析发现,性别对于教师的教学学术和教学观并无影响,具体结果如表 7.6 所示。

表 7.6 研究型大学教师教学学术和教学观的性别差异

维度	性别	个案数	均值	标准差	标准误差均值
教学反思与实践	男	483	4.051	0.552	0.025
	女	114	4.080	0.517	0.048
学生成果	男	483	3.911	0.994	0.045
	女	114	3.743	1.042	0.098
教学同行评议	男	483	3.275	0.715	0.033
	女	114	3.354	0.780	0.073
教学探究	男	483	3.383	0.743	0.034
	女	114	3.450	0.786	0.074
教师成果	男	483	2.527	0.916	0.042
	女	114	2.494	0.943	0.088
以学生为中心	男	483	3.913	0.468	0.021
	女	114	3.916	0.461	0.043
以教师为中心	男	483	3.197	0.561	0.026
	女	114	3.101	0.560	0.052

男女教师在教学反思与实践、学生成果、教学同行评议、教学探究和教师成果五个维度的均值相近,并且在教学观的取向上也无显著差异。p 值均大于 0.05,这说明其统计量确未达到显著水平。

(二)年龄差异分析

不同年龄段的教师教学学术和教学观的取向具有差异性。从表 7.7 可以看出,在教学反思与实践维度,年龄在 60 岁及以上的教师,其均值最大,为 4.388;50—59 岁的教师的均值为 4.2254,仅次于 60 岁及以上的教师;24—29 岁的教师的均值为 4.143,位居第三;30—34 岁的教师的均值最小,为 3.879,以此年龄段为界限,随着年龄的增长,教学与反思维度的均值有逐渐增大的现象。

表 7.7 不同年龄段教师教学学术和教学观取向差异

维度	年龄	个案数	均值	标准差
教学反思与实践	24—29 岁	13	4.143	0.484
	30—34 岁	120	3.879	0.482
	35—39 岁	132	3.998	0.516
	40—49 岁	209	4.080	0.558
	50—59 岁	109	4.225	0.566
	60 岁及以上	14	4.388	0.483
	总计	597	4.056	0.545
教学探究	24—29 岁	13	3.635	0.740
	30—34 岁	120	3.325	0.704
	35—39 岁	132	3.314	0.779
	40—49 岁	209	3.380	0.748
	50—59 岁	109	3.551	0.766
	60 岁及以上	14	3.554	0.666
	总计	597	3.395	0.751
教学同行评议	24—29	13	3.769	0.809
	30—34	120	3.200	0.603
	35—39	132	3.250	0.780
	40—49	209	3.260	0.742
	50—59	109	3.401	0.715
	60 及以上	14	3.595	0.808
	总计	597	3.290	0.728

续表

检验变量	年　龄	个案数	均值	标准差
学生成果	24—29 岁	13	3.205	1.093
	30—34 岁	120	3.297	1.101
	34—39 岁	132	3.912	0.965
	40—49 岁	209	3.994	0.901
	50—59 岁	109	4.232	0.841
	60 岁及以上	14	4.714	0.487
	总计	597	3.879	1.005
教师成果	24—29 岁	13	2.308	0.876
	30—34 岁	120	2.233	0.840
	34—39 岁	132	2.369	0.867
	40—49 岁	209	2.641	0.958
	50—59 岁	109	2.765	0.887
	60 岁及以上	14	2.905	0.982
	总计	597	2.520	0.921
以学生为中心	24—29 岁	13	3.993	0.554
	30—34 岁	120	3.795	0.420
	35—39 岁	132	3.940	0.440
	40—49 岁	209	3.904	0.506
	50—59 岁	109	3.987	0.422
	60 岁及以上	14	4.182	0.529
	总计	597	3.914	0.466
以教师为中心	24—29 岁	13	3.479	0.673
	30—34 岁	120	3.167	0.525
	35—39 岁	132	3.238	0.578
	40—49 岁	209	3.153	0.556
	50—59 岁	109	3.150	0.585
	60 岁及以上	14	3.056	0.491
	总计	597	3.179	0.562

在教学探究维度,24—29 岁的教师均值最大,为 3.635,处于一般和比较符合之间,说明这一年龄段的教师更愿意去探究教学;60 岁及以上的均值为 3.554,位居第二;30—34 岁的教师的均值最小,为 3.325,表明这一年龄段的教师最不愿意探究教学。随着年龄的增长,教学探究维度的均值呈逐年增大的趋势。在教学同行评议方面,24—29 岁的教师表现最佳,均值为 3.769,30—34 岁的教师的均值最小,此后随着年龄的递增,教师在教学同行评议方面的表现也越来越好。在学生成果维度,24—29 岁教师的均值最小,为 3.205;随着年龄的增长,教师的均值也不断增大。在教师成果维度,30—34 岁的教师的均值最小,24—29 岁的教师均值略高于 30—34 岁的教师,以30—34 岁为界限,教师成果的均值也随着年龄的增长而增大。

在以学生为中心维度,60 岁及以上的教师的均值最大,为 4.182,处于比较符合和非常符合之间;位居第二的是 24—29 岁的教师,均值为 3.993,处于一般和比较符合之间,并接近非常符合;35—39 岁的教师的均值为3.940,居于第三;均值最小的是 30—34 岁的教师,为 3.795。在以教师为中心维度,均值最大的是 24—29 岁的教师,为 3.479,处于一般和比较符合之间,而同时这一年龄段的教师在以学生为中心的教学观上均值位居第二。由此我们可以看出,对这一年龄段的教师来说,教学观还未正式形成,在以学生为中心和以教师为中心之间摇摆不定。60 岁及以上的教师以教师为中心的均值最小,这一结果与其以学生为中心的均值最大的结果相互验证,说明 60 岁及以上的教师更倾向持以学生为中心的教学观。

经过方差分析知悉,就教学探究和以教师为中心 2 个因变量而言,整体检验的 F 分别为 1.867($p=0.098>0.05$)、1.330($p=0.250>0.05$)未达到显著水平,均应接受虚无假设,表示两组样本的方差差异均未达到显著水平,因此不用进行事后检验。就教学反思与实践、教学同行评议、学生成果、教师成果和以学生为中心 5 个因变量而言,整体检验的 F 分别为 6.433($p=0.000<0.05$)、2.677($p=0.021<0.05$)、16.270($p=0.000<0.05$)、6.186($p=0.000<0.05$)、3.261($p=0.0006<0.05$),均达到显著水平,表明不同年龄段的教师在教学反思与实践、教学同行评议、学生成果、教师成果和以学生为中心方面均有显著差异存在,至于哪些配对组间的差异达到显著水

平,需要进行事后检验方能得知。

表 7.8　不同年龄段的教师教学学术、教学观差异的方差分析摘要

维度	组别	平方和(SS)	自由度	均方(MS)	F 检验	事后比较 LSD 法	事后比较 Scheff 法
教学反思与实践	组间	9.129	5	1.826	6.433***	B<D;B<E	B<E;B<F
	组内	167.738	591	0.284		B<F;C<E	
	总计	176.867	596			C<F;D<E; D<F	
教学同行评议	组间	6.995	5	1.399	2.677*	A>B;A>C; A>D;E>B	n.s.
	组内	308.901	591	0.523			
	总计	315.896	596				
学生成果	组间	72.788	5	14.558	16.270***	A<D;A<E	A<E;A<F
	组内	528.782	591	0.895		A<F;B<C; B<E;B<F	B<C;B<E; B<F
	总计	601.570	596			C<E;C<F; D<E;D<F	
教师成果	组间	25.127	5	5.025	6.186***		
	组内	480.097	591	0.812		B<D;B<E; B<F;C<D; C<E;C<F	B<D;B<E
	总计	505.224	596				C<E
以学生为中心	组间	3.480	5	0.696	3.261**	B<C;B<E	n.s.
	组内	126.137	591	0.213		B<F;D<F	
	总计	129.617	596				

注:*表示 p<0.05,**表示 p<0.01,***表示 p<0.001;A 表示 0—3 年,B 表示 4—6 年,C 表示 7—10 年,D 表示 10 年以上;n.s.表示无显著差异。

如表 7.8 所示,就教学反思与实践维度而言:最小显著差异法(简称 LSD 法)的多重比较发现,40—49 岁、50—59 岁和 60 岁及以上的教师的均值显著高于 30—34 岁的教师;50—59 岁和 60 岁及以上的教师显著高于 35—39 岁的教师;50—59 岁和 60 岁及以上的教师显著高于 40—49 岁的教

师。最严格、统计检验力最弱的 Scheff 法的事后比较检验依然发现，50—59岁和 60 岁及以上的教师显著高于 30—34 岁的教师。

就教学同行评议维度而言：LSD 法的多重比较发现，25—29 岁的教师要显著高于 30—34 岁、35—39 岁和 40—49 岁的教师；60 岁及以上的教师显著高于 30—34 岁的教师。Scheff 法的事后比较检验中，没有出现成对组的平均数差异达到显著水平。

就学生成果维度而言：采用 LSD 法的多重比较发现，40—49 岁、50—59岁和 60 岁及以上的教师显著高于 25—29 岁的教师；35—39 岁、50—59 岁和60 岁及以上的教师显著高于 30—34 岁的教师；50—59 岁和 60 岁及以上的教师显著高于 35—39 岁的教师；50—59 岁和 60 岁及以上的教师显著高于40—49 岁的教师。Scheff 法的事后比较检验发现：50—59 岁和 60 岁及以上的教师依然显著高于 25—29 岁的教师；35—39 岁、50—59 岁和 60 岁及以上的教师显著高于 30—34 岁的教师。

就教师成果因变量而言：LSD 法的多重比较发现，40—49 岁、50—59 岁和 60 岁及以上的教师显著高于 30—34 岁的教师；40—49 岁、50—59 岁和60 岁及以上的教师显著高于 35—39 岁的教师。Scheff 法的事后比较检验依然发现，40—49 岁和 50—59 岁的教师显著高于 30—34 岁的教师；50—59岁的教师显著高于 35—39 岁的教师。

在教学观上，就以学生为中心因变量而言：LSD 法的多重比较发现，35—39 岁、50—59 岁和 60 岁及以上的教师显著高于 30—34 岁的教师；60岁及以上的教师显著高于 35—39 岁的教师。Scheff 法的事后比较检验则没有发现成对组的平均数差异达到显著水平。以教师为中心的教学观在不同年龄段不存在显著差异。

（三）教龄差异分析

不同教龄的教师教学学术和教学观的取向具有差异性。从均值的描述性统计量（见图 7.1）知悉，在教学反思与实践维度：均值最大的是 10 年以上教龄的教师，为 4.166，处于比较符合和非常符合之间；均值最小的是 0—3年教龄的教师，为 3.909，接近比较符合；此后随着教龄的增长，均值也逐渐增大。在教学探究维度:10 年以上教龄的教师均值最大,为 3.498,处于一般和比较符合之间;0—3 年教龄的教师位居第二,为 3.366;4—6 年教龄的教师均值最小。在教学同行评议维度:10 年以上教龄教师的均值最大,0—3 年教龄的教师次之,然后是 7—10 年教龄的教师,4—6 年教龄教师的均值最小,介于一般和比较符合之间。在学生成果维度:10 年以上教龄教师的均值最大,7—10 年教龄的教师次之,然后是 4—6 年教龄的教师,0—3 年教龄教师的均值最小,最大为 4.142,介于比较符合和非常符合之间,为 3.313,介于一般和比较符合之间。在教师成果维度:10 年以上教龄教师的均值最大,7—10 年教龄的教师次之,然后是 4—6 年教龄的教师,0—3 年教龄教师的均值最小,均值都介于不符合和一般之间。在学生成果和教师成果维度的均值都随着教师教龄的增长而逐渐递增。

在教学观的取向上,就以学生为中心维度而言:10 年以上教龄教师的均值最大,7—10 年教龄的教师次之,然后是 4—6 年教龄的教师,0—3 年教龄教师的均值最小,10 年以上教龄的教师更倾向于持以学生为中心的教学观,其均值最大,为 3.972,介于一般和比较符合之间,并接近于比较符合。就以教师为中心的教学观而言:10 年以上教龄教师的均值最小,为 3.159,介于一般和比较符合之间;7—10 年教龄教师的均值最大,为 3.208。具有不同教龄教师的均值差异不大,都处于一般和比较符合之间。

通过方差分析知悉,就教学同行评议和以教师为中心两个维度而言,整

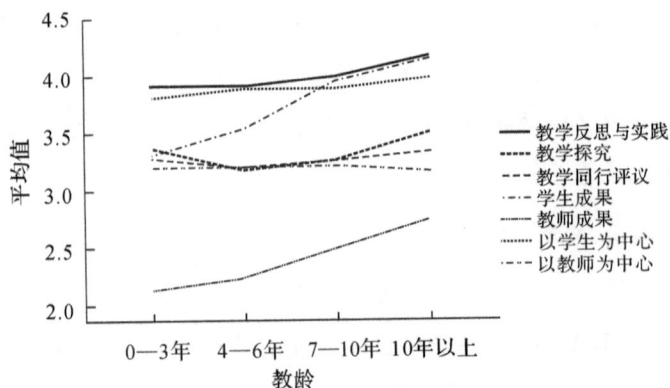

图 7.1　研究型大学教师教学学术与教学观在教龄上的差异

体检验的 F 分别为 $0.679(p=0.565>0.05)$、$0.297(p=0.827>0.05)$，未达到显著水平，均应接受虚无假设，即两组样本的方差差异均未达到显著水平，因此不用进行事后检验。拥有不同教龄的教师在教学同行评议和以教师为中心方面的差异不具有统计学意义。就教学反思与实践、教学探究、学生成果、教师成果和以学生为中心五个维度而言，整体检验的 F 分别为 $9.662(p=0.000<0.05)$、$5.159(p=0.002<0.05)$、$24.671(p=0.000<0.05)$、$4.209(p=0.006<0.05)$、$3.261(p=0.0006<0.05)$，均达到显著水平，表明具有不同教龄的教师在教学反思与实践、教学探究、学生成果、教师成果和以学生为中心维度均有显著差异，至于哪些配对组间的差异达到显著，需要进行事后检验方能得知。

表 7.9　不同教龄的教师教学学术、教学观差异的方差分析摘要

维度	组别	平方和	自由度	均方	F	事后比较 Scheff 法	事后比较 LSD 法
教学反思与实践	组间	8.243	3	2.748	9.662***	D>A	D>A
	组内	168.625	593	0.284		D>B	D>B
	总计	176.868	596			D>C	D>C
教学探究	组间	8.545	3	2.848	5.159**	D>B	D>B
	组内	327.412	593	0.552			D>C
	总计	335.957	596				
学生成果	组间	66.752	3	22.251	24.671***	C>A;C>B	C>A
	组内	534.818	593	0.902		D>A	C>B
	总计	601.570	596			D>B	D>A;D>B
教师成果	组间	36.514	3	12.171	15.399***	C>A	C>A;D>A
	组内	468.711	593	0.790		D>A	D>B
	总计	505.225	596			D>B	D>C
以学生为中心	组间	2.702	3	0.901	4.209**	D>A	D>A
	组内	126.914	593	0.214			
	总计	129.616	596				

注：** 表示 $p<0.01$，*** 表示 $p<0.001$；A 表示 0—3 年，B 表示 4—6 年，C 表示 7—10 年，D 表示 10 年以上。

如表 7.9 所示,10 年以上教龄的教师显著高于 0—3 年、4—6 年和 7—10 年教龄的教师。LSD 事后检验也得出了相同的结果。就教学探究维度而言:Scheff 法的事后比较检验发现,10 年以上教龄的教师显著高于 4—6 年教龄的教师,用 LSD 事后检验发现,10 年以上教龄的教师显著高于 4—6 年和 7—10 年教龄的教师。就学生成果维度而言:Scheff 法的事后比较检验发现,7—10 年教龄的教师显著高于 0—3 年和 4—6 年教龄的教师,10 年以上教龄的教师显著高于 0—3 年和 4—6 年教龄的教师。LSD 事后检验也得出了相同的结果。就教师成果维度而言:Scheff 法的事后比较检验发现,7—10 年教龄的教师显著高于 0—3 年教龄的教师,10 年以上教龄的教师显著高于 0—3 年和4—6年教龄的教师。LSD 事后检验发现,7—10 年教龄的教师显著高于 0—3 年和 4—6 年教龄的教师,10 年以上教龄的教师显著高于 0—3 年和 4—6 年教龄的教师。

在教学观上,就以学生为中心维度而言:Scheff 法的事后比较检验发现,10 年以上教龄的教师显著高于 0—3 年教龄的教师,LSD 事后检验也得出了相同的结果。而以教师为中心在教龄上不存在显著差异。

(四)职称差异分析

从均值的描述性统计量知悉,在教学反思与实践维度:教授的均值最大,为 4.116,介于比较符合和非常符合之间。副教授次之,然后是讲师,助教的均值最小,这说明随着职称的提升,教师更愿意反思教学并运用到实践中。在教学探究维度:助教的均值最大,为 3.813,教授次之,然后是讲师,副教授的均值最小,都处于一般和比较符合之间。在教学同行评议维度:助教的均值最大,教授次之,然后是讲师,副教授的均值最小。在学生成果维度:教授的均值最大,副教授次之,然后是讲师,助教的均值最小,均值最大为 4.161,介于比较符合和非常符合之间,而最小为 1.917,处于完全不符合和不符合之间,差异较大。在教师成果维度:教授的均值最大,副教授次之,然后是讲师,助教的均值最小,都处于不符合和一般之间。就教学观而言,在以学生为中心维度:教授的均值最大,副教授次之,然后是讲师,助教的均值最小,都处于一般和比较符合之间。在以教师为中心维度:助教的均值最大,副教授次之,然后是讲师,教授的均值最小,都处于一般和比较符合之间,但小于以学生为中心维度的均值。

经过方差分析发现,不同职称的教师教学学术的四个层面即教学反思与实践、教学探究、教学同行评议、教师成果,差异没有统计学意义,不同职称的教师在教学观上的差异也不具有统计学意义。就学生成果而言,整体检验的 F 为 $29.024(p=0.000<0.05)$,即不同职称的教师在学生成果这一维度的得分存在显著差异。至于哪些配对组间的差异达到显著水平,需要进行事后检验方能得知。

Scheff 法的事后比较检验发现,在学生成果维度:副教授的均值显著高于助教和讲师,教授均值显著高于助教、讲师和副教授。LSD 事后检验也发现了同样的结果,并且讲师均值显著高于助教。

(五)教育经历差异分析

从均值的描述性统计量知悉,在教学反思与实践维度:境内硕士的均值最大,为 4.261,介于比较符合和非常符合之间。境内博士次之,然后是境外博士。在教学探究维度:境内硕士的均值最大,为 3.533,境内博士次之,然后是境外博士,均值都处于一般和比较符合之间。在教学同行评议维度:境内硕士的均值最大,境内博士次之,然后是境外博士。在学生成果维度:国内硕士的均值最大,境内博士次之,然后是境外博士,最大为 3.9710,介于一般和比较符合之间。在教师成果维度:境内硕士的均值最大,境内博士次之,然后是境外博士,都处于不符合和一般之间。就教学观而言,在以学生为中心维度,境内硕士的均值最大,境外博士次之,然后是境内博士。在以教师为中心维度,都处于一般和比较符合之间,但都小于以学生为中心维度的均值。

经过方差分析发现,具有不同教育经历的教师教学学术的四个层面的差异没有统计学意义,具有不同教育经历的教师在教学观上的差异也不具有统计学意义。就学生成果而言,整体检验的 F 为 $3.868(p=0.021<0.05)$,即具有不同教育经历的教师在学生成果这一维度的得分存在显著差异。至于哪些配对组间的差异达到显著水平,需要进行事后检验方能得知。Scheff 法的事后比较检验发现,在学生成果维度:境内博士显著高于境外博

士。LSD 事后检验也发现了同样的结果。

(六)专业领域差异分析

在教师的教学学术方面,专业领域对学生成果存在显著影响,整体检验的 F 为 25.752($p=0.000<0.05$),从均值的描述性统计量(见图 7-2)知悉,工学教师的均值最大,医学教师次之,然后依次是管理学、理学、人文社科的教师。Scheff 法的事后比较检验发现,工学的教师均值要显著高于理学和人文社科的教师;管理学的教师均值显著高于人文社科的教师,LSD 事后检验也发现了同样的结果,并且发现理学的教师均值显著高于人文社科的教师,管理学的教师均值还要显著高于理学的教师;医学的教师均值显著高于人文社科的教师均值。

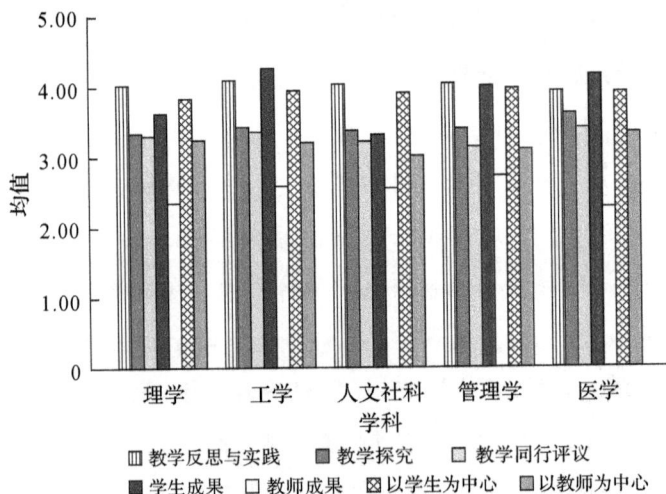

图 7.2　不同专业领域教师的教学学术和教学观的描述性统计分析

在教学观的取向上,专业领域对以教师为中心的教学观存在显著影响,整体检验的 F 为 3.600($p=0.007<0.05$)。从表 7.9 可知:医学教师的均值最大,理学次之,然后依次是工学、管理学、人文社科的教师。Scheff 法的事后比较检验发现,理学的教师要显著高于人文社科的教师,工学的教师显著高于人文社科的教师,LSD 事后检验也发现了同样的结果。这说明相比于人文社科领域的教师而言,理学和工学领域的教师更倾向于持以教师为中心的教学观。

第二节　教学学术与教学观的相关关系

一、相关分析

为了进一步探究研究型大学教师教学学术和教学观的相关关系,本书对其进行了皮尔逊相关系数分析,表 7.10 呈现了相关分析结果。

表 7.10　研究型大学教师教学学术与教学观相关矩阵

维度	教学反思与实践	教学探究	教学同行评议	学生成果	教师成果	以学生为中心	以教师为中心
教学反思与实践	1						
教学探究	0.570**	1					
教学同行评议	0.448**	0.510**	1				
学生成果	0.278**	0.271**	0.147**	1			
教师成果	0.236**	0.280**	0.282**	0.226**	1		
以学生为中心	0.633**	0.454**	0.396**	0.343**	0.166**	1	
以教师为中心	0.094*	0.138**	0.167**	0.029	0.056	0.165**	1

注:* 表示 $p < 0.05$,** 表示 $p < 0.01$。

就教师教学学术而言:教学反思与实践和教学探究显著正相关($r = 0.57$, $p < 0.01$),教学同行评议与教学反思实践显著正相关($r = 0.448$, $p < 0.01$),教学同行评议与教学探究显著正相关($r = 0.51$, $p < 0.01$),学生成果和教学反思与实践、教学探究、教学同行评议均呈现两两显著的正相关关系,教师成果和教学反思与实践、教学探究、教学同行评议、学生成果也呈现出两两显著的正相关关系。

就教学学术与教学观的相关关系而言:以学生为中心和教学探究与实践呈现显著的中度正相关关系($r = 0.633$, $p < 0.01$),决定系数 R^2 为 0.400,说明以学生为中心可以解释教学探究与实践总变异量的 40%;以学生为中心与教学探究呈现显著的中度正相关关系($r = 0.454$, $p < 0.01$);以学生为中心与教学同行评议、学生成果、教师成果均两两呈现出显著的正相

关关系。以教师为中心和教学反思与实践、教学探究、教学同行评议均两两呈现出显著的低度正相关关系。以教师为中心与学生成果、教师成果均无显著关系。总体而言，以学生为中心与教学学术的五个维度均存在显著的正相关关系，以教师为中心虽然与教学学术的其中三个维度存在显著正相关，但相关系数较小。以学生为中心与教学学术各维度的相关系数要大于以教师为中心与教学学术这三个维度的相关系数。

就教师的教学观而言，以学生为中心与以教师为中心呈现显著的正相关关系（$r=0.165$，$p<0.01$），并且这两种教学观之间存在显著性差异，如表7.11所示。

表 7.11　配对样本检验

配对	配对差值					t	自由度	显著性（双尾）
	均值	标准差	标准误差均值	95%置信区间				
				下限	上限			
以学生为中心—以教师为中心	0.735	0.669	0.027	0.681	0.788	26.847	596	0.000

以学生为中心和以教师为中心得分的平均差异值为0.735（$p=0.000<0.05$），表示研究型大学教师以学生为中心与以教师为中心教学观之间存在显著性差异。

二、回归分析

本书采用线性回归分析对教师的教学学术与教学观之间的关系进行更深入的探讨。本书以学生为中心为因变量，分别以教学学术的五个维度（教学反思与实践、教学探究、教学同行评议、学生成果、教师成果）为自变量，来考察教学学术各维度对以学生为中心的影响。

表 7.12 教师教学学术各维度对以学生为中心的复回归分析摘要

	预测变量	B	标准误差	Beta	t	p
	截距	1.513	0.112		13.505	0.000
维度	教学探究	0.045	0.025	0.072	1.789	0.074
	教学同行评议	0.079	0.024	0.123	3.348**	0.001
	学生成果	0.083	0.015	0.178	5.472***	0.000
	教师成果	−0.024	0.017	−0.047	−1.428	0.154
	教学反思与实践	0.426	0.033	0.498	12.893***	0.000

注：$R=0.671$，$R^2=0.450$，调整后 $R^2=0.445$，$F=96.608***$。** 表示 $p<0.01$，*** 表示 $p<0.001$。

从表 7.12 可以发现，教学探究、教学同行评议、学生成果、教师成果、教学反思与实践 5 个自变量与以学生为中心这个自变量的多元相关系数 R 为 0.671，R^2 为 0.450，表示 5 个自变量共可以解释以学生为中心 45% 的变异量。有 4 个自变量的标准化回归系数为正数，表示对以学生为中心的影响是正向的，其中，教师成果的标准化回归系数为负数，表示对以学生为中心的影响为负向，但尚未达到显著水平。在回归模型中，对以学生为中心有显著影响的自变量为教学同行评议、学生成果、教学反思与实践 3 个。从标准化回归系数来看，教学反思与实践、学生成果、教学同行评议的 Beta 绝对值较大，表示这 3 个自变量对以学生为中心有较大的解释力。教学探究、教师成果 2 个自变量的回归系数均未达显著水平，表示这 2 个自变量对以学生为中心的解释力甚小。

表 7.13 教师教学学术各维度对以教师为中心的复回归分析摘要

	自变量	B	标准误差	Beta	t	p
维度	教学探究	0.058	0.040	0.077	1.443	0.149
	教学同行评议	0.102	0.038	0.132	2.699**	0.007
	学生成果	−0.005	0.024	−0.010	−0.225	0.822
	教师成果	0.000	0.026	0.001	0.014	0.989
	教学反思与实践	−0.007	0.053	−0.007	−0.129	0.897

注：$R=0.178$，$R^2=0.032$，调整后 $R^2=0.024$，$F=3.884**$。** 表示 $p<0.01$。

从表 7.13 可以发现,教学探究、教学同行评议、学生成果、教师成果、教学反思与实践 5 个自变量与以学生为中心这个自变量的多元相关系数 R 为 0.178,R^2 为 0.032,表示 5 个自变量共可以解释以教师为中心 3.2% 的变异量,说明教学学术与以教师为中心的相关关系较弱,有 3 个自变量的标准化回归系数为正数,系数虽小,但依然表示对以教师为中心的影响是正向的,其中,学生成果和教学反思与实践的标准化回归系数为负数,表示对以教师为中心的影响为负向,但尚未达到显著水平。在回归模型中,对以教师为中心有显著影响的自变量为教学同行评议,但标准化回归系数不大,表明其对以教师为中心的解释力不大。其余自变量的回归系数均未达显著水平,表示着预测变量对以教师为中心的解释力甚小。

三、教学学术与教学观的影响因素分析

调查问卷第四部分包括组织因素与个人因素两个维度。前者包括晋升影响、院系是否重视教学、教师的工作量,后者包括个人的兴趣、教学与科研观。

(一)组织因素

1. 晋升制度

问卷通过调查影响教师晋升的因素,选项包括主要是教学表现、主要是科研产出、教学表现和科研产出各占一半以及其他。调查结果如图 7.3 所示。

90.45% 的教师认为晋升主要受到科研产出的影响,6.53% 的教师认为教学表现和科研产出对晋升的影响各占一半,仅有 1.01% 的教师认为晋升主要受到教学表现的影响。

经过方差分析发现,在教师的教学学术方面,影响教师晋升的不同因素对教学同行评议和学生成果存在显著差异,整体检验的 F 分别为 5.209(p = 0.001<0.05)、3.90(p = 0.009<0.05)。在教学同行评议维度:从均值的描述性统计量知悉,主要是教学表现与教学表现和科研产出各占一半,均值相同,主要是科研产出的均值大于其他。Scheff 法的事后比较检验发现,持"教学表现和科研产出各占一半"观点的教师要显著高于持"其他"和"主要

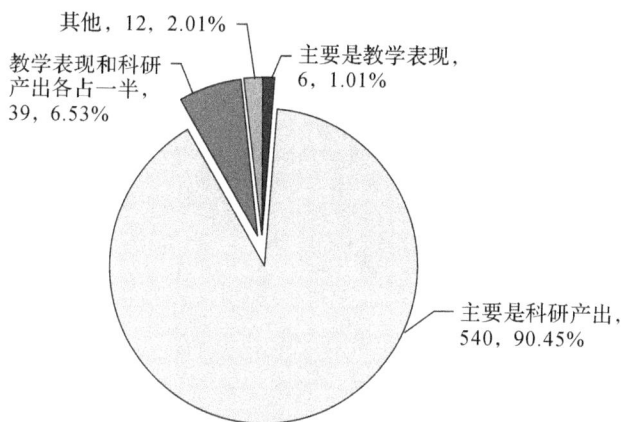

图 7.3 影响教师晋升的因素

是科研产出"观点的教师。在学生成果维度：从均值的描述性统计量知悉，均值从大到小依次为教学表现和科研产出各占一半、其他、主要是科研产出、主要是教学表现。LSD 事后比较检验发现，持"教学表现和科研产出各占一半"观点的教师要显著高于持"主要是教学表现"和"主要是科研产出"观点的教师。

在教学观的取向上，影响教师晋升的不同因素对以学生为中心存在显著影响，整体检验的 F 为 3.298（$p=0.020<0.05$）。均值从大到小依次是主要是教学表现、教学表现和科研产出各占一半、主要是科研产出、其他。Scheff 法的事后比较检验发现，持"教学表现和科研产出各占一半"观点的教师要显著高于持"主要是科研产出"观点的教师。

综上所述：在晋升制度认知上，被调查者认为一半科研一半教学的体制最有利于提高教师的教学学术水平，并有利于树立以学生为中心的教学观。

2. 教师的工作时间分配

当前研究型大学教师的工作主要包括教学和科研两个方面，两者是大学教师的职责所在，也是教师的压力源。关于研究型大学教师的工作时间分配，从图 7.4 可知：58.63%的教师将工作时间主要分配给科研，科研的时间多于教学的时间；22.11%的教师将工作时间一半分配给教学，一半分配给科研；15.08%的教师将工作时间主要分配给教学，教学的时间多于科研

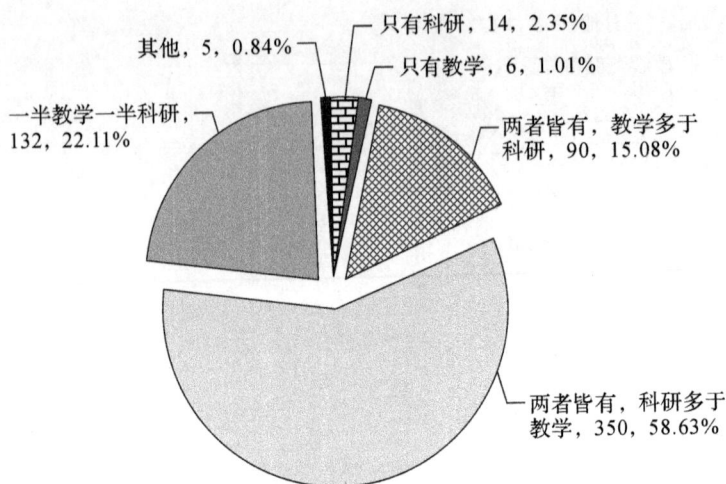

图 7.4　研究型大学教师工作时间分配

的时间;2.35%的教师专注于科研;1.01%的教师专注于教学;还有 0.84%的教师将工作时间分配给了其他方面。

工作时间分配对教学观没有影响。在教师的教学学术方面,如表 7.14 所示:教师的工作时间分配对教学反思与实践、学生成果和教师成果存在显著影响,整体检验的 F 为 6.043($p=0.000<0.05$)、3.071($p=0.010<0.05$)、5.151($p=0.000<0.05$)。在教学实践与反思维度:均值从大到小依次为"其他"、"两者皆有,教学多于科研"、"一半教学一半科研"、"两者皆有,科研多于教学"、"只有教学"、"只有科研"。Scheff 法的事后比较检验发现,"两者皆有,教学多于科研"的教师要显著高于"只有科研"和"只有教学"的教师。在学生成果维度:均值从大到小依次为"其他"、"两者皆有,科研多于教学"、"一半教学一半科研"、"两者皆有,教学多于科研"、"只有科研"、"只有教学","两者皆有,科研多于教学""一半教学一半科研"和"其他"的教师显著高于"只有教学"的教师。在教师成果维度:均值从大到小依次为"其他"、"两者皆有,教学多于科研"、"一半教学一半科研"、"两者皆有,科研多于教学"、"只有科研"、"只有教学"。Scheff 法的事后比较检验发现,"两者皆有,教学多于科研"的教师要显著高于"两者皆有,科研多于教学"的教师。

表 7.14　教师的工作时间分配在教学学术上的差异比较方差分析摘要表

维度	组别	平方和	自由度	均方	F	事后比较 Scheff 法	事后比较 LSD 法
教学反思与实践	组间	8.603	5	1.721	6.043***	C>A	C>A;C>D
	组内	168.264	591	0.285		D>A	D>A;E>A
	总计	176.867	596			E>A	E>B;E>D
学生成果	组间	15.232	5	3.046	3.071*	D>B	A>B;C>B
	组内	586.337	591	0.992		E>B	D>B;E>B
	总计	601.569	596			F>B	F>B
教师成果	组间	21.096	5	4.219	5.151***		C>B;C>D
	组内	484.128	591	0.819		C>D	E>B;E>D
	总计	505.224	596				F>B

注：* 表示 $p < 0.05$，*** 表示 $p < 0.001$。A 表示"只有科研"，B 表示"只有教学"，C 表示"两者皆有，教学多于科研"，D 表示"两者皆有，科研多于教学"，E 表示"一半教学一半科研"，F 表示"其他"。

3. 教师所在的院系对教学的重视程度

本书针对院系是否重视教学设置了 6 个题项,分别是:"院系会让我了解学生的评价并鼓励我参考学生的反馈以改进教学",均值为 3.61,介于一般和比较符合之间;"院系为同事间讨论教学情况提供了良好的环境",均值为 3.34,介于一般和比较符合之间;"院系不重视教学,使我很难在教学上倾注更多的精力",均值为 1.72,介于完全不符合和不符合之间;"科研带来的巨大压力,使我很难在教学上投入足够的时间",均值为 2.58,介于不符合和一般之间;"我所在的学校或院系积极组织各种形式的教学培训或研讨会",均值为 3.43,介于一般和比较符合之间;"院系更重视教学工作量的考核而不是教学质量",均值为 2.35,介于不符合和一般之间。

教师所在院系对教学的重视程度会对教师的教学学术和教学观产生影响。为了探讨它们的关系,本书对其进行了回归分析,就相关性而言,在教师教学学术方面:院系对教学的重视程度和教学反思实践、教学探究、教学同行评议、教师成果呈现出两两显著的正相关关系,与学生成果无显著关系。在教师的教学观方面:院系对教学的重视程度与以学生为中心呈现显著的正相关关系($r=0.101$,$p<0.05$),与以教师为中心无显著关系。

表 7.15　院系是否重视教学与教学学术、教学观的相关性

项目	院系是否重视教学	教学反思与实践	教学探究	教学同行评议	学生成果	教师成果	以学生为中心	以教师为中心
皮尔逊相关性	1	0.123**	0.238**	0.252**	0.048	0.134**	0.101*	0.057
显著性(双尾)		0.003	0.000	0.000	0.242	0.001	0.014	0.167

注:* 表示在 0.05 级别(双尾)相关性显著,** 表示在 0.01 级别(双尾)相关性显著。

为了进一步分析院系对教学的重视程度是否可以预测教师的教学学术和教学观,本书再以院系对教学的重视程度为因变量,分别以教学学术的五个维度和教学观的两个维度为预测变量,来考核院系对教学的重视程度可以多大程度解释教学学术和教学观的变异情况,分析结果如表 7.16、表 7.17 所示。

表 7.16　院系是否重视教学对教师教学学术的复回归分析摘要

项目	B	标准误差	Beta	t	显著性
常量	2.556	0.115		22.214	0.000
院系是否重视教学	0.221	0.035	0.253	6.371	0.000

注:$R=0.253$,$R^2=0.064$,调整后 $R^2=0.062$,$F=40.586***$。*** 表示 $p<0.001$。

表 7.17　院系是否重视教学对以学生为中心的复回归分析摘要

项目	B	标准误差	Beta	t	显著性
常量	3.678	0.097		37.844	0.000
院系是否重视教学	0.072	0.029	0.101	2.471	0.014

注:$R=0.101$,$R^2=0.010$,调整后 $R^2=0.008$,$F=6.104*$。* 表示 $p<0.05$。

院系是否重视教学会对教师的教学水平产生显著影响,$F=40.586$($p=0.000<0.05$)。院系是否重视教学与教学学术的多元相关系数 R 为 0.253,R^2 为 0.064,表示院系是否重视教学可以解释教学学术 6.4% 的变异量。其中,自变量的标准化回归系数为正数,表示对教学学术的影响是正向的。

院系是否重视教学不会对以教师为中心产生显著影响,会对以学生为

中心产生显著影响,$F=40.586(p=0.000<0.05)$。院系是否重视教学与以学生为中心的多元相关系数 R 为 0.101,R^2 为 0.010,表示院系是否重视教学可以解释以学生为中心 1% 的变异量,效应量较小。其中,自变量的标准化回归系数为正数,表示对以学生为中心的影响是正向的。

(二)教师个人因素

1. 教师的个人兴趣

本书将教师在工作方面的兴趣分为三种:教学、科研以及其他。由图 7.5 知悉:56.78% 的教师对教学与科研皆有兴趣,但对科研的兴趣大于对教学的兴趣;21.61% 教师的兴趣一半在教学,一半在科研;15.41% 的教师对教学与科研皆有兴趣,但对教学的兴趣大于对科研的兴趣;4.19% 的教师兴趣只在科研;1.34% 的教师兴趣在其他方面;0.67% 的教师兴趣只有教学。

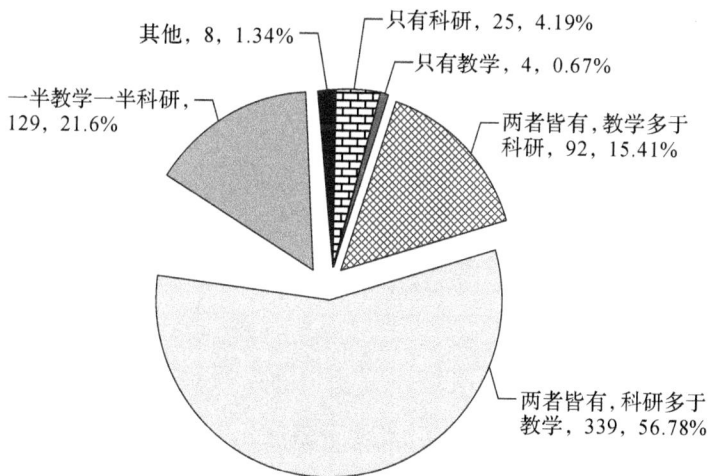

其他, 8, 1.34%　只有科研, 25, 4.19%　只有教学, 4, 0.67%
一半教学一半科研, 129, 21.6%
两者皆有,教学多于科研, 92, 15.41%
两者皆有,科研多于教学, 339, 56.78%

图 7.5　教师的个人兴趣

经过方差分析发现,在教师的教学学术方面,教师的个人兴趣与教学反思与实践、教学探究、教学同行评议和教师成果存在显著差异,整体检验的 F 分别为 $12.931(p=0.000<0.05)$、$12.059(p=0.000<0.05)$、$8.276(p=0.000<0.05)$、$7.923(p=0.000<0.05)$。

从均值的描述性统计量(见图 7.6)知悉,在教学反思与实践维度的均值依次为一半教学一半科研、两者皆有,教学多于科研、其他、两者皆有,科研

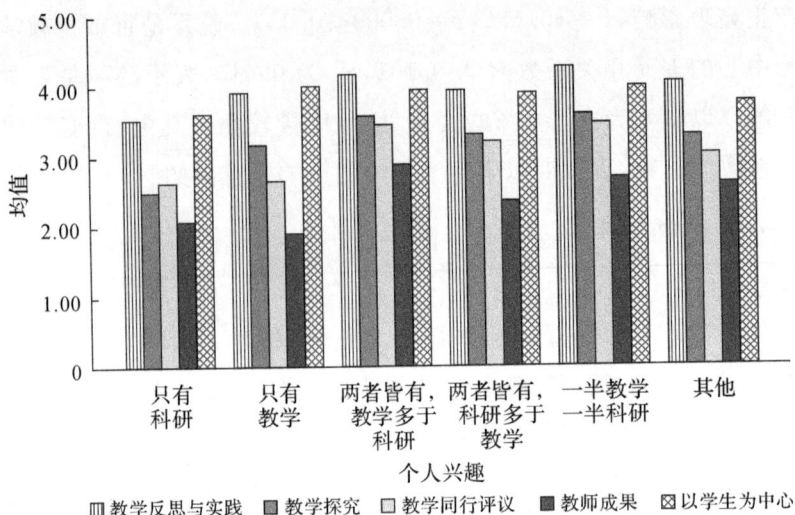

图 7.6   不同兴趣的教师教学学术和教学观的描述性统计分析

多于教学、只有教学、只有科研。Scheff 法的事后比较检验发现,兴趣取向
为"两者皆有,教学多于科研"的教师要显著高于兴趣取向为"只有科研"和
"两者皆有,科研多于教学"的教师。兴趣取向为"两者皆有,科研多于教学"
的教师又显著高于兴趣取向为"只有科研"的教师。兴趣取向为"一半教学
一半科研"的教师要显著高于兴趣取向为"只有科研"和"两者皆有,科研多
于教学"的教师。

　　教学探究维度的均值从大到小依次为:"一半教学一半科研"、"两者皆
有,教学多于科研"、"两者皆有,科研多于教学"、"其他"、"只有教学"、"只有
科研"。Scheff 法事后比较检验发现,兴趣取向为"两者皆有,教学多于科
研"和"两者皆有,科研多于教学"的教师要显著高于兴趣取向为"只有科研"
的教师。兴趣取向为"一半教学一半科研"的教师要显著高于兴趣取向为
"只有科研"和"两者皆有,科研多于教学"的教师。

　　在教学同行评议维度的均值依次是:一半教学一半科研、两者皆有,教
学多于科研、两者皆有,科研多于教学、其他、只有教学、只有科研。Scheff
法事后比较检验发现,兴趣取向为"两者皆有,教学多于科研"和"两者皆有,
科研多于教学"的教师要显著高于兴趣取向为"只有科研"的教师。兴趣取

向为"一半教学一半科研"的教师要显著高于兴趣取向为"只有科研"和"两者皆有,科研多于教学"的教师。

在教师成果维度的均值依次为:两者皆有,教学多于科研、一半教学一半科研、其他、两者皆有,科研多于教学、只有科研、只有教学。Scheff 法事后比较检验发现,兴趣取向为"两者皆有,教学多于科研"要显著高于兴趣取向为"两者皆有,科研多于教学"和"只有科研"的教师。兴趣取向为"一半教学一半科研"的教师要显著高于兴趣取向为"两者皆有,科研多于教学"的教师。

就以学生为中心的均值依次是:只有教学、一半教学一半科研、两者皆有,教学多于科研、两者皆有,科研多于教学、其他、只有科研。Scheff 法事后比较检验发现,兴趣取向为"两者皆有,教学多于科研"和"一半教学一半科研"的教师要显著高于兴趣取向为"只有科研"的教师。

综上所述:在个人兴趣上,兴趣取向为"一半科研一半教学"的教师教学学术水平最高,并最倾向于持以学生为中心的教学观。

2.教师的教学与科研观

教师对教学的看法会对教师的教学学术和教学观产生影响。为了探讨它们的关系,本书对其进行相关分析,结果如表 7.18 所示。在教师教学学术方面:教师的学术观和教学反思实践、教学探究、教学同行评议呈现出两两显著的正相关关系,与学生成果和教师成果无显著关系。在教师的教学观方面:教师的学术观与以学生为中心呈现显著的正相关关系($r=0.205, p=0.000<0.05$),与以教师为中心呈显著的负相关关系($r=-0.200, p=0.000<0.05$)兴趣取向为。教师若认为教学也是一种学术,并且相信教学与科研能够互相协调,那么其教学学术水平也会更高,并更倾向于持以学生为中心的教学观。

表 7.18　教师的教学与科研观和教学学术、教学观的相关性

项目	教学与科研观	教学反思与实践	教学探究	教学同行评议	学生成果	教师成果	以学生为中心	以教师为中心
皮尔逊相关性	1	0.260***	0.216***	0.190***	0.057	0.064	0.205***	-0.200***
显著性(双尾)		0.000	0.000	0.000	0.165	0.118	0.000	0.000

注:*** 表示在 0.001 级别(双尾)相关性显著。

四、教学学术和教学观的整体性及差异性讨论

(一)教学学术和教学观的整体情况

就教学学术而言,整体均值为 3.275,处于一般和比较符合之间。具体到各个维度而言:教学反思与实践的均值为 4.056,教学探究维度的均值为 3.395,教学同行评议维度的均值为 3.290,学生成果维度的均值为 3.879,教师成果维度的均值为 2.520。可见我国研究型大学教师的教学学术处于一般水平,会刻意反思教学,并将反思后的结果和教学经验付诸实践,但是在教学探究和教学同行评议方面表现一般,在教师成果方面的表现不佳。这跟教师缺乏研究教学的意识有关,教学在很多教师的传统意识里只是传播知识的途径,人人都会,而专业知识才是立身之本;再者,我国的大学缺少教学文化,更缺少教师交流教学的渠道。就教学观而言,以学生为中心的均值为 3.914,介于一般和比较符合之间,且接近比较符合,而以教师为中心的均值为 3.179,低于以学生为中心的均值,虽然也介于一般和比较符合之间,但更接近中值 3,即更接近一般。由此看来,我国研究型大学的教师还处于以教师为中心向以学生为中心过渡的阶段,这一阶段按照吉姆博的观点可称之为师生互动阶段。

本书研究结果显示,男、女教师在教学学术的表现和持有的教学观上并无显著差异。这与很多研究结果不相符,人们普遍认为女教师比男教师在教学上会花更多精力,并且对教学更感兴趣,但是本书发现研究型大学的男、女教师在个人兴趣上并无显著差异,大多数教师的兴趣主要在科研上。其原因有可能是以下两点:一是多数研究型大学对新进教师采取"非升即走制",而对晋升影响较大的是科研产出,为了不"出局",男女教师都迫于压力为晋升而忙于科研;二是随着时代的发展,男女平等的意识也越来越强,以往女教师主要是家庭和事业难以平衡,但如今男教师也要比以往更多地参与家庭事务,因此男女教师在工作上的时间和精力相差不大。

在年龄上,就教师的教学学术而言,在教学反思与实践维度上,30—34岁的教师的均值最低,以此年龄为界,随着年龄的增长,均值有逐渐增大的现象;在教学同行评议维度,处于 25—29 岁年龄段的教师表现最佳,处于

30—34 岁年龄段的教师均值最小,此后随着年龄的增长,表现越来越好;在学生成果维度,随着年龄的增长,教师的表现也越来越好;在教师成果维度,处于 30—34 岁年龄段的教师的均值最小,此后随着年龄的增长,表现越来越好。就教学观而言,在以学生为中心维度,35—39 岁的教师均值、50—59 岁的教师均值和 60 岁及以上的教师均值显著高于 30—34 岁的教师均值;60 岁及以上的教师均值显著高于 35—39 岁的教师均值。年龄对以教师为中心的教学观没有显著影响。

其原因可能有以下几点:第一,随着年龄的增长,教师对专业知识的掌握程度越来越深,教学和科研工作愈加熟练,在教学中逐渐掌握其规律并能把握住学生的特点;第二,处于高年龄段的教师往往已经成为其领域内的专家,因此在教学过程中会尽其所能将自己所得高效地传授给学生;第三,年龄越大的教师职称普遍也相应越高,其晋升压力和生活压力要小于年轻教师,因此有更多的时间和精力投入到教学和学生中。

在教龄上,在教学学术方面:随着教龄的增长,教师在教学反思与实践维度的表现越来越好;就教学探究维度而言,10 年以上教龄的教师均值显著大于 4—6 年教龄的教师均值;在学生成果和教师成果维度,教师的教龄越长,其均值也越大;教龄对教师的同行评议表现没有显著影响。在教学观方面:教龄越长的教师越倾向于持以学生为中心的教学观,10 年以上教龄的教师以学生为中心的均值显著大于 0—3 年教龄的教师;教龄对以教师为中心无显著影响。

其原因可能有以下两点:第一,教龄较短的教师面临教学和科研压力时,抗压能力和情绪管理能力较有资历的教师要弱一些,而随着教龄的增长、资历的增加,教龄长的教师对事情的理解更加透彻,更能有条不紊地处理各种事务,也更容易淡化压力;第二,教龄较长的教师与学校同事和领导交往较多,在学术圈建立了一定的社交网络,因此较教龄短的教师能获得更多的社会支持。

在职称上,就教师的教学学术而言,在学生成果维度上,职称越高,教师的表现越好。职称并未对教学反思与实践、教学探究、教学同行评议和教师成果产生影响。职称对教师的教学观也无显著影响。职称越高的教师在学生成果维度表现越好的原因可能是:学生成果包括所带学生的文章发表在核心期刊上、有意培养学生的科研与问题意识、学生项目获奖等,职称越高的教师其拥有的学术资源往往越多,越容易带领学生做出学术成果;职称高的教师有更多时间花在学生身上;职称高的教师对科研更为轻车熟路,可以带自己的学生更快入门。至于职称对其他方面没有影响可能是因为无论是教授还是讲师,科研都像"紧箍咒",束缚着教师对教学的投入。并且也因为科研对晋升的影响之大,许多年轻的教师已晋升为教授,因此在教学观和教学学术的其他维度并无显著差别。

在教育经历上,境内博士在学生成果维度的均值显著大于境外博士。不同教育经历的教师教学学术的四个层面,即教学反思与实践、教学探究、教学同行评议、教师成果的差异没有统计学意义,不同教育经历的教师在教学观上的差异也不具有统计学意义。

在专业领域上,专业领域对学生成果存在显著影响:工学领域的教师均值要显著大于理学和人文社科领域的教师均值;管理学领域的教师均值显著大于"人文社科领域的教师均值;在教学观的取向上,专业领域对以教师为中心存在显著影响,相比于人文社科领域的教师而言,理学和工学领域的教师更倾向于持以教师为中心的教学观。在学生成果方面,工学领域教师的均值最高,其原因可能是工学的应用性要强于理学和人文社科,更容易出成果。理学和工学的教师更倾向于持以教师为中心的教学观,可能是因为这两个专业领域都是注重知识系统的学科,将重点和难点理解透彻对今后的学习更为重要。而人文社科更注重的是培养学生的批判思维和创新能力,教会学生如何思考比知识传输更为重要,所以人文社科领域教师不太倾向于持以教师为中心的教学观。

(二)研究型大学教师教学学术与教学观的相关关系讨论

本书研究结果显示以学生为中心与以教师为中心呈现显著的正相关关系,这与过去很多外国文献认为的"以学生为中心的教学观与以教师为中心的教学观呈负相关关系"不相符。在本书中,教师倾向于持以学生为中心的教学观,但在教学中也表现出了以教师为中心的教学观。教师在教学上既是学生中心导向也是教师中心导向。

这可能有以下三个原因:第一,大学教育应实现以学生为中心的教育已成为国内外研究者的共识,近年来教育改革也明确呼唤教育要以学生为中心,以学生为中心也逐渐成为现代教育的重要标语。教师受到时代的召唤,在教学中会更注重以学生为主体,为学生的发展服务。本书调查发现,以学生为中心的均值大于以教师为中心的均值,说明这种改革已初见成效,但是目前还处于以教师为中心向以学生为中心过渡的阶段,并未实现教学观的完全转型。第二,对于以学生为中心和以教师为中心两种教学观,教师在具体的教学实践中会根据实际情况随机应变,任意切换。如人文社科的教师倾向于持以学生为中心的教学观,是因为人文社科的知识连接较为松散,重点在于知识的理解和思维方式的培养,而理工科知识连接紧密,结构化程度较高,知识的掌握对学科学习至关重要,因此教师往往更倾向于持以教师为中心的教学观。再者,根据知识的难易程度,教师的教学观也有所不同。第三,我国的课堂环境尤其是本科教学的环境以大班额、低师生比、高竞争为特点,评价方式以考试为主,学业表现以公开考试成绩为准。单一的评价方式要求教师注重传授知识,传授的内容按照教学大纲进行,并且在短时间内完成教学任务。教师在教学中既要迎合时代的潮流,考虑学生的发展需要,又要适应课堂环境,就导致在这两种教学观之间徘徊,既要以学生为中心又要以教师为中心。

本书研究结果显示,教学学术五个维度都与以学生为中心呈现显著的正相关关系,即教师的教学学术水平越高,越倾向于持以学生为中心的教学观。这可能有以下原因:第一,教学学术的反思与实践维度要求教师对教学内容、方法、效果进行反思和自我评价,对教学中的经验教训进行总结并运用到教学实践中,在反思过程中考虑学生的学习效果,以及对教学内容和方法的接受程度和反馈效果,在实践中也要考虑学生的实际情况,也就是说教学反思和实践都是围绕学生这个主体进行的,因此,教学实践与反思和以学生为中心呈现显著的正相关关系。第二,教学探究要求教师不断学习教学理论,用教学理念支撑教学,同时记录学生的学习过程和结果,对学生的学习感到好奇并对其进行研究,这与以学生为中心要求教师把学生的学习作为教学目标的要求不谋而合,因此,不难理解教学探究与以学生为中心显著正相关。第三,教学同行评议要求教师主动旁听同事教学,从中吸取教学经验,与同事讨论教学并欢迎同事对自己的教学进行点评,其目的都是改进学生的学习,因此,越愿意与同事交流教学的教师也越倾向于持以学生为中心的教学观。第四,学生成果涉及的是教师对学生科研意识和问题意识的培养,其发表的论文或获奖的项目本质上都是其学习能力的明证。在培养过程中教师若把握了学生的认知规律和现有的知识基础,对其因材施教,那么学生的学习能力越强则越容易出成果。第五,教学成果涉及的是公开展示教学报告、发表教学论文等,这种成果一般是教师在系统反思教学的基础上获得的,因此,教师成果和教学反思实践也呈现出显著的正相关关系,甚至强于与以学生为中心的正相关关系。

本书研究结果显示教学学术的三个维度分别是:教学反思与实践、教学探究、教学同行评议和以教师为中心呈显著正相关关系。但相关系数比较小(介于0.167至0.094之间),远小于这三者与以学生为中心的相关系数。学生成果和教师成果两个维度与以教师为中心的相关关系并不显著。其原因可能是:第一,以教师为中心的教学观重点在于教师向学生传授知识,教师在教学过程中也要适度考虑学生的知识基础,新手教师还需与同行进行交流,吸取适度经验才能使学生更容易理解课程内容;第二,由于以学生为中心与以教师为中心互相影响,教师还没有形成泾渭分明的教学观,因此在实际中也会根据具体教学内容考虑学生的接受能力进行教学。

(三)研究型大学教师教学学术与教学观的影响因素

本书把影响教师教学学术和教学观的因素划分为组织因素和个人因素。其中,组织因素包括晋升制度、教师的工作时间分配和院系对教学的重视程度。

1. 组织因素

(1)晋升制度

本书发现90.45%的教师认为主要是科研产出影响自己晋升,而不同的晋升制度与教学学术中的教学同行评议和学生成果产生有显著差别,认为晋升一半取决教学,一半取决于科研的教师在教学同行评议和学生成果方面的表现差异明显。在教学观上,晋升制度对以学生为中心的教学观有影响,学校晋升教学和科研各占一半的教师以学生为中心的均值显著大于晋升大部分取决于科研的教师。这可能有以下原因:第一,教师的晋升若一半取决于教学一半取决于科研,说明教学的回报率提高,教师作为"理性经济人",更有动力把时间与精力投入到教学中。第二,晋升制度不一样的院系为教师提供的教学环境也不一样,更重视教学的院系会为教师提供教学培训,为教师讨论教学提供良好的环境,院系会让教师了解学生的评价帮助教师提高教学水平。

(2)教师的工作时间分配

本书发现:58.63%的教师将工作时间主要分配给科研,科研的时间多于教学的时间;22.11%的教师将工作时间一半分配给教学,一半分配给科研;15.08%的教师将工作时间主要分配给教学,教学的时间多于科研的时间。教师的工作时间分配对教师的教学观无显著影响。而在教学学术方面,教师的工作时间分配对教学反思与实践、学生成果和教师成果存在显著影响。在教学反思与实践和教师成果两个维度,教师为教学分配的时间并不是越多越好,而是教学时间略多于科研时间最佳。在学生成果维度,则是科研时间略多于教学时间最佳。这可能有以下三个原因:第一,教师把更多的时间分配在教学上说明有更多时间反思教学,并把反思的经验运用于教学实践中,而反思越多,得到的感悟也越多,越有可能出教学成果,如总结报告和教学论文,因此,在教学反思与实践和教师成果维度有较高的相关性;第二,学生成果涉及的是科研意识和问题意识,以及学习能力的证明如论文和项目等,这些都与科研挂钩,教师对科研投入越多,越会带自己的学生从事科研,因此也越容易出成果;第三,教学与科研是可以相互促进的,教师向学生讲述科研的过程和发现,把最新的进展带到课堂中,不仅可以促进师生的互动,让学生了解学科前沿动态,也可以帮助教师自己反思科研中的不足,可能学生可以给教师新的角度和灵感,教学相长。所以,把所有的时间都分配到同一种工作中并不是最佳的。

(3)院系对教学的重视程度

本书发现院系对教学的重视程度均值为 3.2603,处于一般和比较符合之间。院系对教学的重视程度会对教师的教学学术和教学观产生影响。在教师教学学术方面:院系对教学的重视程度和教学反思与实践、教学探究、教学同行评议、教师成果呈现出两两显著的正相关关系,与学生成果无显著关系。在教师的教学观方面:院系对教学的重视程度与以学生为中心具有显著的正相关关系,与以教师为中心无显著关系。原因较好理解,在此不展开叙述。

2.个人因素

本书发现:56.78%的教师对教学与科研皆有兴趣,但对科研的兴趣大于对教学的兴趣;21.61%的教师的兴趣一半在教学,一半在科研;15.41%的教师对教学与科研皆有兴趣,但对教学的兴趣大于对科研的兴趣。在教师的教学学术方面,教师的个人兴趣和教学反思与实践、教学探究、教学同行评议和教师成果存在显著差异,在教学观方面,教师的个人兴趣与以学生为中心存在显著差异。持有“一半科研一半教学”观念的教师教学学术水平最高,并更倾向于持以学生为中心的教学观。具体原因在此也不赘述。

第三节　本章小结

整体而言,研究型大学教师的教学学术处于一般水平,教学观处于以教师为中心与以学生为中心的过渡阶段,可称之为师生互动阶段。研究型大学教师的教学学术和教学观存在个体差异。性别对研究型大学教师的教学学术和教学观无显著影响;在年龄上,年龄越大,教学学术水平越高,越倾向于持以学生为中心的教学观;在教龄上,教龄越长,教学学术水平越高,越倾向于持以学生为中心的教学观;在职称上,职称越高,学生成果越多,职称对教学观和教学学术的其他维度无影响;在教育经历上,境内博士在学生成果维度的均值显著高于境外博士,教育经历与其他方面无显著差异;在专业领域上,工学和管理学领域的教师比其他学科领域的教师在学生成果维度的表现更加出色,在教学观的取向上,相比于人文社科领域的教师而言,理学和工学领域的教师更倾向于持以教师为中心的教学观。在教学学术与教学观的关系上,教学学术与两种教学观都存在显著的正相关关系,但教学学术与以学生为中心的相关性更大。研究型大学教师的教学学术和教学观受到组织层面与个人层面因素的影响。就组织层面而言:在晋升制度上,一半取决于科研一半取决于教学的晋升体制最有利于提高教师的教学学术水平,并树立以学生为中心的教学观;在工作时间分配上,一半分配给教学一半分配给科研的教师教学学术水平最高,工作时间分配对教学观无影响;在教师所在院系对教学的重视程度上,院系对教学越重视,教师的教学学术水平越高,并越倾向于持以学生为中心的教学观。就个人因素而言:在个人兴趣上,兴趣为“一半科研一半教学”的教师教学学术水平最高,并最倾向于持以学生为中心的教学观;在教学与科研观上,教师越认为教学也是一种学术,教学与科研越能相互促进,教师的教学学术水平越高,并越倾向于持以学生为中心的教学观。

第八章　研究结论与对策

第一节　研究结论

自从洪堡在 19 世纪提出大学教学与科研联结理念以来，在许多研究者看来，教学和科研是一种互动关系。这两者在知识的推进和交流方面确实有相似的目标，两者之间的边界变得模糊，联结科研与教学的过程变得更加一体化和流程化。信息和通信技术、全球化、大众化和政府经济政策的综合影响，使科研与教学的传统关系迅速转变。大学正从传统的自由探究转向问题解决，从好奇心驱动的科研到特别资助驱动的科研。另外，教学不得不应对更多学生和随之而来的多样化需求。从管理主义的背景来看，高等教育研究和教学实际上是基于绩效评估的竞争体系的一部分，教育体系的全球化鼓励高校保持较高的教学标准，并在学术活动中提供卓越的科研成果。因此，高校日益增长的出版需求越来越鼓励教师和研究人员弥合他们的研究与教学实践之间的差距，并在两者之间发展"联系"，以确保它们是互惠互利的。

本书使用了布迪厄的惯习、场域和资本概念。惯习指的是社会结构的内在化,即行动者的生活经验。布迪厄认为,社会结构决定了社会行动的条件,同时结构与行动紧密交织在一起。在高等教育场域,由于管理主义的影响,现代大学的治理结构和组织文化等发生了重大变化,问责制和绩效激励制度随之产生,教学与科研的双元性也在这样的背景下发生了显著变化。大学的科研功能在双元性支柱中的重要性得到更多显现。本书通过访谈学科评估对教学与科研关系的影响,发现学科排名竞争引入了与研究绩效相关的质量评级机制,学科的质量管理体系以定量的方式衡量研究活动和研究成果,而研究成果出版的数量和在高排名期刊发表论文的数量是衡量学术声望的标准,在这样的体系之下,教师的学术角色已经转向了科研工作者角色。A学科采取的解决教学功能的学系与面向科研功能的研究机构并置的结构,进一步促进科研与传统的教学活动的双元平衡发展。为应对管理主义政策,大学内以教学或研究为重点的新的职业道路已经纳入正式的职务分类条例,出现了教学为主和研究为主的学术分工。对于教师个体特别是新进教师而言,许多人认为教学与科研是两种不同性质的活动,有受访者从教学与科研的工作特点、两者所需的迥异的人格特征和能力要求等方面解释教学与科研之间独立的关系。情境双元性和结构双元性在个体层面上则基于时间分离机制,教师个体努力将科研时间从传统的教学时间中分离出来,维持教学与科研的双元平衡性。

一、教学与科研关系的研究结论

(一)教学与科研在组织层次的双元性

结构双元性是基于组织单元的空间分离,每个组织单元都具有一种矛盾的活动,结构双元性是通过结构、任务、空间和时间上的分离与差异化实现的。特斯曼和欧瑞利提出了空间分离的双元结构模式,即在不同的空间,建立彼此相异的结构性机制,以应对对立性的组织活动提出的竞争性要求。[①] 结构双元性主要基于以下假设:对立性组织活动的流程、惯例、文化是

---

① Tushman L, O'Reilly A. The ambidextrous organization:Managing evolutionary and revolutionary change[J]. California Management Review,1996(4):1-23.

完全不同的,组织同时进行这两种活动非常困难,所以必须建立不同的组织分别处理这两个问题。有学者已经承认了探索和开发既矛盾(双元性平衡)又统一(双元性交互)的关系。① 通过采用学系与研究机构的双重结构,学院可以从不同的结构优势中受益,确保了不同地点的教学与科研活动共存,也使学系和科研机构都根据各自任务环境的具体需要对工作内容进行配置,而且空间分隔的单元也提供了一种自由感和对特定工作活动的自主权。这样就产生了结构上的灵活性,以适应相互冲突的工作环境需要。近年来,A学科所在高校强化了专门的科研机构的设置,将部分学科的科研活动集中到专门的研究中心完成。A学科所在学院在承担本科教学功能的学系之外建立了多个院级研究机构,通过组织结构和空间布局将教学与科研活动分离。除了结构双元性,组织层面上的双元性行为可以通过时间分离来实现。教学与科研投入的时间差异是衡量教学与科研活动之间绝对差的主要指标,从访谈情况看,A学科教师对科研的时间投入明显多于对教学活动的时间投入。组织结构是影响教学与科研双元性的前因变量。这种组织结构机制既包括正式的组织结构特征,也包括各种半结构机制、复杂结构和平行结构,还包括各种非正式的横向联系。② A学科确定为学校的"冲A"学科,为了高效配置"冲A"学科经费,学科发展决策权力高度集中在学院班子层面。笔者对A学科所在学院近3年的党政联席会的会议纪要的内容分析发现,涉及学科建设的事务决策在总事务条目中比例达到35%,而近3年的学院双代会会议需要表决的事项很少涉及学科建设的内容。学院成了由院领导与部分学科负责人组成的学科建设领导小组,并设置了专门的学科建设办公室,统筹负责学科评估、学位点建设和一流学科发展工作。集中化的决策提高了信息处理效率,A学科在第四轮评估中获评B+等级,在软科最好学科排名中进入前10%。

---

① Cao Q, Gedajlovic E, Zhang H. Unpacking organizational am-bidexterity: Dimensions, contingencies, and synergistic effects[J]. Organization Science, 2009(4):781-796.

② Holmqvist M. Experiential learning:The contributing process and the literatures[J]. Organization Science, 2004(1):88-115.

　　吉本斯和伯金肖正式提出了"情境双元性"的概念，这种双元性来源于组织情境（context）。它和结构双元性不同，它并不需要通过结构、任务或者空间上的分离来实现双元，而是在一个业务部门内部构建组织情境，从而鼓励成员将时间精力合理地分配到一致性和适应性活动上，使成员能够对如何在协调和适应的冲突需求之间分配时间上做出自己的判断。[①] 情境双元性在组织层面上发挥作用，但它是由成员行为塑造的，并在个体的具体行动中表现出来。情境双元性选择一体化的方式和行动机制，保障组织能够在一个单位内部处理矛盾性活动。在教育部学位与研究生教育中心发布的第五轮学科评估方案中，教学与科研的协调是一个重要的观测点。为了解决教学与科研双元分离的矛盾，A 学科还组建了十余个跨二级学科的学术团队给予重点资助。此外，学院领导层一直试图在奖励性绩效分配方案中引入按照团队进行科研成果奖励的机制，具体的评价指标不仅包括科研成果，也包括研究生教育和本科生教育成果。这些政策的目的是促使教学与科研活动能够在学术团队内部共存和融合发展。A 学科充分利用该学科培养师范生的实践属性，利用师范专业认证中的"以研促教"要求，从师范生培养的实践中选择研究问题，将师范类校级教改项目申报与社科基金成果申报一体化孵化，并将本科生教育与科研交由一位副院长进行统合管理。能够对双元性起到促进作用的组织情境包括社会情境和绩效管理、共同的愿景等内容。成功的组织往往能够在组织情境中达到多种矛盾性活动之间的平衡，从而对绩效产生正面影响。"冲 A"是 A 学科谋求组织发展的阶段性目标，新管理主义为实现组织发展目标提供管理的思维方式和手段。

　　近 10 年来，在新管理主义和组织发展的"共谋"中，A 学科所在学院和学校的制度对教师的教学与科研都强调量化计分制，追求效率与产出指标，教师的工作只有得到与指标相对应的成果时才会被计量，被评价制度认可而获得相应的"积分"、奖励或是职称晋升的"筹码"。因此，结果导向的评价制度使处于制度规约下的教师在能够获得确定性成果的工作中投入更多的

---

　　① Gibson B，Birkinshaw J. The antecedents，consequences，and mediating role of organizational ambidexterity[J]. Academic Management，2004(47):209-226.

时间和精力。绩效管理制度要协调统合的重点就是科研成绩与荣誉的"私有性"与教学业绩的"公共性"之间的关系。科研成果具有"硬通货"的特点，被赋予符号价值，是归属于教师个人的"私有财产"，对教师的长远发展甚至学术生涯都具有持续影响。教学却恰恰相反，教学的持续性价值体现于学生而非教师个人。学院领导在教工例会上反复强调学科评估与"冲A"的重要性，在组织愿景上不断描绘建设研究型学院对全体教师的意义，基于"冲A"的组织愿景已从制度层面内化为场域内教师的默契共识，科研成果是教师在场域内获得自尊与尊重的来源，优秀的人才培养成果亦是 A 类学科的重要条件。学院领导层非常关注教学与科研业绩奖励的平衡问题，以此为一流学科建设提供根本的制度支撑。

学科评估指标是管理者开展工作、制定政策制度的"指挥棒"。多数管理者认为学科建设与"冲A"过程中，对教学、科研以及社会服务三方面都给予重视。教学与科研孰轻孰重并非僵化的，制度重点随学科评估指标与学科发展现状而变化。相比于第四轮学科评估，第五轮学科评估的指标发生了变化，促使管理者比以往更加关注教学。为鼓励教师在教学中投入更多精力，学院也开始重视教学评价制度的完善，在制度上给予教学更多的奖励以鼓励教师参与一些教学项目、精品课程建设。管理者尤其鼓励教师在社会服务中将教学与科研联系起来，从社会服务中发现问题、解决问题，将之融于教师本人的教学与科研中。管理者提到学院通过设立教学研究项目引导支持教师在社会服务和教学中进行研究。A 学科为学科建设和达成"冲A"目标，为学科长足的创新和发展，新建多个实验室作为冲击学科评估的"特色"，实验室为教师进行教学研究提供了硬件支持。尽管实验室建设主要是为科研，但实验室提供的技术支持为教学与科研的联结创建了更加便利的条件。

（二）教学与科研关系具有动态性

与以往大多数研究得出教学与科研的固定关系不同，本书发现不论从教师群体还是教师个体而言，教学与科研关系都是非固定的、动态的。就教师群体来看，教学与科研关系并不存在固定的群体特征，即处于同样制度环境、同一场域的教师,他们的教学与科研关系是不同的,大致呈现出四种差异化的教学与科研关系:遭受生存压力的"青椒"由于高科研压力和教学经验匮乏,尚未主动构建教学与科研的联结,其教学与科研关系存在明显冲突;暂时取得稳定教职而积极谋取晋升的"进取者",顺从制度对科研的导向,相较于教学会更加重视科研,且由于教学经验与科研训练的积累,他们具备更多教学与科研联结的基础,联结以无形的联结为主,大多为科研单向促进教学;与之相反,部分教师采取"佛系"态度应对职称晋升的压力,对科研成果没有急切的需求,尽管部分教师的"佛系"是在高科研压力和同侪压力下"挣扎"而无奈退场的心理调适,但最终转化为在教学中积极汲取认同的"主动佛系",他们将教学放在优先地位,同时积极主动地在教学与科研之间构建联结;还有部分教师的教学与科研难以区分,具有同一性,教学与科研联结紧密,这主要得益于他们的学科背景与研究方向,研究是为教学服务的。对这部分教师来说,教学和科研在教师内心层面达到平衡与满足,但是在外部评价方面,由于其研究具有较强实践性,在当下的科研评价制度中存在劣势,难以获得制度认可。就教师个体角度而言,教学与科研关系也并不是静态的,而是动态变化的,体现为同一位教师在不同情况下自身的教学与科研关系也存在差异,这恰恰表明多方面、多层次因素在影响教学与科研关系。国内已有研究大多探索得出教学与科研之间的固定关系许是由于其量化研究的局限性,未能深入追寻教学与科研的内在复杂关系。此外,本书得出更进一步的结论:冲突与联结正如天平的两端,当冲突明显,教学与科研的联结则非常微弱;教学与科研联结愈紧密,则教学与科研冲突的可能性就愈低;当教学与科研联结非常紧密,甚至合二为一、难以区分时,则教学与科研不存在冲突。

教学和科研活动并不必然是"此消彼长"的完全对立关系。教学和科研既存在矛盾和冲突,又具有潜在协同性。两者之间的矛盾如果能得到有效的缓解,则其相互促进关系能得到较好的显现。A学科在"冲A"过程中,教学和科研存在显著的正相关关系,学系与研究机构之间的平衡独立关系通过跨二级学科团队建设协调起来。特别是绩效管理主义并不完全是对科研绩效的追求,绩效管理主义大伞也同时容纳了对教学绩效的重视。第五轮学科评估一个新的方向即是加大对教学与科研双元交互性的重视。教育部学位与研究生教育发展中心公布了《第五轮学科评估工作方案》，强化了人才培养中心地位。该方案提出，把人才培养质量放在首位，构建"思想政治教育成效""培养过程质量""在校生质量""毕业生质量"四维度评价体系。A学科促进教学与科研联结的环境支持包含学院实验室的建设和学科团队的发展。尽管实验室建设和学科团队发展最主要目的是服务科研活动，但是也为教师开展教学研究提供了新的思路和技术手段。学院资助的学科团队营造了浓厚的科研氛围，使得教师具备更强的科研意识，相比以往更具备科研和教学联结的可能性，也意味着高水平的教学与科研双元平衡独立和双元交互联结的整合会产生更好的组织绩效。

（三）制度同一与行动分化牵扯多方因素

教师处于同样的新管理主义和组织发展共谋的"重科研"场域中，他们处理教学与科研关系的行动却出现明显差异，表明多方因素影响教师的教学与科研关系。本书借助"制度—行动"框架和场域、惯习、资本概念构建分析框架。尽管教师处于同一个场域，但教师的职业安全感、职称晋升需求以及同侪压力的影响导致教师对场域的感知不同，因而制度对教师的驱使程度不一样。与此同时，教师不同的学科文化、教育经历、职业生涯轨迹、满足感倾向构成教师处理教学与科研惯习的差异，惯习作为社会化了的主体性会影响人的行动模式。A学科教师同时拥有科研学术资本和教学学术资本，但居于优势地位资本的不同导致教师资本的差异，致使教师不同的选择和行动。此外，课程因素、研究文化也影响教师处理教学与科研关系。本书在初始框架上，新增感知到的"制度驱使"、课程因素与研究文化作为影响因素。

管理者为"重科研"的制度"正名"，宣称敦促教师科研是为提高教师的思维水平以提高教学质量和深度，通过科研达到培养人才的目的，重视科研的根本目的是教学。但是这一目的却并未很好落实于管理者的实际工作中，在管理主义背景下，管理者"通过科研训练提升教师思维水平"的名义实质上转化为敦促教师产出科研成果以达成组织发展的指标，计量化和结果导向的评价制度削弱了教师作为学者和教师开展科研的内生动力,凸显了为"工分"和职称奔波的制度压力。因此,教师普遍认为管理者重视科研是学科评估、大学排名等组织发展需求导致的,对用科研"挣工分"以及忽视教学的制度持有批判的态度,未能理解到管理者重科研为了教学的宏观逻辑。

（四）案例学科促进教学与科研联结有"天然优势"

与已有研究大多揭示教师因制度对科研的重视而忽视教学①不同,本书发现,A 学科绝大部分教师尽管处于科研重压之下,但仍然持有对教学的责任感,认为教书育人是教师的天职。虽然教师的教学投入各有不同,但教师对自己教学要求是至少要"对得起良心",以师者的良心和道德底线规约自身的教学。访谈中,笔者发现不论是哪种类型的教师都自满于自己的教学,认为自己对教学是负责的。即使遇到无法调和的情况,也会少上门课以保障教学质量,这与前期文献阅读中得到的结论并不一致。通过对资料进行思考和分析,本书认为 A 学科教师保有对教学的"良心"和负责任的态度,可能源自 A 学科教师长期以来在本学科的"浸润"中而滋养的教育情怀。同时,教学对象为师范生这一特点也加强了教师对自我榜样示范的道德要求,"学生将来都是要做老师的""我如果自己上课都不负责,怎么指望学生将来做个好老师""他们作为未来的教师是民族的希望"之类的言语表述被大多数受访者提及,由此可探视出 A 学科特性使教师有相比其他学科教师更高的师德要求和更强的教学责任感。

A 学科在教学与科研联结方面具有"天然的优势",相比于其他学科更易实现教学与科研的双向促进。A 学科教师的研究大多涉及教育现象、教学问题,教师在教育教学实践过程中,能够发现研究问题,研究的结论又能进一步反哺教学。在 A 学科中,教师还能将自己的教学过程与教学对象作

---

① Geschwind L, Broström A. Managing the teaching-research nexus: Ideals and practice in research-oriented universities[J]. Higher Education Research & Development, 2015(1): 60-73;Lopes A, Boyd P, Andrew N, et al. The research-teaching nexus in nurse and teacher education: Contributions of an ecological approach to academic identities in professional fields[J]. Higher Education, 2014(2): 167-183.

为研究对象,使教学的过程和科研的过程重合,最大限度地利用时间和研究资源,教学和科研也都能得到促进。目前来看,A学科的"天然优势"尚未得到足够的重视和利用,仅有部分教师意识到并主动构建教学与科研的联结,总体来看,教学与科研联结仍然以无形的联结为主。

"影响他人"是A学科教师在教学和科研中共同的价值追求,在教学上表现为"影响学生","写写文章又能影响几个人""希望我的学生以后回想起来觉得这门课有收获""影响他人"的价值追求支撑教师在科研压力下保障教学投入和热情。在科研上表现为"学术影响力""学术追求",是教学与科研得以联结的深层情感纽带。

二、教学学术与教师教学观存在相关关系

本书考察了研究型大学教师的教学学术与教学观的关系。主要得出以下结论。

第一,整体而言,研究型大学教师的教学学术处于中等偏上水平,教学观处于以教师为中心与以学生为中心的过渡阶段,可称之为师生互动阶段。

第二,研究型大学教师的教学学术和教学观存在个体差异。性别对研究型大学教师的教学学术和教学观无显著影响;在年龄上,年龄越大,教学学术水平越高,越倾向于持以学生为中心的教学观;在教龄上,教龄越长,教学学术水平越高,越倾向于持以学生为中心的教学观;在职称上,职称越高,学生成果越多,职称对教学观和教学学术的其他维度无影响;在教育经历上,境内博士在学生成果维度的均值显著高于境外博士,教育经历在其他维度无显著差异;在专业领域上,工学和管理学的教师比其他学科的教师在学生成果维度的表现更加出众,在教学观的取向上,相比于人文社科领域的教师而言,理学和工学领域的教师更倾向于持以教师为中心的教学观。

第三,在教学学术与教学观的关系上,教学学术与两种教学观都存在显著的正相关关系,但教学学术与以学生为中心教学观的相关性更大。

第四,研究型大学教师的教学学术和教学观受到组织层面和个人层面的影响。就组织层面而言:在晋升制度上,一半取决于科研一半取决于教学的晋升体制最有利于提高教师的教学学术水平,并树立以学生为中心的教学观;在工作时间分配上,一半分配给教学一半分配给科研的教师教学学术水平最高,工作时间分配对教学观无影响;在教师所在院系对教学的重视程度上,院系对教学越重视,教师的教学学术水平越高,并越倾向于持以学生为中心的教学观。就个人因素而言:在个人兴趣上,兴趣为"一半科研一半教学"的教师教学学术水平最高,并最倾向于持以学生为中心的教学观。在教学与科研观上,教师越认为教学也是一种学术,教学与科研能相互促进,教师的教学学术水平越高,并越倾向于持以学生为中心的教学观。

第二节 对策建议

针对本书的发现和结论,实现个体层次和组织层面的双元性是协调教学与科研关系的基本方向。组织双元性是指组织发展结构和过程的能力,双元性允许组织在个人或组织水平上依次或者同时进行两种相互矛盾的活动。个体层次的双元性受到组织层次双元性的影响,组织层次的双元性需要个体层次的双元性来实现。在大学的背景下,双元性指的是大学在传统的教学活动之外进行科研活动的能力。从本质上说,它将大学概念化为两大支柱,一个为其知识的传递和应用的传统角色提供了组织基础,另一个为其知识的生产和积累提供了基础。本书通过案例研究,探讨在"冲 A"过程中,这两个支柱在个体层面和组织层面是如何关联起来的,其关系对学科发展产生了怎样的影响。在"冲 A"过程中,A 学科面临着更大的竞争压力和组织期待,科研绩效成为整个大学和学院关注的焦点,并催生了一系列经费配套和绩效评价制度。当前,大学几乎普遍地将双元性纳入其战略和组织结构框架,但在实际运行过程中,两者的关系仍处于矛盾之中,特别是在资源和组织能力的可用性有限的情况下。要消除这种紧张关系,重要的是揭示教学活动与科研活动相联系的潜在机制,在此基础上寻求破解之道。

一、个体层面的教学与科研的双元平衡独立和双元交互联结

首先,提升课程与教师研究方向的相关性。本书发现,课程是影响教师

教学与科研关系的重要因素之一,现有课程大致可分为原理理论类课程、教学实践类课程以及研究方法类课程,课程设置的依据为学生的培养计划,教师在课程设置与选择中几乎没有决定权,大多数教师被动地接受学院安排的课程,会出现教师研究方向与课程内容不相关或关联性不大的情况,教学与科研联结缺乏基本的条件。因此,应当综合教师研究方向与课程安排,尽可能提升两者的相关性,不仅可以发挥教师所长,充分施展教师在自己研究领域中的收获,将之转化为自己的教学内容,还能够激发教师的教学自信,提升教学的积极性。

其次,给予教师更多的教学自主权。部分课程规定了教师的教学进度、教学安排、教材以及考核形式,导致了千篇一律的教学内容和教学方式。而大学教师往往具有创造性和批判精神,呆板的课堂教学使喜欢进行创造性工作的教师难以感受到教学工作的挑战性,难以从教学中收获更多满足感,难以激发教学的兴趣。

> 学生要考试的,考课本上的东西,没办法只能跟他们这么上,照本宣科……课上得我自己也难受。(A20200609,副教授,研究为主型)

因此,应当给予教师更多的教学自主权,在教学基本目标明确的基础上,由教师自己安排教学进度、教学内容、考核形式等,才能为教师联结教学和科研提供空间和可能。

最后,为教师创建交流的环境和氛围。本书发现,即使教授同一门课程的几位教师,他们的教学过程与教学效果也有很大的差异,部分教师已在有限的范围内主动提升教学自主性,尽可能联结教学与科研,教学效果较好。而部分教师尽管自己也觉得"课上得难受、没劲",但由于没有意识到争取教学自主性或不知道怎么进行更好的教学,仍然按部就班地按照教材和教学进度进行教学。本书的研究分析得出,教师之间的研究文化具有"单兵作战"的特点,部分学科团队缺乏实质性合作,缺乏互动交流的研究文化不利于教学与科研的联结。且教师之间教学的交流是极有限的,具有随机性。

> 和×老师一个办公室,他也上这门课,有次正好聊到,我觉得他那样的授课方式就很好,学生学得也积极,我以后可能也要尝试调整下。

（A20200609,副研究员,研究为主型）

　　后来,有个老教师跟我传授经验我才知道……我以前就傻乎乎地认为有教材的课就得从头上到尾。（A20200618,讲师,教学与科研并重型）

　　不同教师对待同一门课程的教学差异,启示我们应当为教师创建交流的环境和氛围,更新教师的教学观念,开拓教师教学与研究的思路和视野,定期举办教学学术沙龙,分享教师创建教学与科研联结的经验,建立教学与科研联结的案例库,营造交流与学习的氛围。

二、组织层次的教学与科研的结构双元性和情境双元性

　　首先,A学科所在学院应采用学系与研究结构双重结构,强化学系和科研结构根据各自任务环境进行资源配置的能力。学系的主要功能是进行教学活动组织,包括教学评价、教学学术活动开展和教学研讨等,科研结构可以实行松散联结模式,根据科研任务灵活配置学术人员。学院管理部门应统筹安排教师教学时间和科研时间,通过时间分离实现组织层面的双元性。

　　其次,完善教师评价制度,构建支持教学学术的组织情境。本书发现,有32%的教师认为是学校的管理体制束缚了自己教学能力的发展,51.9%的教师认为是自己的时间精力不足阻碍了自身教学能力的发展。而调查发现,学校的管理体制表现在晋升制度的不健全上,主要体现为在对影响晋升的最大因素上,90.5%的教师选了科研产出一项。当前我国研究型大学的教师评价机制强调科研而轻视教学,在这一评价体制中教师为了谋求自身的发展和收入的提升,在理性选择下把自己的大部分时间与精力投入到了科研中,再加上高校烦琐的报销程序和无预期的行政事务的干扰,留给教师的教学时间十分有限。教学学术因教学而生,其突出特点是实践性,在实践中的表现形式则是教学,因此,教学是教学学术的重点,构建支持教学学术的制度环境,其落脚点在于强调教学,而不是强调学术。教师评价在教师发展中发挥着"指挥棒"的作用,教师无意之中会根据评价指标的权重分配自己的时间和精力。当评价制度体现了对教学的重视和对教师投入教学的尊

重时,教师自然而然地会更重视教学,从而加大对教学的投入,提高教学学术的意识。

而如何在教师评价体系中体现对教学的重视则是重难点,教师的评价制度若能与教学学术产生互动,则能妥善地解决这个难题。麦可妮认为,在学术界拥有权力的人在教学学术的社会建构中具有巨大的影响力。[①] 一是院系的管理者或学科带头人若能认识到教学的重要性,将教学学术纳入到教师评价政策中,对提升教学学术的地位具有至关重要的作用。二是将扩大的学术定义写进院系的办学宗旨或规划文件,通过使用扩大的学术定义让教师灵活地选择工作项目。而要衡量工作项目的成效,科研项目有明确的评价指标,数量可以根据课题、著作和论文的量判定,质量可以根据课题或论文的级别判定,而教学项目的评价却难以量化。笔者认为评价教学时应考虑评价的内容和评价的群体,除了要将发表或公开展示的教学报告或者论文纳入其中,也要将备课的教学设计、教学视频、教学课件和教学反思报告作为评价的选项,这不仅有利于激励教师的教学积极性,也有利于让这些成果成为学校、同行和学生的共同财富。在评价的群体上,除了传统的人事部门,还应扩大到教师同行之间的评价与在校生和往届生的学生教学评价相结合。最后,建立合理的教学与科研资源分配制度。目前我国高校的学术资源主要集中于科研,应适当增加对教学资源的供给,如:在教学项目上,适当增加教学项目数量,提高其项目级别;在经费上,增加其经费,为教学研究提供充足的经费支持。

再次,应加强教学学术中心的建设,激励教师参与教学学术,形成重视教学学术的文化。研究型大学教师具有较高的教学学术水平,并且更持有以学生为中心的教学观,教学学术是联结教学与科研的核心机制。因此,高校应大力支持教学学术活动,将教学学术纳入正式的学术评价制度。本书发现,有 12.1% 的教师认为是自身的素质和能力不足阻碍了教学能力的发

---

① McKinney K. Attitudinal and structural factors contributing to challenges in the work of the scholarship of teaching and learning[J]. New Directions for Institutional Research,2006(129):37-50.

展。要提升教师的教学能力,应重视教学文化,教学文化是提升教师教学能力的关键因素。教学文化可以塑造教师的共同愿景和价值追求,从而形成一种崇尚教学的风气和动力,在潜移默化中影响教师的行为选择,唤起教师"传道、授业、解惑"的使命感,使教师自愿从事教学。然而当下的高校教学文化明显缺失,在大学众多研究中,教学文化一直处于缺位状态。① 从自组织的角度来看,重塑教学文化的关键在于教师要对教学的意义有共同的理解和对从事教学有自信,正如舒尔曼所言:"并不是大学忽视了教学的重要性,而是教师们自己贬低了自己的教学行为。"②本书也发现,研究型大学教师对教学是一种学术活动的认同度并不高。因此,一是大学与教师要转变传统的学术观念,将教学学术理念融合进人才培养方案和教学设计中,营造尊重教学、重视教学学术的良好氛围。二是应改善高校教师的培训机制,对不同教师阶段的教师采取不同的培养方式:对于入职前的教师,主要让其了解高等教学的教学规律和教学理论,以及大学生的心理发展规律,使其明确自己的工作责任;对于入职后的新教师,继续对其进行教学理论培训,并对其教学实践进行指导;对于职后老教师而言,则应与时俱进,终身学习,适时革新教育理念,改进教学方式,学习利用新媒体实现信息化教学,更新教育内容,提高教学的艺术。三是发展教学发展中心,使教师能定期见面,交流教学和进行同行评议,并能在教学发展中心获得资源支持而进行教学探究。教学发展中心可以定期开展各种活动,如教学工作坊、教与学、微格教学等,为教师提供交流和反思的空间。

最后,A 学科应充分利用自身的学科优势,在全校教师教育课程教学中实现以学生为中心的教学观。本书发现,当前我国研究型大学教师的教学观正处于从以教师为中心向以学生为中心过渡的阶段,还未完全形成以学生为中心的教学观。以学生为中心的教学观重视学生的学习和发展,鼓励学生建构自己的知识,并在他们的理解中发展知识。当代信息技术的发展使得学生能跨越时间与空间,获取各种信息与知识,学生在学习过程中获得

① 邬大光.教学文化:大学教师发展的根基[J].中国高等教育,2013(8):34-36.
② 王玉衡.试论大学教学学术运动[J].外国教育研究,2005(12):24-29.

了很强的主动性和很高的自由度,因此,让学生学会学习,培养学生的批判思维显得至关重要。以学生为中心的教学观不仅能促进教师之间的合作,还有利于形成良好的师生关系,并且能提高教师的职业满意度。① 本书发现,以学生为中心与教学探究、教学反思与实践、教学同行评议有显著的正相关关系,并且研究型大学教师对专业知识的掌握程度已经很高,但是对教学学术的掌握却不够牢固。一是教师要积极主动去探究教学,并有意识地将教学理论运用到教学中。二是教师应反思自己的教学观,然后确立有关知识、教学、学习和师生关系的合理观念。在此过程中,教师应在教学前反思自己的教学目的和备课过程,比如:这节课的教学目的是什么? 学生的知识基础如何? 教师应在教学中反思自己的教学内容和方法,比如:如何使学科知识让学生更容易理解和掌握? 使用什么教学策略能让学生主动建构知识? 教师应在课程结束之后反思自己的教学过程并做出自我评估,比如:在课程中我与学生是否经常互动? 学生是否主动学习? 我的教学是否能让学生的能力得到发展? 反思之后,对不足之处加以改进,将教学经验运用到下一次教学中,通过不断反思和实践,逐渐形成以学生为中心的教学观。三是教师之间要互相听课评课,学习好的教学方法,思考不足之处,互相学习与讨论,这种公开的学术活动不仅有助于提高教学的学术地位,更有利于提高教学质量。

本书借助并结合了"制度—行动"框架和场域、资本、惯习的概念构建分析框架,以解释分析 A 学科教师处理教学与科研关系的影响因素,虽然通过资料分析较为全面地呈现了各方因素,丰富和拓展了最初的概念分析框架,但囿于笔者有限的理论素养,未能进一步运用社会实践理论进行更深入细致的分析,未能进一步从研究结论升华至理论对话,实为研究之遗憾,这也是未来需努力的方向。在研究中,笔者通过多方比较、侧面提问、适时追问等,在资料搜集过程中反复验证资料真实性,以尽可能获得受访者真实的想法和行动以提高资料的信效度。此外,受限于 A 学科所在学院对教师隐私

---

① Livdahl B J. The learner-centered classroom: Explorations into language and learning[J]. Insights into Open Education, 1991(1): 1.

的保护,笔者只能获取科研表现突出的几位教师大致的教学业绩情况,无法获取更为具体的教学和科研业绩情况。在研究的未来展望方面,学科的特性对教学与科研关系的影响是未来的研究值得更进一步深入探讨的。本书的定性研究部分研究对象仅局限于 A 学科,未来的研究可以从比较的视角出发,研究 A 学科与其他学科在教学与科研关系上的差异。同时,A 学科在不同层次高校的教学与科研关系的差异也有待进一步研究和探讨。此外,定性研究方法在教学与科研关系这一问题上还有广阔的空间,对教学与科研关系的研究应摆脱宏观量化的思维定式,教学与科研的内在关系并不能通过数据得到真实的反映,且落脚于微观与解释的定性研究更能帮助我们发现现实问题的矛盾与症结,更能为解决问题提供切实可行的思路。

参考文献

一、中文著作

[1] 阿伦森,威尔逊,罗宾.大学堂 社会心理学 插图[M].7版.北京:世界图书出版公司,2012.

[2] 布迪厄,华康德. 实践与反思 反思社会学导引[M].李猛,李康,译.北京:中央编译出版社,1998.

[3] 布尔迪厄.文化资本与社会炼金术 布尔迪厄访谈录[M].包亚明,译.上海:上海人民出版社,1997.

[4] 布鲁贝克.高等教育哲学[M].郑继伟,译.杭州:浙江教育出版社,1987.

[5] 陈洪捷.德国古典大学观及其对中国的影响[M].修订版.北京:北京大学出版社,2006.

[6] 褚俪华.叩启智慧之门:"乐疑"课堂教学探微[M].长沙:湖南教育出版社,2016.

[7] 戴晓霞,莫家豪,谢安邦.高等教育市场化[M].北京:北京大学出版社,2004.

[8] 宫留记.布迪厄的社会实践理论[M].开封:河南大学出版社,2009.

[9] 顾建民.高等教育学[M].修订版.杭州:浙江大学出版社,2014.

［10］顾明远.教育大辞典［M］.上海：上海教育出版社，1990.

［11］郝永林.中国研究型大学教师教学胜任特征研究［M］.徐州：中国矿业大学出版社，2015.

［12］黄甫全.现代课程与教学论［M］.北京：人民教育出版社，2014.

［13］卡尔·雅斯贝尔斯.大学之理念［M］.邱立波，译.上海：上海人民出版社，2007.

［14］李秉德.教学论［M］.北京：人民教育出版社，1991.

［15］刘顺忠.管理科学研究方法［M］.武汉：武汉大学出版社，2012.

［16］陆益龙.定性社会研究方法［M］.北京：商务印书馆，2011.

［17］孟维杰.社会心理学［M］.哈尔滨：黑龙江大学出版社，2014.

［18］纽曼.大学的理想（节本）［M］.徐辉，译.杭州：浙江教育出版社，2001.

［19］任宇.高等教育学选讲［M］.北京：高等教育出版社，1986.

［20］王策三.教学论稿［M］.北京：人民教育出版社，2005.

［21］王海涛.多样化与自主建构：大众化时期高等教育质量观研究［M］.青岛：中国海洋大学出版社，2010.

［22］吴洪富.大学场域变迁中的教学与科研关系：一项关于教师行动的研究［M］.北京：教育科学出版社，2014.

［23］徐辉，季诚钧.大学教学概论［M］.杭州：浙江大学出版社，2004.

［24］许慎.说文解字［M］.杭州：浙江古籍出版社，2012.

［25］杨小微，张天宝.教学论［M］.北京：人民教育出版社，2014.

［26］殷.案例研究设计与方法［M］.周海涛，译.重庆：重庆大学出版社，2004.

［27］约翰逊，克里斯滕森.教育研究定量、定性和混合方法［M］.4 版.马健生，译.重庆：重庆大学出版社，2014.

［28］张华.课程与教学论［M］.上海：上海教育出版社，2000.

［29］张士昌.大学管理创新论［M］.济南：齐鲁书社，2008.

［30］张天雪.教师身边的教育科研［M］.重庆：重庆大学出版社，2013.

［31］张欣.高校教师分类激励机制研究［M］.北京：经济管理出版社，2010.

二、中文文章

[1] 鲍威,杜嫱.冲突·独立·互补:研究型大学教师教学行为与科研表现间关系的实证研究[J].北京大学教育评论,2017(4):107-125,187-188.

[2] 蔡连玉,鲁虹.高校教师绩效管理计件工资化及其治理路径研究[J].高校教育管理,2020(2):97-104.

[3] 蔡连玉,眭依凡.大学内部资源配置及其制度选择研究[J].清华大学教育研究,2017(6):16-22.

[4] 陈晨.大学教师"教学与科研"活动的行动逻辑:差异化的选择策略[J].现代大学教育,2020(1):26-34.

[5] 褚艾晶,周满生.走向管理主义:荷兰大学内部治理结构变迁研究[J].比较教育研究,2011(1):31-35.

[6] 顾剑秀,裴蓓,罗英姿.研究型大学职称晋升评价制度对教师行为选择的影响:兼论大学教师发展模型的构建[J].中国高教研究,2020(7):66-72.

[7] 顾丽娜,陆根书,施伯琰.高校教学与科研关系的实证分析[J].辽宁教育研究,2007(3):25-27.

[8] 韩淑伟,仇鸿伟,陆德国.教师科研水平与本科教学效果关系的实证分析:关于某校本科教学效果与科研水平相关性案例研究[J].高教探索,2007(S1):188-190.

[9] 何晓芳.大学治理场域中的资本、惯习与关系[J].大连理工大学学报(社会科学版),2012(3):112-116.

[10] 胡纵宇.大学场域中的生存异化:贫困大学生成长境遇的社会学分析[J].湖南师范大学教育科学学报,2013(5):90-95.

[11] 黄亚婷,彭新强.新管理主义改革进程中西方学术职业的变革与坚守[J].比较教育研究,2015(2):45-52.

[12] 姜勇.新公共管理主义视野下高等教育改革的方向与挑战[J].高教探索,2011(1):40-44.

[13] 李俊义.高校教师职责中教学与科研关系撷论[J].高教探索,2018(7):

30-35.

[14] 李志峰,龚春芬.论学术职业的权力、权威与声望[J].清华大学教育研究,2008(4):12-17.

[15] 刘献君,张俊超,吴洪富.大学教师对于教学与科研关系的认识和处理调查研究[J].高等工程教育研究,2010(2):35-42.

[16] 刘振天.教学与科研内在属性差异及高校回归教学本位之可能[J].中国高教研究,2017(6):18-25.

[17] 卢晓中,陈先哲.学术锦标赛制下的制度认同与行动逻辑:基于G省大学青年教师的考察[J].高等教育研究,2014(7):15-20.

[18] 牛端.高校教师科研与教学关系的实证研究[J].大学教育科学,2018(4):51-57,126.

[19] 庞岚,沈红.基于教师行为选择的大学教学与科研关系研究[J].高等教育研究,2011(3):75.

[20] 曲霞,宋小舟.高校教学名师的科教融合理念与实践:基于教学名师与普通教师调查问卷的对比分析[J].中国高教研究,2016(6):97-104.

[21] 全生.布迪厄场域理论简析[J].烟台大学学报(哲学社会科学版),2002(2):146-150.

[22] 施林淼,刘贵松.我国研究型大学教学与科研融合的方式、问题及对策:以清华大学等6所高校发布的本科教学质量报告为例[J].中国高教研究,2015(3):31-35.

[23] 孙贵聪.西方高等教育管理中的管理主义述评[J].比较教育研究,2003(10):67-71.

[24] 泰希勒,任增元,贾振楠.驾驭现代高等教育系统:需要更好地平衡冲突中的需求与期望[J].北京大学教育评论,2018(2):42-62,187-188.

[25] 汪志勇,胡祥余,张祖德.高校教学与科研关系之讨论[J].教育与现代化,2002(2):12-14.

[26] 王建华.重温"教学与科研相统一"[J].教育学报,2015(3):77-86.

[27] 王青.实现过程的统一:对高校教学与科研关系的认识[J].上海高教研究,1997(10):50-52.

[28] 王占军.规则体系到法治体系:中国特色大学治理体系演化的认识论进路[J].江汉大学学报(社会科学版),2020(2):106-114,128.

[29] 魏红,程学竹,赵可.科研成果与大学教师教学效果的关系研究[J].心理发展与教育,2006(2):85-88.

[30] 吴洪富.大学教学与科研关系的历史演化[J].高教探索,2012(5):98-103.

[31] 谢小燕,顾来红,徐蓓蓓.新管理主义的评估问题剖析与第四代评估理论的借鉴:基于场域视角[J].南京理工大学学报(社会科学版),2014(2):84-88.

[32] 杨燕英,刘燕,周湘林.高校教学与科研互动:问题、归因及对策[J].教育研究,2011(8):55-58.

[33] 曾东霞.惯习与场域:大学生自主学习能力的影响因素:以中南大学为例的实证研究[J].中南大学学报(社会科学版),2011(3):128-137.

[34] 张桂平,廖建桥.科研考核压力对高校教师非伦理行为的影响研究[J].管理学报,2014(3):360-366.

[35] 张俊超,吴洪富.变革大学组织制度,改善教学与科研关系[J].中国地质大学学报(社会科学版),2009(5):119-124.

[36] 张银霞.新管理主义背景下西方学术职业群体的困境[J].高等教育研究,2012(4):105-109.

[37] 张应强."双一流"建设需要什么样的学科评估:基于学科评估元评估的思考[J].清华大学教育研究,2019(5):11-18.

[38] 郑利军.管理主义背景下高校师德建设的文化反思[J].湖南科技大学学报(社会科学版),2011(6):172-174.

[39] 周川.从洪堡到博耶:高校科研观的转变[J].教育研究,2005(6):26-30,61.

三、中文学位论文

[1] 沙靖宇.管理主义反思[D].哈尔滨:黑龙江大学,2017.

［2］张桂平.科研考核压力对高校教师非伦理行为的影响机制研究［D］.武汉:华中科技大学,2012.

［3］张俊超.大学场域的游离部落［D］.武汉:华中科技大学,2008.

四、外文著作

［1］Barnell R. Beyond All Reason:Living with Ideology in the University［M］. Burkingham:Society for Research into Higher Education and Open University Press,2003.

［2］Barnett R. Reshaping the University:New Relationships between Research, Scholarship and Teaching［M］. NewYork:McGraw-Hill Education,2005.

五、外文文章

［1］Ailwood S, Easteal P, Sainsbury M, et al. Connecting research and teaching:A case study from the School of Law, University of Canberra［J］. Legal Education Review,2012(22):317.

［2］Bak H J. Too much emphasis on research? An empirical examination of the relationship between research and teaching in multitasking environments［J］. Research in Higher Education,2015(8):843-860.

［3］Biglan A. The characteristics of subject matter in different academic areas［J］. Journal of Applied Psychology,1973(3):195-203.

［4］Boyd W E, O'Reilly M, Bucher D, et al. Activating the teaching-research nexus in smaller universities:Case studies highlighting diversity of practice［J］. Journal of University Teaching & Learning Practice,2010(2):9.

［5］Braxton J M. Contrasting perspectives on the relationship between teaching and research［J］. New Directions for Institutional Research, 1996(90):5-14.

［6］Brennan L, Cusack T, Delahunt E, et al. Academics' conceptualisations of the research-teaching nexus in a research-intensive Irish university: A dynamic framework for growth & development[J]. Learning & Instruction,2019(60):301-309.

[7] Brew A. Imperatives and challenges in integrating teaching and research[J]. Higher Education Research & Development,2010(2):139-150.

[8] Brew A. Teaching and research new relationships and their implications for inquiry-based teaching and learning in higher education[J]. Higher Education Research and Development,2012(1):101-114.

[9] Burke L A, Rau B. The research-teaching gap in management[J]. Academy of Management Learning & Education, 2010(1): 132-143.

[10] Cadez S, Dimovski V, Zaman G M. Research, teaching and performance evaluation in academia: The salience of quality[J]. Studies in Higher Education,2017(8):1455-1473.

[11] Casanovas-Rubio M M, Ahearn A, Ramos G, et al. The research-teaching nexus: Using a construction teaching event as a research tool [J]. Innovations in Education and Teaching International,2016(1):104-118.

[12] Centra J A. Research productivity and teaching effectiveness[J]. Research in Higher Education,1983(4):379-389.

[13] Chiang K H. Research and teaching revisited: A pre-Humboldtian or post-Humboldtian phenomenon? The cases of France and the UK[J]. European Journal of Education,2012(1):139-152.

[14] Clark B R. The modern integration of research activities with teaching and learning[J]. The Journal of Higher Education,1997(3):241-255.

[15] Coate K, Barnett R, Williams G. Relationships between teaching and research in higher education in England [J]. Higher Education Quarterly,2001(2):158-174.

[16] Colbeck C L. Merging in a seamless blend: How faculty integrate teaching and research[J]. The Journal of Higher Education,1998(6):

647-671.

[17] Deem R, Lucas L. Learning about research: Exploring the learning and teaching/research relationship amongst educational practitioners studying in higher education[J]. Teaching in Higher Education,2006 (1):1-18.

[18] Douglas A S. Advice from the professors in a university social sciences department on the teaching-research nexus[J]. Teaching in Higher Education,2013(4):377-388.

[19] Drennan L T. Quality assessment and the tension between teaching and research[J]. Quality in Higher Education,2001(3):167-178.

[20] Durning B, Jenkins A. Teaching/research relations in departments: the perspectives of built environment academics[J]. Studies in Higher Education,2005(4):407-426.

[21] Eley D S, Wilkinson D. Building a teaching-research nexus in a research intensive university: Rejuvenating the recruitment and training of the clinician scientist[J]. Medical Teacher, 2015 (2): 174-180.

[22] Elton L. Research and teaching: conditions for a positive link[J]. Teaching in higher education,2001(1):43-56.

[23] Feldman K A. Research productivity and scholarly accomplishment of college teachers as related to their instructional effectiveness: A review and exploration[J]. Research in Higher Education,1987(3): 227-298.

[24] Fox M. Research, teaching, and publication productivity:Mutuality versus competition inacademia[J]. Sociology of Education,1992(10): 293-305.

[25] Geschwind L, Broström A. Managing the teaching-research nexus: Ideals and practice in research-oriented universities [J]. Higher Education Research & Development,2015(1):60-73.

[26] Gilmore J, Lewis D M G, Maher M, et al. Feeding two birds with one scone? The relationship between teaching and research for graduate students across the disciplines[J]. International Journal of Teaching and Learning in Higher Education,2015(1):25-41.

[27] Griffiths R. Knowledge production and the research-teaching nexus: The case of the built environment disciplines[J]. Studies in Higher education,2004(6):709-726.

[28] Guatelli S, Layton C, Cutajar D, et al. The teaching/research nexus and internationalisation: An action research project in radiation physics[J]. Journal of University Teaching and Learning Practice, 2010(2):5.

[29] Halse C, Deane E, Hobson J, et al. The research-teaching nexus: what do national teaching awards tell us? [J]. Studies in Higher Education,2007(6):727-746.

[30] Hattie J, Marsh H W. The relationship between research and teaching: A meta-analysis[J]. Review of Educational Research,1996 (4):507-542.

[31] Healey M, Jordan F, Pell B, et al. The research-teaching nexus: A case study of students' awareness, experiences and perceptions of research[J]. Innovations in Education and Teaching International, 2010(2):235-246.

[32] Horta H, Dautel V, Veloso F M. An output perspective on the teaching-research nexus: An analysis focusing on the United States higher education system[J]. Studies in Higher Education,2012(2): 171-187.

[33] Huang Y, Pang S K, Yu S. Academic identities and university faculty responses to new managerialist reforms: experiences from China[J]. Studies in Higher Education,2018(1):154-172.

[34] Huang Y. Revisiting the research-teaching nexus in a managerial

context: exploring the complexity of multi-layered factors[J]. Higher Education Research & Development,2018(4):758-772.

[35] Jauch L R. Relationships of research and teaching: Implications for faculty evaluation[J]. Research in Higher Education,1976(1):1-13

[36] Jenkins A. The impact of the research assessment exercises on teaching in selected geography departments in England and Wales[J]. Geography,1995(4):367-374.

[37] Jenkins A. The relationship between teaching and research: Where does geography stand and deliver? [J]. Journal of Geography in Higher Education,2000(3):325-351.

[38] Jones S. Beyond the teaching-research nexus: The scholarship-teaching-action-research (STAR) conceptual framework[J]. Higher Education Research & Development,2013(3):381-391.

[39] Klikauer T. What is managerialism? [J]. Critical Sociology, 2015(7-8): 1103-1119.

[40] Leisyte L, Enders J, De Boer H. The balance between teaching and research in Dutch and English universities in the context of university governance reforms[J]. Higher Education,2009(5):619-635.

[41] Leisyte L, Hosch-Dayican B. Changing academic roles and shifting gender inequalities: A case analysis of the influence of the teaching-research nexus on the academic career prospects of female academics in the Netherlands[J]. Journal of Workplace Rights,2013(3/4):467-490.

[42] Leisyte L. New public management and research productivity: A precarious state of affairs of academic work in the Netherlands[J]. Studies in Higher Education,2016(5):828-846.

[43] Locke W. The dislocation of teaching and research and the reconfiguring of academic work[J]. London Review of Education,2012 (3):261-274.

[44] Lopes A, Boyd P, Andrew N, et al. The research-teaching nexus in

nurse and teacher education: Contributions of an ecological approach to academic identities in professional fields[J]. Higher Education,2014 (2):167-183.

[45] Marsh H W, Hattie J. The relation between research productivity and teaching effectiveness: Complementary, antagonistic, or independent constructs? [J]. The Journal of Higher Education,2002(5):603-641.

[46] Mayson S, Schapper J. Constructing teaching and research relations from the top: An analysis of senior manager discourses on research-led teaching[J]. Higher Education,2012(4):473-487.

[47] McKenzie A, Griggs L, Snell R, et al. The myth of the teaching-research nexus[J]. Legal Education Review,2018(28):1.

[48] Mckinley J. Evolving the TESOL teaching-research nexus [J]. TESOL Quarterly,2019(3):875-884.

[49] Mitchell J E, Rebne D S. Nonlinear effects of teaching and consulting on academic research productivity [J]. Socio-Economic Planning Sciences,1995(1):47-57.

[50] Neumann R. Perceptions of the teaching-research nexus: A framework for analysis[J]. Higher Education,1992(2):159-171.

[51] Olivares-Donoso R, Gonzalez C. Biology and medicine students' experiences of the relationship between teaching and research[J]. Higher Education,2018(5):849-864.

[52] Pai P S, Chiplunkar N N. Research based curriculum to improve the teaching-learning experience of undergraduate students [J]. Nitte Management Review, 2017(2):73-78.

[53] Qin C, Zhang W, Zhu Y. Study on the Contribution rate variation of teaching and research of university teachers based on the joint benefit assessment method[J]. Educational Sciences: Theory & Practice, 2018(5):1887-1906.

[54] Ramsden P, Moses I. Associationsbetween research and teaching in

Australian higher education[J]. Higher Education,1992(3):273-295.

[55] Robertson J, Bond C H. Experiences of the relation between teaching and research: What do academics value? [J]. Higher Education Research & Development,2001(1):5-19.

[56] Robertson J. Beyond the "research/teaching nexus": Exploring the complexity of academic experience[J]. Studies in Higher Education, 2007(5):541-556.

[57] Seymour E, Hunter A B, Laursen S L, et al. Establishing the benefits of research experiences for undergraduates in the sciences: First findings from a three-year study[J]. Science education,2004(4): 493-534.

[58] Shin J C. Teaching and research nexuses across faculty career stage, ability and affiliated discipline in a South Korean research university [J]. Studies in Higher Education,2011(4):485-503.

[59] Slapcoff M. The inquiry network: A model for promoting the teaching-research nexus in higher education[J]. Canadian Journal of Higher Education,2014(2):68-84.

[60] Smeby J C. Knowledge production and knowledge transmission. The interaction between research and teaching at universities[J]. Teaching in Higher Education,1998(1):5-20.

[61] Spronken-Smith R, Walker R. Can inquiry-based learning strengthen the links between teaching and disciplinary research? [J]. Studies in Higher Education,2010(6):723-740.

[62] Stack S. Research productivity and student evaluation of teaching in social science classes: A research note [J]. Research in Higher Education,2003(5):539.

[63] Stappenbelt B. The effectiveness of the teaching-research nexus in facilitating student learning [J]. Engineering Education, 2013 (1): 111-121.

［64］Taylor J. The teaching-research nexus：A model for institutional management［J］. Higher Education,2007(6)：867-884.

［65］Taylor J. The teaching-research nexus and the importance of context：A comparative study of England and Sweden［J］. Compare,2008(1)：53-69.

［66］Tight M. Examining the research/teaching nexus［J］. European Journal of Higher Education,2016(4):293-311.

［67］Willcoxson L，Manning M L，Johnston N，et al. Enhancing the research-teaching nexus：Building teaching-based research from research-based teaching［J］. International Journal of Teaching and Learning in Higher Education,2011(1):1-10.

［68］Zhang L，Shin J C. The research-teaching nexus among academics from 15 institutions in Beijing，Mainland China［J］. Higher Education,2015(3):375-394.

六、外文学位论文

［1］Schofield C A. Exploring the teaching-research nexus in college based and university higher education［D］. Plymouth：University of Plymouth,2018.

七、电子资源

［1］国务院.国务院印发《统筹推进世界一流大学和一流学科建设总体方案》［EB/OL］.（2015-11-05）［2019-10-24］. http://www. gov. cn/xinwen/2015-11/05/content_5005001. htm.

［2］教育部.对十三届全国人大二次会议第 3446 号建议的答复［EB/OL］.（2019-12-09)［2019-12-14］. http://www. moe. gov. cn/jyb_xxgk/xxgk_jyta/jyta_jiaoshisi/201912/t20191204_410825. html.

［3］教育部.关于加快建设高水平本科教育全面提高人才培养能力的意见［EB/OL］.（2019-10-08）［2019-10-25］. http://www. moe. gov. cn/srcsite/A08/s7056/201810/t20181017_351887. html.

［4］教育部.关于政协十三届全国委员会第三次会议第 2776 号(教育类 246 号)提案答复的函［EB/OL］.http://www.moe.gov.cn/jyb_xxgk/xxgk _jyta/jyta_jybxwzx/202008/t20200817_478448.html.

［5］教育部.国家中长期教育改革和发展规划纲要(2010—2020 年)［EB/ OL］.(2010-07-29)［2019-12-15］.http://old.moe.gov.cn/publicfiles/ business/htmlfiles/moe/info_list/201407/xxgk_171904.html.

［6］新华网.大学教授三年不给本科生上课 将被清理出教师系列［EB/OL］. (2019-09-24)［2019-10-24］.http://www.xinhuanet.com/politics/2019- 09/24/c_1125031871.htm.

［7］中国学位与研究生教育信息网.全国第四轮学科评估结果公布［EB/ OL］.［2019-12-17］.http://www.cdgdc.edu.cn/xwyyjsjyxx/xkpgjg/ 283498.shtml.

附录一　我国研究型大学教师教学学术调查问卷

尊敬的老师：

　　您好！

　　非常感谢您在百忙之中抽出时间来参与这项调查，此次调查目的是全面了解研究型大学的教师教学现状以更好推动高校开展教学与实践工作。问卷主要涉及您的教学基本情况、教学环境以及您对教与学的看法和观点。回答这份问卷大概需要 10 分钟。本问卷采取匿名方式，请您放心表达您的真实想法！

　　关于本项调查的几点说明：

　　调查结果仅用于学术研究，问卷及结果所可能涉及的个人信息均以匿名形式出现。

　　如果您对问卷结果及调查结果感兴趣，请在问卷的最后进行勾选，我们将及时与您沟通并反馈相关信息。

　　高等教育是我们共同的事业，您的回答对本研究十分重要。

　　希望能够得到您的支持和协助，并衷心感谢您的帮助！

1. 您的性别：［单选题］*

　　○男　　　　　　　　　　　○女

2. 您所处的年龄段：［单选题］*

　　○20—24 岁　　　○25—29 岁　　　○30—34 岁　　　○35—39 岁

　　○40—49 岁　　　○50—59 岁　　　○60 岁及以上

3. 您的教龄：［单选题］*

　　○0—3 年　　　　○4—6 年　　　　○7—10 年　　　　○10 年以上

4. 您的职称：［单选题］*

　　○助教　　　　　　○讲师　　　　　　○副教授　　　　　　○教授

5. 近年来(1—5 年)您的工作时间主要分配在：［单选题］*

　　○只有科研　　　　○只有教学　　　　○两者皆有,教学多于科研

　　○两者皆有,科研多于教学　　　　○一半教学一半科研　　　　○其他

6. 您个人的兴趣：［单选题］*

　　○只有科研　　　　○只有教学　　　　○两者皆有,教学多于科研

　　○两者皆有,科研多于教学　　　　○一半教学一半科研　　　　○其他

7. 下列哪一选项对您的晋升最为重要(影响最大)？［单选题］*

　　○主要是教学表现

　　○主要是科研产出

　　○教学表现和科研产出各占一半

　　○其他(请注明)：＿＿＿＿＿＿＿＿＿＿＿＿＿＿＿＿＿＿＿

　　＿＿＿＿＿＿＿＿＿＿＿＿＿＿＿＿＿＿＿＿＿＿＿＿＿＿＿＿＿

　　＿＿＿＿＿＿＿＿＿＿＿＿＿＿＿＿＿＿＿＿＿＿＿＿＿＿＿＿＿

8. 您的最后学位是：［单选题］*

　　○境内博士　　　○境外博士　　　○境内硕士　　　○境外硕士

　　○学士

9. 您所在的学科属于：［单选题］*

　　○理学　　　　　○工学　　　　　○人文社科　　　　○管理学

　　○医学　　　　　○农学

10. 您认为在教育教学中阻碍自己教学创新能力发展的最大因素是[单选题]*

　　○自身素质和能力　　　　○学校管理体制的束缚

　　○时间精力有限　　　　　○其他

此部分是关于您的大学教学知识方面的调查。请根据您的第一感觉作答，选择最符合实际的选项。[矩阵单选题]*

题项	非常不符合	不符合	一般	比较符合	非常符合
1.我会经常阅读与教学相关的书籍，不断学习教学理论方面的知识	○	○	○	○	○
2.我会对学生的学习方式以及某些教育实践对学习的影响感到好奇，并对此进行研究	○	○	○	○	○
3.我系统地接受过大学教学方面的培训	○	○	○	○	○
4.我会记录自己的教学过程或学生进步的结果	○	○	○	○	○
5.我能清楚地解释是什么理念支撑着我的教学	○	○	○	○	○
6.我的授课内容或方法是灵活的，会根据学生的听课状态和意见及时调整	○	○	○	○	○
7.我熟练地掌握了一套适合学科特点的教学方法，并在教学中能灵活运用	○	○	○	○	○
8.我具备扎实的学科相关专业知识	○	○	○	○	○
9.我非常熟悉所属专业的前沿成果	○	○	○	○	○

此部分是关于您的教学反思和交流情况的调查。请根据您的第一感觉作答，选择最符合实际的选项。[矩阵单选题]*

题项	非常不符合	不符合	一般	比较符合	非常符合
1.我会有意识、系统地对教学内容在课堂中的适用程度做出反思	○	○	○	○	○

续表

题项	非常不符合	不符合	一般	比较符合	非常符合
2.我会有意识、系统地对课堂中运用的教学方法是否得当做出反思	○	○	○	○	○
3.我会批判性地对课堂教学的效果做出自我评估,并记录下教学中的经验教训	○	○	○	○	○
4.我会对教学中的经验教训进行总结,并运用教学总结来提高自己未来的教学质量	○	○	○	○	○
5.我会主动旁听同事的课堂	○	○	○	○	○
6.我不会刻意与他人分享教学经验	○	○	○	○	○
7.我从未参加过教学研讨会或讲习班	○	○	○	○	○
8.我很欢迎同事们对我的教学进行点评	○	○	○	○	○
9.我经常与同事研究或讨论教学,互相点评课堂教学	○	○	○	○	○

此部分是关于您的教学成果方面的调查。请根据您的第一感觉作答,选择最符合实际的选项。[矩阵单选题]*

题项	非常不符合	不符合	一般	比较符合	非常符合
1.我指导的学生论文在核心期刊发表过	○	○	○	○	○
2.我会带领学生进行科研训练,有意识、系统地培养他们的问题意识和研究意识	○	○	○	○	○
3.我指导的学生项目获过奖	○	○	○	○	○
4.我没有公开展示过个人教学总结报告	○	○	○	○	○
5.我在教学反思、交流和评价的基础上主动撰写过教学论文	○	○	○	○	○
6.我经常在期刊上发表教学研究类论文	○	○	○	○	○

下列表述中有您对工作环境的反映,也有您对教学的看法。请根据您的第一感觉作答,选择最符合实际的选项。[矩阵单选题]*

题项	非常不符合	不符合	一般	比较符合	非常符合
1.我所在的院系会让我了解学生的评价,并鼓励我参考学生的反馈改进教学	○	○	○	○	○
2.我所在的院系为同事间讨论教学情况提供了良好的环境	○	○	○	○	○
3.我所在的院系不重视教学的态度使我很难在教学上倾注更多的精力	○	○	○	○	○
4.科研带来的巨大压力使我很难在教学上投入足够的时间	○	○	○	○	○
5.我所在的学校或院系积极组织各种形式的教学培训或研讨会	○	○	○	○	○
6.我所在的学校或院系更重视教学工作量的考核而不是教学质量	○	○	○	○	○
7.我认为高校的教学活动不属于学术活动	○	○	○	○	○
8.我认为教学与科研相互制约,很难相互促进	○	○	○	○	○

此部分反映了您在教授某一课程时的具体情况:

1.请根据您的第一感觉作答,选择最符合实际的选项。[矩阵单选题]*

题项	非常不符合	不符合	一般	比较符合	非常符合
1.在这门课上,学生应该把他们的学习重点放在我提供给他们的学习材料上,而不是其他	○	○	○	○	○
2.这门课应完全按照与正式考试有关的目标进行讲授	○	○	○	○	○
3.在与学生的交流中,我会试图与他们就我们正在学习的话题展开对话	○	○	○	○	○
4.向学生介绍很多事实很重要,这样他们才知道这门课要学什么	○	○	○	○	○

续表

题项	非常不符合	不符合	一般	比较符合	非常符合
5.在课堂上我会留出一些时间,让学生们互相讨论这门课的关键概念和一些想法	○	○	○	○	○
6.在我教授的课程中,我更注重把教材中的内容传授给学生	○	○	○	○	○
7.我会鼓励学生用正在学习的这门课的新思维方式重新建构他们现有的知识	○	○	○	○	○
8.在这门课的教学中,我会故意引起学生的争论和讨论	○	○	○	○	○
9.我会整理本课程的教学结构,以帮助学生通过考试	○	○	○	○	○
10.我认为这门课程教学中的重要环节是给学生提供质量高的讲义	○	○	○	○	○
11.在课程教学中我会提供考试重点和范围	○	○	○	○	○

2.请根据您的第一感觉作答,选择最符合实际的选项。[矩阵单选题]*

题项	非常不符合	不符合	一般	比较符合	非常符合
1.我应该知道学生们在这门课上可能对我提出的所有问题的答案	○	○	○	○	○
2.我会给学生机会让他们讨论对这门课的理解有何变化	○	○	○	○	○
3.这门课的学生最好自己做笔记,不要抄我的讲义(PPT)	○	○	○	○	○
4.这门课应该利用很多教学时间来质疑学生的想法	○	○	○	○	○
5.在这门课中,我的教学重点是充分向学生呈现教材内容	○	○	○	○	○
6.我认为教学可以帮助学生发展这门课的新思维方式	○	○	○	○	○

续表

题项	非常不符合	不符合	一般	比较符合	非常符合
7.在这门课的教学中,了解学生对课程内容的理解程度是很重要的	○	○	○	○	○
8.我在这门课上的教学重点是向学生传授我所知道的知识	○	○	○	○	○
9.这门课的教学应该帮助学生提出自己的想法	○	○	○	○	○
10.这门课的教学应包括帮助学生找到自己的学习资源	○	○	○	○	○
11.我提供的材料能使学生建立起这门课的知识基础	○	○	○	○	○

您希望了解此次的调查结果吗?[单选题]*

○是的(问卷信息和研究结果都会以匿名的形式出现,发送回您的邮箱)您的邮箱:_____

○不

欢迎您提出宝贵的建议和意见。

再次感谢您的参与和支持!

附录二　访谈提纲

一、针对教师的访谈提纲

老师,您好! 非常感谢您抽出宝贵的时间接受我的访谈,感谢您为我的研究提供的帮助。与您的访谈内容仅用于研究的资料分析,我会严格遵循学术伦理和保密原则,不会透露您的任何个人信息。为便于后期资料的转录、记录,您是否同意我对我们的访谈过程进行录音?

(一)研究子问题

1.案例学科的教师和管理者如何理解、处理教学与科研关系?

细化问题:他们是如何理解教学与科研关系的? 如何理解管理制度对老师的要求,以及对教学、科研、教学与科研关系的影响? 他们是如何做出应对的?(倾向或者平衡的做法)

2.哪些因素影响A学科的教师和管理者理解、处理教学与科研关系?

细化问题:制度倾向是如何影响教师处理教学与科研关系的? 个体因素是如何影响教师处理教学与科研关系的? 学科/学院特点(科研文化、教学文化)如何影响教师处理教学与科研关系?

3.案例学科是如何促进教学与科研的联结的?

（二）访谈问题

1.老师,您现在的日常工作主要有哪些? 其中教学和科研工作分别有多少,会花去您多少时间(手头的科研工作、上课备课等与教学有关的等)? 平时在教学和科研中投入的大致占比情况?

2.在您自己平时的实践中,教学和科研存在哪些相互的影响或者说是冲突? 可以举一些事例吗?

(追问)当冲突时,您是怎么做的? 您是如何平衡两者的?

3.您认为大学老师的第一本职是教学还是科研,您如何看待我国现在普遍存在的"重科研,轻教学"的现象?

4.咱们学校/学院的制度重点在教学还是科研? 您通过哪些感受到了学院的重点? 您的工作重点与学院的制度重点是否一致?

5.学校对科研的重视是从什么时候开始的?"冲 A"前后,有没有什么变化? 据您的见闻和感受,越来越重视科研的趋势给学院、学科带来了怎样的影响?

6.学院对老师科研和教学的激励分别是怎样的? 重视科研的管理制度对您个人会有什么影响吗?

7.学校对您的科研要求对您来说高吗? 您的科研的压力主要来源于哪些方面?

8.学校有哪些推动或者鼓励老师将教学和科研结合起来的举措、活动或制度?

9.您一般选题来源是什么? 关注这些问题的原因是什么? (有没有来自您教学实践的研究?) 与老师和学生是否有科研合作? 怎么分享科研成果和知识?

10.您认为咱们学院的老师们对待教学和科研的态度是怎样的? (大家的教学/科研热情如何?)学院的研究文化是怎样的? 有没有将教学和科研联系起来的氛围?

11.结合您的教学和科研实践,您认为咱们学科如果将教学和科研联系结合变为一种常态? 会有什么促进和阻碍的地方吗?

12.教学的投入产出比如何？您如何评价自己的教学？在教学中投入的动力是什么？

13.您个人更喜欢教学还是科研？科研和教学分别能够给您带来什么？

14.您对教学和科研的看法在您的职业生涯中产生过怎样的变化？

15.您平时是怎么备课和上课的（教学方式、课堂组织形式等）？备课大概会花去您多少时间？

16.您如何看待教学作为一种学术？您会反思、研究自己的教学吗？

17.在您的实践中，有没有尝试将您的教学和您的科研结合起来？

（1）您具体是如何做的？可以举一些具体的例子谈谈吗？您有这样的做法和想法是从什么时候开始的？如何产生这样的想法和行动的（受什么影响）？学生可以从中获得什么？您从中获得了什么（对您的研究有没有帮助，在哪些方面）？

（2）没有的话，是存在怎样的阻碍吗？您认为难以结合的原因是什么？（后边问）

18.以一门师范生的课程为例，您具体是如何在教学中培养师范生的知识和能力的？您认为学生可以从您的教学中获得什么？

二、针对管理者的访谈提纲

老师，您好！非常感谢您抽出宝贵的时间接受我的访谈，感谢您为我的研究提供的帮助。与您的访谈内容仅用于研究的资料分析，我会严格遵循学术伦理和保密原则，不会透露您的任何个人信息。为便于后期资料的转录、记录，您是否同意我对我们的访谈过程进行录音？

（一）访谈问题

1.老师您平时的管理工作主要有哪些？

2.我们学院是什么时候提出"冲 A"的目标任务的？为了完成"冲 A"目标任务，具体从哪些方面做了努力，主要有哪些制度或措施？

3."冲 A"/学科建设对教师有哪些要求？学院教师对此的反响如何？

4."冲 A"和学科建设后，要求教师在科研上投入更多的精力，从您的角度来看，这对教师的教学有哪些影响？

5.您如何看待教学和科研的关系（"重科研，轻教学"的情况、教学和科研分离的情况）？

6.学院通过怎样的方式去协调教学与科研？怎么避免重视科研忽略教学的情况发生？

7.学院有哪些引导教师将教学和科研结合起来的举措或制度？制度的预期目标是什么？具体如何落实的？教师的反应和成效是怎样的？

后　记

　　本书是我主持的全国教育科学规划国家一般课题"一流学科教师学术信念形成机制研究"（2016—2021 年）的后期成果。在开展课题研究的过程中，课题组完成了一流学科教师学术工作信念的问卷调查和访谈工作，调查设计中很重要的一部分内容就是"教学与科研关系信念"。在调查过程中，我们发现当前高校以市场化为导向，拥抱商业逻辑，使得学术工作普遍受到管理主义的冲击。另外，虽然相关的研究已经很多，但很少有研究关注处于高等教育金字塔中部的教学研究型大学"冲 A"学科（起点）是如何处理教学与科研关系的，而研究型大学处于顶端又是如何协调教学与科研关系的。因此，我认为有必要继续深化这个主题的调查，教学研究型大学与研究型大学放到一块研究。我指导李慧萍和林燕芳开展研究并完成了硕士学位论文，其中，李慧萍承担了某"冲 A"学科的案例研究，林燕芳承担了研究型大学一流学科的教学学术与教学观问卷调查研究，最后由我统稿形成书稿。

　　本书获得浙江师范大学出版基金的资助。感谢浙江师范大学教师教育学院周跃良教授对本书出版的大力支持。感谢浙江大学出版社陈思佳编辑对书稿完善所付出的辛苦，她的专业精神让人敬佩。感谢调研过程中来自38 所研究型大学的 600 余位学者贡献宝贵时间填写调查问卷，28 位来自 A

学科的院领导和教师拨冗参与访谈并提供了真知灼见。本书文责自负，敬请学界同行批评指正！

王占军

2022 年 7 月